GEN Z(MZ세대)식 미국영어 이 책 안에 다 있다!

Chris Suh

MENTORS

Gen Z(MZ세대)식

미국영어, 이책 안에 다 있다!

2025년 12월 19일 인쇄
2025년 12월 24일 발행

지 은 이 Chris Suh
발 행 인 Chris Suh
발 행 처 **MENTORS**
경기도 성남시 분당구 황새울로 335번길 10 598
TEL 031-604-0025 FAX 031-696-5221
mentors.co.kr
blog.naver.com/mentorsbook
* Play 스토어 및 App 스토어에서 '멘토스북' 검색해 어플다운받기!
등록일자 2005년 7월 27일
등록번호 제 2022-000130호
I S B N 979-11-24143-03-2
가   격 29,600원(MP3 무료다운로드)

머리말

세상이 많이 바뀌었다.
예전에는 실생활영어보다는 사연이 있는 표현 등에 호기심과 관심을 보였지만, 세상이 각박해지면서 '실용'을 내세우며 실생활에 바로 도움이 되는 영어회화와 인사고과에서 좋은 점수를 받기 위해 TOEIC에 과몰입하게 되었다. 물론 이런 현상은 지금도 계속되고 있다.

인터넷으로 현지영어가 필요해져
하지만 인터넷의 급속한 발달과 페이스북, 유튜브, 인스타그램 등 연이은 강력하고 전세계적인 플랫홈의 등장으로 해서 전 세계의 국경이 허물어지게 되었다. 눈에 보이지는 않지만 전세계가 이런 온라인으로 연결되고 소통하게 되면서 전에 없던 현상이 하나 생겨나게 되었다. 바로 "현지미국영어"에 대한 수요이다. 전에는 바로 써먹을 기회가 없는 그래서 알 필요가 없던 낯설은 "미국현지영어표현'들을 알 필요가 생기게 된 것이다. 이는 다양한 플랫홈을 통해서 아는 혹은 모르는 네이티브와 소통할 기회가 많이 생겨났기 때문이다.

Gen Z(MZ)세대들의 현지표현
미드나 스크린, 즉 '드라마'나 '영화'라는 매체를 통해서 나오는 현지영어들은 어느 정도 다듬어지고 확고히 자리잡은 그래서 좀 오래된 표현들도 나오는 반면, 페이스북, 인스타, 틱톡 등을 통해 쓰는 표현들은 이보다 한단계 더 나아간 '지금 바로의 현지영어'이며 여기에 더하여 독특한 Gen Z(MZ)세대들이 즐겨쓰는 영어표현에 관심을 가지지 않을 수 없게 되었다.

<Gen Z(MZ)세대식 미국영어, 이책 안에 다 있다!>
이책 <Gen Z(MZ)세대식 미국영어, 이책 안에 다 있다!>는 최근 영어학습자들의 요구에 부응하기 위해 현장감 뿜뿜나는 지금 현재의 영어표현들과, Gen Z세대들이 기발하게 기존 언어를 뒤틀어서 만든 표현들까지 모두 담았다. 젊고 생기발랄한 표현들과 슬랭, 그리고 인터넷상에서 통용되는 약어들까지 다 모아 모았기 때문에 이 한권만 통독하면 미국에 가지 않고서도 미국 네이티브들의 현지영어를 이해하고 또한 활용하고, 온라인상으로는 네이티브들과 의사소통이 될 수 있을 단계까지 오르게 될 것이다. 계속되는 인터넷상의 각종 플랫홈의 등장으로 '미국현지영어'에 대한 학습필요성은 더욱 커지게 될 것이다. 더 늦기 전에 지금 현재 변화하고 진화하는 영어표현들에 익숙해지면 세상살이가 더욱 수월해질 게 명약관화한 시점이 바로 지금이다.

<Gen Z(MZ)세대식 미국영어!>의 특징

1. 좀 어렵고 낯설고 생소하지만, 지금 현재 미국의 오프라인과 온라인에서 지금 쓰이고 있는 실제표현들만 모았다.

2. 난이도에 따라 Leve 01, 02, 03으로 분류하였으며 특히 Level 03에는 온라인에서 많이 쓰이는 슬랭들도 함께 수록하였다.

3. 살아있는 예문과 대화, 그리고 인터넷 약어들까지 다 수록하여 미국영어에 익숙해질 수가 있다.

4. Key-Word Index를 추가하여 키워드별로 대표문장을 검색해볼 수 있고 또한 필사 공간을 둬서 문장을 직접 써보는 기회를 만들었다.

5. 생기발랄한 네이티브들의 녹음으로 예문과 대화를 들을 수 있어 실전에 많이 도움이 될 수 있을 것이다.

<Gen Z(MZ)세대식 미국영어!>의 구성

1. 총 엔트리 표현은 총 700 여개 이상으로 현지표현을 수록하는데 집중하였다.

2. Level 01, 02, 03으로 나누어 단계적으로 차근차근 접근할 수 있도록 하였다.

3. 각 표현에는 친절한 우리말 설명을 달아 어려운 표현들을 쉽게 이해할 수 있다.

4. 실전감각을 늘리기 위해 각 표현에는 예문과 현지대화를 수록하여 저절로 암기될 수 있도록 구성되었다.

5. Key-Word Index로 원하는 표현을 찾아볼 수 있으며 직접 써보는 필사를 해볼 수 있다.

<Gen Z(MZ)세대식 미국영어!>를 학습하는 법

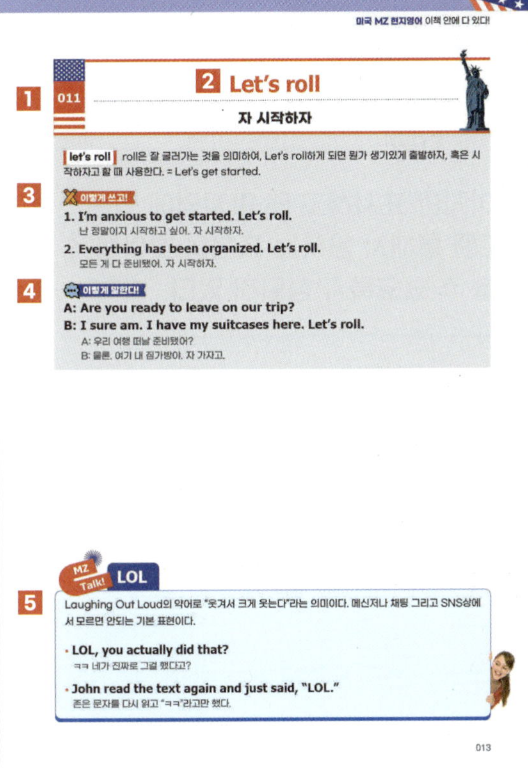

1 Level별 넘버링

Level별로 001~부터 매긴 넘버링

2 표제어

미국에서 현재 쓰이고 있는 현지영어표현과 그에 대한 우리말 해석과 해설.

3 이렇게 쓰고!

실제 현장에서 쓰이는 예문 2개를 수록하였다.

4 이렇게 말한다!

미국현지 냄새가 술술 나도록 생동감있는 다이알로그를 수록하였다.

5 MZ Talk!

인스타, 유튜브, 틱톡, 채팅 그리고 DM에서 자주 쓰는 인터넷 약어들을 정리하였다.

6 Key-Word Index

키워드로 문장들을 검색할 수 있으면 또한 필사공간까지 있어 현지표현 문장들을 필사할 수 있도록 꾸몄다.

CONTENTS

LEVEL 01 001-180
그래도 어디선가 한번쯤 들어본 것 같은 표현! ·············· 008

LEVEL 02 001-177
새롭게 머리속에 저장해야 하는 낯선 표현! ·············· 108

LEVEL 03 001-335
와! 이런 표현도 있구나 감탄하게 되는 표현! ·············· 206

KEY-WORD INDEX ·············· 390

그래도 어디선가 한번쯤 들어본 것 같은 표현!

LEVEL 01 001-180

001

You got this!

넌 할 수 있어!, 자신감 가져!

| **You got this!** | 간단히 말하면, You can do it!이란 말이다. 걱정하고 있는 상대방에게 "넌 할 수 있으니 자신감을 갖고 해라"라고 격려하는 문장이다.

이렇게 쓰고!

1. Chris! You got this! Go crush it!
크리스! 넌 해낼거야. 멋지게 해봐!

2. Just do your best. You got this!
최선을 다 해봐. 넌 잘 해낼거야.

이렇게 말한다!

A: I'm not sure I can work on the new project.
B: Come on, you got this!

A: 새로운 프로젝트를 잘 할 수 있을지 모르겠어.
B: 야, 넌 잘 해낼 수 있어!

002

Are we still on for tonight?

우리 저녁약속 유효한거야?

| **be still on for** | 약속이 아직 '유효한'이라는 말로 be still on for tonight하면 '오늘밤 약속이 유효하다'라는 뜻. You're still on that?(아직도 그 얘기야?)와 구분해야 한다.

이렇게 쓰고!

1. We're still on for drinks tonight?
오늘 밤 술먹는거 아직 유효해?

2. I just wanted to make sure we're still on for tonight.
오늘밤 우리 약속 유효한지 단지 확인하고 싶었어.

이렇게 말한다!

A: Hey, are we still on for drinks tonight?
B: Of course! I'll pick you up at six.

A: 오늘 술 약속 그대로지?
B: 물론! 6시에 데리러 갈게.

003

Be present

참석하다, 지금에 집중해라

| be present | 물리적으로는 '이 자리에, 여기에 있다,' '참석하다,' 그리고 비유적으로는 '지금, 현재에 충실하다,' '집중하다'라는 의미로 쓰인다.

✏️ **이렇게 쓰고!**

1. Cindy was present at the ceremony.
신디는 그 행사에 참석했어.

2. What's with you? You don't seem present today.
무슨 일이야? 너 오늘 정신이 딴데 가 있는 것 같아.

💬 **이렇게 말한다!**

A: What's with you? You don't seem present today.
B: Yeah, I didn't sleep well last night.

A: 왜 그래? 오늘 정신이 없는 것 같아.
B: 어, 어젯밤에 잠을 잘 못 잤어.

004

That burns me up!

정말 열받네!

| burn sb up | 아주 강한 어조로 '…을 열받게 하다,' '몹시 화나게 하다'(make sb very angry)라는 의미의 표현. 주로 친구사이 등 캐주얼한 상황에서 할 수 있는 말이다.

✏️ **이렇게 쓰고!**

1. That'll really burn the boss up.
그 때문에 사장님이 정말 열받을거야.

2. I'm burned up about losing that client.
그 고객을 잃어서 정말 열받아.

💬 **이렇게 말한다!**

A: Are you all right?
B: No way! I'm burned up about what he said.

A: 너 괜찮아?
B: 아니, 걔가 한 말 때문에 정말 열받았어.

Don't go there

005

그 문제는 언급하지마, 그 얘긴 하지마

go there go가 추상적인 의미로 쓰인 경우. 이 표현은 글자 그대로 "거기 가지마"라는 의미로 쓰이지만, "그 얘기는 꺼내지마라'(Don't bring that topic)라는 뜻으로도 쓰인다.

이렇게 쓰고!

1. That's too personal. Don't go there.
그건 너무 개인적인 일인데. 그 문제는 언급하지마.

2. Don't go there. I don't want to talk about it.
그 얘긴 꺼내지마. 난 그 얘기하고 싶지 않아.

이렇게 말한다!

A: We should discuss the things you should pay for.
B: Don't go there. I don't have enough money right now.
A: 네가 돈을 지불해야 되는 것을 얘기해봐야 될 것 같아.
B: 그 얘긴 하지마. 지금 돈이 없다고.

His girlfriend egged him on

006

걔 여친이 걔를 부추겼어

egg sb on '…을 부추겨서 뭔가 무모하거나 바보 같은 일을 하도록 하다'라는 표현이다. 혹은 "용기를 복돋우다'라는 의미로도 쓰인다. egg는 달걀이 아니라 고대어 '부추기다'(eggen)에서 나온 단어.

이렇게 쓰고!

1. Don't egg me on. I'm already angry enough.
나 더 자극하지마. 이미 충분히 화났다고.

2. His co-worker egged him on to fight with the boss.
직장동료가 걔를 사장하고 싸움하게 부추겼어.

이렇게 말한다!

A: How come Chris bungee jumped?
B: His girlfriend egged him on to do that.
A: 크리스는 왜 번지점프를 한거야?
B: 여자친구가 하라고 부추겼대.

007

I don't get high

난 약 안해

| **get high** | '약에 취하다'라는 의미로 주로 '마약,' '마리화나' 등에 취하는 것을 뜻할 때가 많다. 술에 취하다는 'get drunk'이다.

✏️ 이렇게 쓰고!

1. I don't get high anymore.
나 이제 약 안 해.

2. He gets high almost every weekend.
걔는 거의 주말마다 약해서 취해.

💬 이렇게 말한다!

A: You want to go outside and smoke some dope?
B: No thanks. I don't get high.

A: 밖에 나가서 약 좀 할테야?
B: 아니 됐어. 난 약하지 않아.

008

I hate to break it to you

이런말 하긴 싫지만 말이야

| **break it to you** | 뭔가 상대방이 듣기 안좋은 이야기나 미안한 얘기를 꺼낼 때 시작하는 문구. Sorry to say this, but~, You're not gonna like this, but~으로 해도 된다.

✏️ 이렇게 쓰고!

1. I hate to break it to you, but he's not into you.
미안하지만, 그녀는 너한테 관심 없어.

2. I hate to break it to you, but we lost the contract.
이 말하기 싫지만, 우리는 그 계약건을 놓쳤어.

💬 이렇게 말한다!

A: We're still on for the party, right?
B: I hate to break it to you, but it's off.

A: 우리 파티하는거 맞지?
B: 미안한 얘기지만, 취소됐어.

009

Lighten it up

가볍게 하자, 분위기 좀 풀자

lighten up 현재의 상황이나 분위기가 너무 어둡거나 딱딱할 때, 이런 심각한 분위기를 좀 '가볍게 하자'고 할 때 사용한다. 'light'의 의미를 생각하면 된다. = switch up = vibe with.

이렇게 쓰고!

1. **Lighten it up, Chris. It was just a prank.**
   크리스 진정하라고. 그건 그냥 장난이었잖아.

2. **Let's lighten it up with some coffee.**
   커피 좀 마시면서 분위기 풀자.

이렇게 말한다!

A: You look exhausted.
B: Let's lighten it up with an action movie.
   A: 다들 피곤해 보인다.
   B: 액션 영화보면서 분위기 좀 가볍게 하자.

010

That's on me

그건 내 책임야

be on sb My bad라는 표현보다는 좀 더 잘못과 책임을 지는 자세가 진지한 문장이다. "그건 내 책임이야," "그건 내가 잘못했어"라는 의미로 주어자리에 잘못한 일을 넣으면 된다.

이렇게 쓰고!

1. **You're right. That one's on me.**
   네 말이 맞아. 그건 내 책임이야.

2. **I forgot to send the file. Yeah, that's on me.**
   파일 보내는 거 까먹었어. 어, 그건 내 잘못이야.

이렇게 말한다!

A: Why didn't you warn us earlier?
B: That's on me. I should've said something.
   A: 왜 미리 말 안 했어?
   B: 내 잘못이야. 말했어야 했는데.

Let's roll

자 시작하자

011

| **let's roll** | roll은 잘 굴러가는 것을 의미하여, Let's roll하게 되면 뭔가 생기있게 출발하자, 혹은 시작하자고 할 때 사용한다. = Let's get started.

이렇게 쓰고!

1. I'm anxious to get started. Let's roll.
난 정말이지 시작하고 싶어. 자 시작하자.

2. Everything has been organized. Let's roll.
모든 게 다 준비됐어. 자 시작하자.

이렇게 말한다!

A: Are you ready to leave on our trip?
B: I sure am. I have my suitcases here. Let's roll.
A: 우리 여행 떠날 준비됐어?
B: 물론. 여기 내 짐가방야. 자 가자고.

Laughing Out Loud의 약어로 "웃겨서 크게 웃는다"라는 의미이다. 메신저나 채팅 그리고 SNS상에서 모르면 안되는 기본 표현이다.

- **LOL, you actually did that?**
ㅋㅋ 네가 진짜로 그걸 했다고?

- **John read the text again and just said, "LOL."**
존은 문자를 다시 읽고 "ㅋㅋ"라고만 했다.

012 I'm just putting on a brave face

그냥 괜찮은 척하는거야

put on a brave face 실제 속 마음은 힘들고 어렵지만 겉으로는 내색하지 않고 괜찮은 척할 때 사용한다. = put on a brave front = keep a straight face.

이렇게 쓰고!

1. **Sam put on a brave face after the break-up**
   샘은 헤어진 후에도 괜찮은 척했어.

2. **Chris put on a brave face at lunch with his ex.**
   크리스는 헤어진 여친과 점심 먹으면서 괜찮은 척을 했어.

이렇게 말한다!

A: I can tell you're having a hard time.
B: Right. I'm just trying to put on a brave face.

   A: 너 힘들다는거 알겠어.
   B: 맞아. 그냥 괜찮은 척하려고 하고 있어.

013 Stay put

그대로 있어

stay put 자리잡힌 곳에 그대로 있으라는 의미로 Stay put하면 "그 자리에 그대로 있어," "가만히 있어"라고 말할 때 사용한다. = Don't move = Stick around.

이렇게 쓰고!

1. **Stay put till I need you.**
   내가 널 필요로 할 때까지 그대로 있어.

2. **You two stay put right there. We'll meet you there.**
   너희 둘 거기 그대로 있어. 우리가 가서 만날 테니.

이렇게 말한다!

A: Stick around and we'll have some fun together.
B: Oh really? What do you want us to do?

   A: 가만히 있어, 함께 재미있게 놀자.
   B: 정말? 우리가 어떻게 하면 되는데?

014

That's about it

그게 다야, 대강 그 정도야

| **that's about it** | 앞에 나열한 후에 That's about it하면 어떤 문제의 있는 그대로의 측면을 말하는 것으로' 뭐 그런 것이다,' '진상이 그렇다니까' 정도에 해당되는 표현. = That's all.

이렇게 쓰고!

1. **Dad said he was sorry, and that's about it.**
   아버지가 미안하다고 했어. 그게 전부야.

2. **I had dinner with her. That's about it.**
   난 걔와 저녁을 했어. 그게 다야.

이렇게 말한다!

A: **That's all you got?**
B: **Not much. That's about it.**

   A: 그거 밖에 없어?
   B: 별로 없어. 그게 다야.

015

Get a grip on yourself

정신 좀 차려

| **get a grip (on)** | grip은 '꽉 움켜잡는 것,' '장악'이라는 말로 get a grip on하면 화가 나서 씩씩대거나 감정이 폭발하는 것을 억제하다,' '수습하다,' '이해하다'란 의미이다.

이렇게 쓰고!

1. **Get a grip on yourself! You went too far.**
   정신 좀 차려! 네가 너무 지나쳤어.

2. **I still can't get a grip on what Jack meant.**
   난 잭의 말이 무슨 의미인지 모르겠어.

이렇게 말한다!

A: **I can't believe I screwed up again!**
B: **Shit happens. Get a grip on yourself.**

   A: 내가 일을 또 망쳤다니 믿기지 않아!
   B: 그럴 수도 있어. 정신차리고.

016

It's not my place

내가 상관할 바가 아니다, 내가 나설 자리가 아냐

be not one's place (to+V) (…하는 것은) …의 자리가 아니다, 즉 '…가 나설 자리가 아니다'라는 의미의 표현. 또한 be no place for sb는 '…가 있을 곳이 아니다'라는 뜻.

 이렇게 쓰고!

1. **It's not my place to judge.**
   내가 판단할 입장은 아닌데.

2. **Forget I mentioned it. It is not my place.**
   내가 말했던 거 잊어. 내가 나설 자리가 아니야.

이렇게 말한다!

A: You should tell your boss about the problems?

B: It's not my place. He might get angry at me.

A: 사장님께 문제를 얘기해야 되지 않겠니?
B: 내가 나설 자리가 아냐. 내게 화낼지도 몰라.

017

Did you get involved with her?

걔와 사귀었어?

get involved in[with]~ '…에 참여하다,' 안좋은 일에 '연루되다,' 그리고 get involved with sb 하게 되면 '…와 사귀다, 얽히다'라는 뜻으로 쓰인다.

이렇게 쓰고!

1. **She got involved with her boss.**
   걔는 사장과 사귀게 됐어.

2. **Tom, don't get involved in their fight.**
   톰, 걔들 싸움에 끼어들지마.

이렇게 말한다!

A: The parents are fighting again.

B: Don't get involved this time. Just stay out of it.

A: 부모님이 또 싸우고 있어.
B: 이번엔 끼어들지마. 관여하지마.

Let's get to it

바로 시작하자

018

| **get to it** | 요즘 네이티브들이 많이 쓰는 표현으로 '시작하다,' '본격적으로 시작하자'라는 뉘앙스의 표현이다. get cracking보다 더 캐주얼하고 적극적인 뜻의 문구이다

✏️ **이렇게 쓰고!**

1. Alright everyone, let's get to it.
자 여러분, 시작합시다.

2. If we want to finish today, we better get to it.
오늘 끝내고 싶으면 시작해야지.

💬 **이렇게 말한다!**

A: We have a long list of tasks today.

B: Then let's get to it.

A: 오늘 할 일 진짜 많아.
B: 그럼 바로 시작하자.

That's (very) me

그게 나야, 나 원래 그런놈야

019

| **be (very) me** | That's (very) me는 "그게 나야," "나 원래 그런놈야," "(호명에) 접니다"라는 표현. But that just me하면 "그건 그냥 내 생각야," "어디까지나 내 입장이야"가 된다.

✏️ **이렇게 쓰고!**

1. That's me. That's why I'm here now.
그게 나야. 그래서 내가 지금 여기에 있는거야.

2. I know it's pretty selfish, but that's me.
정말 이기적이라는 걸 알지만, 나 원래 그런 놈야.

💬 **이렇게 말한다!**

A: People don't think you should work in a bar.

B: But that's me. I like working there.

A: 넌 바에서 일하면 안된다고들 해.
B: 하지만 그게 나인걸. 난 거기서 일하는 걸 좋아해.

020

Don't bet on that

장담하지마

bet (sth) on sth '…이 될 것에 건다'라는 뉘앙스로 '…에 장담해'라는 의미. Bet on that하면 "그건 확실해," 그리고 Don't bet on it하면 '…가 아닐거야'라는 뜻이 된다.

 이렇게 쓰고!

1. It's going to rain this weekend, bet on that.
이번 주말에 비가 올거야. 장담해.

2. Don't bet on that. They never show up.
장담하지마. 걔네들 절대로 오지 않아.

이렇게 말한다!

A: She'll remember our anniversary this year.

B: Don't bet on that!
A: 올해는 걔가 우리 결혼기념일 기억할거야.
B: 그건 아닐걸!

021

Give it time

시간을 좀 줘, 조금 기다려봐

give it time (to+V) 뭔가 바라던 일이 해결되지 않고 있을 때 "시간이 가면 해결될 것이다,' 그래서 "좀 기다려봐"라는 의미로까지 사용되는 요즘 표현이다.

이렇게 쓰고!

1. Things will get better. Give it time.
다 좋아질거야. 좀만 기다려 봐.

2. You'll get used to the new office. Just give it time.
새로운 사무실에 익숙해질거야. 조금만 더 기다려봐.

이렇게 말한다!

A: I think my English is so broken.

B: Give it time. You'll get better before you know it.
A: 내 영어가 너무 엉망인 것 같아.
B: 조금만 기다려. 금방 나아질거야.

Hang tight

022

잠깐만 기다려

| **hang tight** | 상대방에게 '조금만 기다리라'고 할 때 혹은 어려운 상황에 놓인 상대에게 '포기하지 말고 버티다'(Hang in there)라고 할 때 사용하는 표현이다.

✎ 이렇게 쓰고!

1. Just hang tight till we get there.
우리가 도착할 때까지 조금만 버텨.

2. Hang tight, I'll be with you in a minute.
좀 기다려, 내가 곧 돌아올게.

💬 이렇게 말한다!

A: The economy has been really slow lately.
B: Hang tight. It'll get better soon.
A: 요즘 경기가 너무 나빠.
B: 좀 버텨봐. 곧 나아질거야.

023

You don't belong here

넌 여기에 오면 안 돼

| **belong somewhere** | '…사람이다' 또는 '…에 어울린다'라는 의미. 여기서 belong은 '소속되다,' '어울리다'로 생각하면 된다. don't belong은 와서는 안될 곳에 왔을 때의 느낌이다.

✏️ 이렇게 쓰고!

1. You don't belong here. Go back to your place.
너 여기 있을 사람 아니야. 네 자리로 돌아가.

2. Don't ever tell me that I don't belong here.
내가 여기 사람아니라고 말하지마.

💬 이렇게 말한다!

A: You're saying I don't belong here?
B: Yeah. Go back to your place.

A: 난 여기에 속하지 않는다는 말이야?
B: 그래. 네 자리로 다시 돌아가도록 해.

024

I lost track of time

시간 가는줄 몰랐어

| **lose track of~** | '…을 잊다,' '놓치다,' '소식이 끊기다.' 또한 lose track of time하면 시간을 놓치다라는 말로 뭔가에 빠져 '시간가는 줄 모르다'라는 의미가 된다.

✏️ 이렇게 쓰고!

1. I was watching Netflix and lost track of time.
넷플릭스 보다가 시간가는 줄 몰랐어.

2. I lose track of time when I'm playing computer games.
컴퓨터 게임을 할 때는 시간가는 줄 몰라.

💬 이렇게 말한다!

A: You've been playing computer games all night!
B: Sorry, mom. I totally lost track of time.

A: 밤새 컴퓨터 게임했네!
B: 미안, 엄마. 시간가는 줄 정말 몰랐어.

I'm heading out

025

나 나간다, 이제 출발할게

| **head out** | head를 '머리'로만 알고 있으면 안된다. 동사로 '…을 향하다,' '…을 향해 출발하다'라는 의미로 주로 head out to, head toward의 형태로 자주 쓰인다.

이렇게 쓰고!

1. **I'm heading out to grab some coffee.**
   나 커피 좀 사러 나가.

2. **Too late. Sorry but I should head out.**
   너무 늦었네. 미안하지만 이제 나 가야겠어.

이렇게 말한다!

A: **Where are you going at this time?**

B: **I'm heading out to hang out with some friends.**

   A: 이 시간에 어디 가는거야?
   B: 친구들이랑 놀러 나가는거야.

Just a hunch

026

그냥 직감이야, 예감이 그래

| **hunch** | '예감'이라는 말로 have a hunch하면 '…하는 예감[느낌]이 든다,' go on a hunch하면 '직감대로 행동하다'라는 의미가 된다.

이렇게 쓰고!

1. **I have a hunch she's lying to me.**
   걔가 내게 거짓말하는 느낌이 들어.

2. **My hunch is you won't say a word to anybody.**
   내 직감은 네가 누구한테도 말하지 않을거라는거야.

이렇게 말한다!

A: **Why do you think Sam's lying?**

B: **Just a hunch. Her face says it all.**

   A: 왜 쌤이 거짓말한다고 생각해?
   B: 그냥 느낌이야. 걔 얼굴에 다 씌여있잖아.

027

You're cutting in line

당신 새치기 하는거잖아

cut in line 줄이 있는 상황에서 비양심적으로 끼어드는 '새치기를 하다'라는 의미이다. '새치기 하지 마'는 Don't cut in line, 그리고 '줄서라'라고 할 때는 Get in line.

이렇게 쓰고!

1. **I really hate when people cut in line.**
   난 정말이지 새치기하는 사람들 진짜 싫어.

2. **Sorry, you can't cut in line like this.**
   미안하지만, 이렇게 새치기하면 안돼요.

이렇게 말한다!

A: What a nerve! You're cutting in line again!

B: Don't get me wrong. I just forgot where it started.

   A: 정말 뻔뻔하네! 당신 또 새치기를 하고 있어!
   B: 오해하지마요. 어디서부터 줄인지 잊었어요.

028

Let's touch base tomorrow

내일 잠깐 이야기하자

touch base (with sb) sb와 이야기를 하다라는 의미지만 야구에서 base를 touch하고 다음 base로 가듯, '잠깐 이야기하고 다음 단계로 넘어간다'라는 뉘앙스가 있다.

이렇게 쓰고!

1. **I'll touch base with you later this afternoon**
   오늘 오후 늦게 연락할게.

2. **I just wanted to touch base about the new project.**
   새로운 프로젝트 관련해서 잠깐 얘기하고 싶었어.

이렇게 말한다!

A: When and where can we talk about the new schedule?

B: Let's touch base tomorrow morning at the office.

   A: 새 일정에 대해 언제 어디서 얘기할 수 있을까?
   B: 내일 아침에 사무실에서 잠깐 얘기하자.

029

This has to stop

이건 멈춰야 돼, 이건 계속하면 안돼

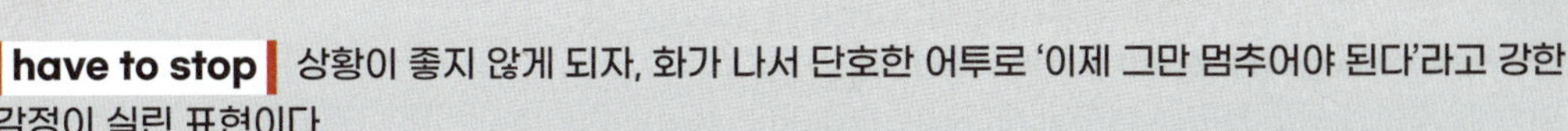

| have to stop | 상황이 좋지 않게 되자, 화가 나서 단호한 어투로 '이제 그만 멈추어야 된다'라고 강한 감정이 실린 표현이다.

 **이렇게 쓰고!**

1. **This has to stop before someone gets hurt.**
   누군가 다치기 전에 이건 멈춰야 돼.

2. **The argument between you two has to stop.**
   너희 둘의 다툼은 이제 그만해야 해.

이렇게 말한다!

A: They've been arguing day in and day out.

B: Yeah, this has to stop before it gets worse.

   A: 걔네들 요즘 하루도 빠짐없이 싸워.
   B: 맞아, 더 악화되기 전에 멈춰야 해.

030

Shake on it?

악수로 확인할까?

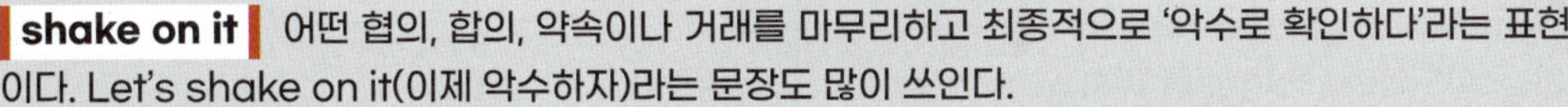

| shake on it | 어떤 협의, 합의, 약속이나 거래를 마무리하고 최종적으로 '악수로 확인하다'라는 표현이다. Let's shake on it(이제 악수하자)라는 문장도 많이 쓰인다.

이렇게 쓰고!

1. **Let's stop bitching about each other. Shake on it?**
   우리 서로 험담하지 말기로 하자. 악수로 확인할까?

2. **You promise you'll keep the secret? Shake on it.**
   비밀 지킨다고 약속하지? 악수로 확인해.

이렇게 말한다!

A: No more calling names. We have a deal?

B: Deal. Shake on it?

   A: 이제 서로 욕하지 말자, 약속이야?
   B: 좋아, 악수할까?

031

She's got anger issues with me

갠 내게 나쁜 감정이 있어

| **have[have got] issues with sb[sth]** | '…에 문제가 있다,' '…와 불화하다'라는 표현. with 이하의 것에 불만과 문제가 있어 불편해 하다라는 의미이다. 여기서 issues는 항상 복수.

✏️ 이렇게 쓰고!

1. **They have issues with rage.**
   걔네들은 분노에 문제가 있어.

2. **She's got issues with your attitude.**
   걔는 네 태도에 불만이 있어.

💬 이렇게 말한다!

A: **Why doesn't she talk to you anymore?**

B: **She's got some anger issues with me.**

   A: 걔 왜 너랑 말 안 해?
   B: 걔 나한테 안좋은 감정이 있어.

032

You'll get a feel for it soon

넌 곧 감이 잡힐거야

| **get[have, give] a feel for~** | '…에 대한 감각을 익히다,' '감을 잡다'라는 의미. 특히 특정대상이 아닌 일반적으로 things를 써서 get a feel for things라고도 자주 쓰인다.

✏️ 이렇게 쓰고!

1. **I'm starting to get a feel for the New York vibes.**
   뉴욕 분위기 좀 감이 오기 시작했어.

2. **It took me a long time to get a feel for the new job.**
   새 직장에 익숙해지는데 좀 시간이 많이 걸렸어.

💬 이렇게 말한다!

A: **How's life in New York treating you?**

B: **I'm starting to get a feel for the vibe here.**

   A: 뉴욕에서 사는게 어때?
   B: 이제 여기 분위기 좀 알겠어.

You need a pick-me-up

033

넌 기분전환이 필요해

| **pick-me-up** | 글자 그대로 '나를 끌어 올려주는 것'이라는 명사로 일반적으로 기운차리기 위해서 먹는 커피나 쿠키 혹은 응원의 말 등을 의미한다.

✎ 이렇게 쓰고!

1. You look stressed out. You need a pick-me-up.
   너 완전 스트레스받은 것 같아. 기운 좀 내야겠다.

2. After that long argument, we all need a little pick-me-up.
   그 긴 다툼끝에, 우리는 다들 기분전환이 좀 필요해.

💬 이렇게 말한다!

A: You look exhausted. Had a long day?

B: Yeah, I could use a pick-me-up.
   A: 피곤해 보인다. 힘든 하루였어?
   B: 응, 뭐 좀 기운나게 해줄게 필요해.

BRB

Be Right Back의 약어로. 채팅이나 게임을 하다가 잠시 잠깐 자리를 비우고 바로 돌아오겠다고 상대방에게 글을 남길 때 쓰는 표현이다.

- **BRB, my food just arrived at the door.**
  잠깐만, 음식이 문 앞에 도착했어.

- **BRB, got called into my boss's office.**
  잠깐만, 사장 사무실로 불려갔어.

034 I'll just fire away

바로 질문할게

fire away 총을 쏘듯 질문을 막 던져보는 것으로 상대방이 질문이 있다고 할 경우에, '어서 물어보라'라고 권유할 때 쓰는 문장이다. 즉, fire away는 '질문을 퍼붓다'라는 말.

이렇게 쓰고!

1. I'm listening. Go ahead and **fire away**.
   듣고 있어요. 말씀하세요.

2. If you've got any questions, **just fire away!**
   질문 있으면 물어보세요!

이렇게 말한다!

A: Did you have some questions to ask me?
B: Yeah. I'll just **fire away**.
   A: 내게 뭐 물어볼거 있어?
   B: 어. 바로 질문할게.

035 It's off

꺼져 있어, 취소됐어, 이상해

sth be off 분리의 off로, TV 등 기계류의 '전원이 꺼져 있다,' 일정, 미팅 등이 '취소되다,' 그리고 어떤 상황이나 맛 등이 '이상하다,' '변하다'라는 의미로 쓰인다. I'm off는 '출발하다.'

이렇게 쓰고!

1. The lights **are off**. What happened?
   전원이 나갔네. 무슨 일이야?

2. The deal between us **is off**, isn't it?
   우리 사이 거래는 끝나지, 그렇지 않아?

이렇게 말한다!

A: I heard the deal between you two **is off**.
B: Yeah, we agreed to disagree.
   A: 너희 둘 사이의 거래가 깨졌다며?
   B: 어, 서로 의견이 다르다는데 동의했어.

I am swamped

036

나 엄청 바빠

| be swamped | 늪(swamp)에 빠진 것처럼 '꼼짝달싹 못하게 바쁘다'라는 뜻. be swamped with the new project처럼 with 이하에 바쁜 일의 내용을 말하면 된다.

✏️ 이렇게 쓰고!

1. I am swamped. I never have time to relax.
엄청 바빠. 쉴 시간도 없어.

2. If you're swamped, I can cancel my vacation plans.
네가 바쁘면 휴가계획을 취소할게.

💬 이렇게 말한다!

A: Can you help me with this?
B: I'm sorry. I'm already swamped with work.

A: 나 이것 좀 도와줄래?
B: 미안해. 일하느라 이미 정신없거든.

I went all out this time

037

난 이번에는 최선을 다했어

| go all out[be going all out] | '…에 최선을 다하다,' '전력투구를 하다'라는 의미. 주로 be going all out처럼 진행형으로 많이 쓰이며, do one's best보다 훨씬 강한 표현이다.

✏️ 이렇게 쓰고!

1. I'm really gonna go all out for this.
난 이 일에 최선을 다할거야.

2. She went all out on her housewarming party.
걔는 집들이 파티에 전력을 다했어.

💬 이렇게 말한다!

A: You nailed that presentation!
B: Thanks, I went all out working on it.

A: 너 그 프레젠테이션 완전 잘했어!
B: 고마워, 그거 준비하는데 전력을 다했어.

038

Play it cool

침착하게 굴어

| **play it cool** | '침착하게 굴다.' 여기서 play는 '어떤 상황에서 행동하다,' '다루다'라는 뜻이다. 그래서 play it safe는 '안전하게 하다,' play it cool은 '쿨하게 행동하다'가 된다.

이렇게 쓰고!

1. **I was just trying to play it cool.**
   난 침착하게 행동하려고 했어.

2. **Just play it cool and everything will be OK.**
   침착히 행동하면 만사가 다 잘될거야.

이렇게 말한다!

A: **What should I do if my ex gets married?**
B: **Just play it cool and don't overreact.**

   A: 전처가 결혼하면 나 어떡하지?
   B: 그냥 침착하게 있어, 지나치게 반응하지 말고.

039

I'll stand my ground

난 입장을 고수할거야, 물러서지 않고 맞설거야

| **stand one's ground** | ground는 여기서 '입장'을 말하는 것으로 stand와 함께 쓰이면 '자신의 입장을 굽히지 않고 고수하다'라는 의미가 된다. = hold one's ground = stick to one's guns.

이렇게 쓰고!

1. **You gotta stand your ground sometimes.**
   때로는 네 입장을 고수해야 해.

2. **I'm standing my ground. I did nothing wrong.**
   나 내 입장을 고수할거야. 난 잘못한게 없어.

이렇게 말한다!

A: **Don't let her talk you into doing wrong.**
B: **Don't worry, I'll stand my ground.**

   A: 걔네 말에 넘어가서 나쁜 짓 하지마.
   B: 걱정마, 내 입장을 굳게 지킬거야.

We want different things

040

우리는 서로 안맞아

| want different things | '서로 원하는게 다르다'라는 말로 서로의 생각[주장]이 일치하지 않는 상태를 말할 때 사용한다. 비난하기보다는 '다르다'는 점만 단순히 확인하는 문장이다.

이렇게 쓰고!

1. **We want different things for this project.**
   우리는 이 프로젝트에서 원하는게 달라.

2. **We want different things from this relationship.**
   우리는 이 관계에서 바라는게 달라.

이렇게 말한다!

A: **Why did you two get divorced?**
B: **We just wanted different things.**

   A: 너 왜 이혼했어?
   B: 우린 그냥 서로 원하는게 달랐어.

Nothing's going my way today

041

오늘은 모든게 꼬이네

| sth go one's way | 주어가 사물로 쓰이는 표현으로 '…가 원하는 대로 되다,' '…의 뜻대로 되다,' 그리고 go one's own way하게 되면 '각자 길을 가다,' '따로 살다'라는 다른 의미.

이렇게 쓰고!

1. **Things just never go my way.**
   내 뜻대로 되는 일이 도무지 없어.

2. **I feel like everything's going my way this time.**
   이번에는 모든게 내 뜻대로 되는 것 같아.

이렇게 말한다!

A: **I didn't get the promotion.**
B: **No worries, next time it'll go your way.**

   A: 승진에 떨어졌어.
   B: 괜찮아, 다음엔 잘 될거야.

042

I think I'll pass

난 그냥 빠질래

I'll pass[I pass] (on~) 상대방이 뭔가 제안이나 권유, 초대 등을 할 때 거절하는 표현으로 '난 됐어,' '난 안 먹을[할]래,' '난 빠질래'라는 의미이다.

✎ 이렇게 쓰고!

1. **I'll pass. Hang on a second.**
   난 안할래. 잠깐 기다려봐.

2. **I'll pass on that movie. Not my type.**
   그 영화는 안볼래. 내 취향 아니야.

💬 이렇게 말한다!

A: You're not even going to try it?
B: I'll pass this time.
   A: 시도도 안할거지?
   B: 이번에 안할래.

043

I get that a lot

그런 얘기 많이 들어

get that a lot 미국에서 무척 많이 쓰이는 표현으로, 사람들이 '많이들 그렇게 말하다,' 즉 '그런 얘기 많이 듣다'(I hear people say that all the time)라는 표현이다.

✎ 이렇게 쓰고!

1. **Actually, I'm not a model. But I get that a lot.**
   실은 전 모델은 아니지만 그런 얘기 많이 들어요.

2. **People think I'm Japanese. I get that a lot.**
   사람들은 내가 일본사람이라고 생각해. 그런 말 많이 들어.

💬 이렇게 말한다!

A: You know, you look like a famous movie actor.
B: I get that a lot. I guess our faces are similar.
   A: 저말야, 넌 유명한 배우닮았어.
   B: 그런 얘기 많이 들어. 얼굴이 비슷한 것 같아.

There's no going back

되돌릴 수 없어, 이제 돌아갈 수 없어

There's no going back | '다시 돌아갈 길은 없다'라는 말로 비유적으로 후회해도 소용없으니 하던 일 계속해야 한다는 뉘앙스를 담고 있다. 이제 와서 되돌릴 수 없다라는 말.

✏️ 이렇게 쓰고!

1. **Once you say it, there's no going back.**
   한 번 그렇게 말하고나면, 되돌릴 수 없어.

2. **It's too late now. There's no going back.**
   이제 너무 늦었어. 되돌릴 수는 없어.

💬 이렇게 말한다!

A: **Should we cancel the project?**
B: **We already announced it. There's no going back.**
   A: 그 프로젝트 취소해야 할까?
   B: 우리가 이미 발표했잖아. 이제 되돌릴 수 없어.

045

No two ways about it

의심할 여지가 없어, 확실해

no two ways about it | '그거에 두가지 방법은 없다'라는 말로 의역하면 "의심할 여지가 없다," "틀림없다"라는 뜻이 된다. = That's for sure = No doubt about it.

이렇게 쓰고!

1. No two ways about it, we failed again.
의심할 여지없이 우리는 또 실패했어.

2. No two ways about it. This movie hits different.
확실히, 이 영화는 뭔가 특별해.

이렇게 말한다!

A: Do you think we'll lose the client?
B: No two ways about it. We already did.
A: 우리 고객 잃을 것 같아?
B: 그건 확실해. 이미 잃었어

046

Money is not a problem

비용은 문제되지 않아

sth be not a problem | 'sth은 문제가 되지 않는다'라는 의미로 위 문장은 "돈 걱정은 하지마," 돈은 충분해"라는 문장이 된다. = Money is no object(좀 formal한 표현).

이렇게 쓰고!

1. Don't worry. Money's not a problem.
걱정마. 돈은 문제가 안 돼.

2. Money's not a problem. I just want the best.
돈은 문제가 아니야. 그냥 최고로 하고 싶어.

이렇게 말한다!

A: Are you sure you can afford a BMW?
B: Yeah, money's not a problem right now.
A: 정말 BMW 살 여력이 돼?
B: 어, 지금은 돈 문제 없어.

047

Let's do this!

자 우리 해보자!, 가자!

| **let's do this** | 뭔가 일을 시작하기 전에 사용하는 표현으로 "준비됐어!," "이제 시작이야!," "우리 이제 해보자!"라는 강한 어조를 띄는 문장이다. = Let's get it! = Let's roll.

이렇게 쓰고!

1. Chris, are you ready? Let's do this!
크리스, 준비됐어? 이제 시작하자!

2. Let's do this. There's no going back now.
이제 해보자. 이제 돌이킬 수 없어.

이렇게 말한다!

A: Once we sign the contract, that's it.
B: I know what I know. Let's do this.

A: 계약서에 사인하면 끝이야.
B: 내 생각은 확고해. 해보자.

048

I need to kick back and relax

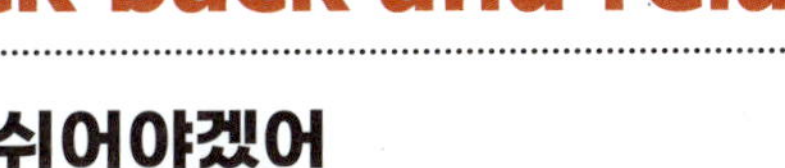

난 쉬어야겠어

| **kick back** | '느긋하게 그리고 편하게 쉬다'(relax)라는 단순한 표현이지만, '뇌물을 주다,' '돈을 찔러 주다'라는 부정적 의미로도 사용된다.

이렇게 쓰고!

1. She kicked back at the beach all day.
걘 하루 종일 해변에서 푹 쉬었어.

2. Let's kick back this weekend and just relax.
이번 주말엔 아무것도 안 하고 그냥 느긋하게 보내자.

이렇게 말한다!

A: What are you doing tonight?
B: I'm just gonna kick back and watch Netflix.

A: 오늘밤 뭐 할거야?
B: 아무것도 안하고 넷플릭스나 볼거야.

049

It doesn't add up

어딘가 말이 맞지 않아

| **not add up** | add up은 '더해지다'라는 의미지만, 부정문장으로 not add up하게 되면 '앞뒤가 논리적으로 안맞다,' '뭔가 말이 안된다'라는 뜻으로 자주 쓰이는 표현이 된다.

✏️ 이렇게 쓰고!

1. Her excuse doesn't add up. I think she's lying.
걔의 변명은 앞뒤가 안 맞아. 걔가 거짓말하는 것 같아.

2. Something doesn't add up about this contract.
이 계약서는 뭔가 앞뒤가 안맞아.

💬 이렇게 말한다!

A: He said he hates her, but he keeps texting her.
B: That doesn't add up.
A: 걔는 그 여자가 싫다면서 계속 문자를 보내.
B: 앞뒤가 안 맞잖아.

050

I suppose I am

그런 셈이지, 그런가 봐

| **I suppose I am** | 상대방의 질문에 부드럽게 그리고 조심스럽게 인정하거나 동의를 할 때 사용한다. 부정하기 그럴 때 살짝 동의를 해준다고 생각하면 된다.

✏️ 이렇게 쓰고!

1. I suppose I am. It's a big opportunity.
그런가 봐. 이건 큰 기회니까.

2. I suppose I am not. I hate waking up early.
그런 편은 아니야. 난 일찍 일어나는 것 싫어해.

💬 이렇게 말한다!

A: You still care about Chris, don't you?
B: I suppose I do. I can't help but think of him.
A: 아직도 크리스를 좋아해?
B: 그런 것 같아. 자꾸 걔 생각이 나서 어쩔 수가 없어.

051

Hit me up anytime

언제든 연락해, 메시지보내

hit sb up hit sb up은 'sb와 연락하다' 혹은 '만나다'라는 뜻으로 미국에서 엄청 많이 쓰는 구어체 표현이다. 그래서 위 문장은 "Feel free to get in touch with me"라는 의미가 된다.

✗ 이렇게 쓰고!

1. Dude, hit me up anytime. I'm on Facebook.
야, 언제든 연락해. 나 페이스북하니까.

2. He told me to hit him up when he gets back to the States.
걘 자기가 미국으로 돌아오면 연락하라고 내게 말했어.

💬 이렇게 말한다!

A: Is there any chance I could give you a call?

B: Sure, here's my number. Hit me up anytime.
A: 내가 너에게 전화해도 될까?
B: 그럼, 여기 내 전번. 언제든 연락해.

052

For sure

확실히, 물론이지

for sure 원래는 확실하게(for certain)라는 의미로 쓰였으나 요즘에는 '맞아,' '그럼'이라는 동의나 강조의 표현으로 캐주얼하게 사용된다. = That's for sure.

✗ 이렇게 쓰고!

1. That movie was amazing, for sure.
그 영화 정말 대박이었어.

2. For sure. I pulled an all-nighter last night.
그럼. 어젯밤에 밤새 일했어.

💬 이렇게 말한다!

A: She's the best dancer in the group.

B: For sure. No one even comes close.
A: 걔는 그룹에서 최고의 댄서야.
B: 맞아. 따라올 사람도 없어.

Do better

053

제대로 해라, 정신차려

do better 원래는 '더 잘하다'라는 평범한 표현이지만 요즘 세대에서는 "지금 수준으로는 안돼," "정신차려라"라는 비난, 경고, 혹은 격려의 메시지로 자주 사용된다.

✏️ 이렇게 쓰고!

1. Men need to do better.
남자들은 좀 더 정신차려야 해.

2. Do better, me. You can do this.
정신 차려, 나 자신아. 넌 할 수 있어.

💬 이렇게 말한다!

A: I got a D on the math test.
B: It's okay. You can do better next time.

A: 수학시험에서 D 받았어.
B: 괜찮아. 다음엔 더 잘할 수 있어.

Give me the tea

054

무슨 일인지 말해봐

give sb the tea (on) 요즘세대들이 좋아하는 표현으로 tea는 슬랭으로 "가쉽'이나 '진짜 이야기'를 말한다. 따라서 give sb the tea는 "진짜 얘기해봐," "썰 풀어봐"가 된다. = catch sb up on.

✏️ 이렇게 쓰고!

1. Give me the tea on your new marriage!
새 결혼생활에 대해 썰 좀 풀어봐!

2. She gave me the tea about her date last night.
걔가 어젯밤 데이트에 대해 내게 얘기를 풀어놨어.

💬 이렇게 말한다!

A: I saw you and Chris kissing in the street yesterday.
B: Really? Okay, I'll give you the tea.

A: 어제 거리에서 크리스와 키스하는거 봤어.
B: 정말? 그래, 내가 얘기 해줄게.

055

I landed the job at Google!

내가 구글에 취직됐어!

| land the job | '일자리를 얻다,' '취직하다'라는 어구로 요즘도 많이 쓰이는 표현이다. 여기서 land는 '얻다,' '획득하다,' '성취하다'라는 동사이다. = score a job = get hired.

✏️ 이렇게 쓰고!

1. He landed the job after five interviews.
걘 다섯번의 면접 끝에 드디어 합격했어.

2. If you keep trying, you'll land a good job.
계속 도전하다 보면 좋은 일자리를 얻게 될거야.

💬 이렇게 말한다!

A: Did Chris get the position finally?

B: For sure, he landed the job last month.
A: 크리스가 마침내 그 일자리 얻었어?
B: 물론이지, 지난달에 붙었어.

FYI

상대방에게 정보를 줄 때 사용하는 것으로 온라인에서 뿐만 아니라 일상생활에서 자주 쓰이는 표현이다. **For Your Information**의 약어이다.

• FYI, the deadline is next Monday.
참고로 마감은 다음 주 월요일이야.

• FYI, I've attached the updated report.
참고로 수정된 보고서를 첨부했어요.

056 He hits the gym every morning

걘 매일 아침 헬스장에 가

| hit the gym | 'hit'은 주로 '가다,' '하다'의 슬랭식 단어. go to the gym보다 훨씬 역동적인 표현이 된다. 비슷한 표현으로는 hit the hay(자다), hit the grocery(식료품점에 가다)가 있다.

이렇게 쓰고!

1. Let's hit the gym together tonight!
오늘밤에 같이 헬스장에 가자!

2. I'll hit the grocery this afternoon. The fridge is empty.
오늘 오후에 마트에 장보러 갈거야. 냉장고가 텅 비었거든.

이렇게 말한다!

A: Did you have any plans after work?
B: I'm gonna hit the gym.
A: 퇴근 후에 뭐 계획있어?
B: 운동하러 갈거야.

057 I was so partied out last night

어젯밤에 너무 파티를 했어 완전히 지쳤어

| be partied out | '파티를 너무 격하게 해서 지쳤다'라는 뜻으로 be+동사과거+out[동사과거+out] 하게 되면 '너무 …을 해서 지치다'라는 패턴표현이 된다.

이렇게 쓰고!

1. I was so partied out after the weekend.
주말에 너무 놀아서 완전 지쳤어.

2. I partied too much last night. Now I'm exhausted.
어젯밤에 너무 놀았어. 지금 완전히 뻗었어.

이렇게 말한다!

A: You look totally spaced out.
B: Yeah, I'm so partied out from last night.
A: 너 완전히 멍해보여.
B: 어, 지난밤에 너무 놀아서 뻗었어.

You're a real one

058

네가 최고야, 넌 의리가 있어

| be a real one | 요즘 세대들이 쓰는 표현으로 '진짜 의리있는 사람이다,' '믿을만한 사람이다'라는 칭찬의 문구이다. 다시 말해 '가식없이 진실되게 행동하는' 사람을 뜻한다.

이렇게 쓰고!

1. So, be a real one and tell me the truth.
그래 가식떨지 말고 내게 솔직히 말해봐.

2. He didn't gossip about me. He's a real one.
걘 내 뒷담화 안했어. 진짜 진국이야.

이렇게 말한다!

A: You didn't say a word about my secret?

B: Of course not. I'm a real one.

A: 내 비밀에 대해 한마디도 하지 안했지?
B: 당연하지. 난 진짜 친구야.

Go big or go home

059

할거면 최선을 다해라

| go big or go home | 요즘세대들이 좋아하는 표현으로, '크게 하던가 아니면 집에 가라, 즉 아예 하지 말다'라는 의미이다. 대충하지 말고 할거면 제대로 최선을 다하라는 뜻.

이렇게 쓰고!

1. We only live once, so go big or go home.
인생 한 번뿐인데, 크게 가든가 말든가 해야지.

2. I bought a big house. Go big or go home, right?
큰 집을 샀어. 할거면 크게 질러야지, 맞지?

이렇게 말한다!

A: You're gonna sing the song, "Golden," in front of everyone?

B: Yup. Go big or go home.

A: 너 사람들 앞에서 "골든"이라는 노래를 부를거야?
B: 응, 할거면 제대로 해봐야지.

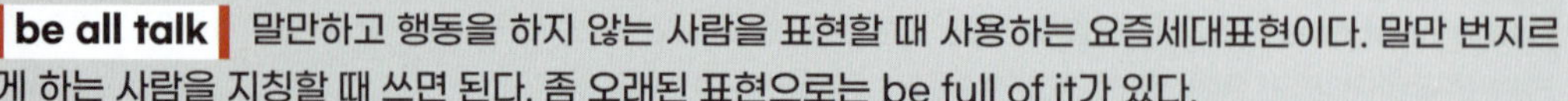

060

He's all talk

갠 말뿐이야

| **be all talk** | 말만하고 행동을 하지 않는 사람을 표현할 때 사용하는 요즘세대표현이다. 말만 번지르게 하는 사람을 지칭할 때 쓰면 된다. 좀 오래된 표현으로는 be full of it가 있다.

✏️ 이렇게 쓰고!

1. Some people, like politicians, are all talk.
정치인들처럼 어떤 사람들은 말뿐이야.

2. Don't trust Chris. He's all talk, no action.
크리스 믿지마. 그냥 말만하지 행동은 하지 않아.

💬 이렇게 말한다!

A: He promised he'd pay off the debt this year.
B: Please. He's all talk.

A: 갠 올해 빚을 다 갚겠다고 약속했어.
B: 말도 안돼. 갠 말뿐이야.

061

This party rocks!

이 파티 끝내준다!

| **sb[sth] rocks** | '주어가 아주 멋지다,' '최고다'라는 의미. 여기서 rock은 '최고다,' '끝내준다'라는 동사. kick을 쓴 That place kicks!(거기 물 좋다!)는 여전히 쓰이지만 좀 지난 표현.

✏️ 이렇게 쓰고!

1. This party rocks! Look at all the girls!
이 파티 끝내준다! 저 여자애들 좀 봐!

2. Paintball rocks! I had the best day of my life.
페인트볼 서바이벌 게임 죽여준다! 생애 최고의 날이었어.

💬 이렇게 말한다!

A: I'm having a great time. This party rocks!
B: Yeah, everyone seems to be enjoying themselves.

A: 정말 재미있어. 이 파티 끝내줘!
B: 그래, 다들 즐겨하는 것 같아.

062

She's working her ass off

걔는 뼈 빠지게 일해

| **work one's ass off** | 'ass'가 들어간 만큼 표현이 좀 거칠고 강하다. '미친듯이 열심히 일하다'라는 의미. work one's ass off[~ing]하면 '…하느라 뼈빠지게 일하다'라는 표현이다.

이렇게 쓰고!

1. Tammy **worked her ass off** all year.
   태미는 일년내내 죽어라 일했어.

2. Chris **worked his ass off** to get a pay raise.
   크리스는 급여인상을 받으려고 죽도록 일했어.

이렇게 말한다!

A: Did you finish the job already?
B: Yeah, I **worked my ass off** all week.
   A: 벌써 그 일 끝냈어?
   B: 어, 일주일내내 죽어라 일했어.

063

Where did that come from?

왜 그래?, 그게 무슨 말이야?

| **come from** | '…출신이다'라는 뜻으로만 알고 있는데 현지에서는 '…에서 나오다'로 상대방이 이상한 말을 할 때 "왜 그렇게 말하는거야?"라는 뜻으로 사용한다.

이렇게 쓰고!

1. You quit? **Where did that come from?**
   퇴사했다고? 그건 또 무슨 말이야?

2. You bought me a gift? Wow, **where did that come from?**
   나 줄 선물을 샀다고? 와, 갑자기 웬일이야?

이렇게 말한다!

A: I think I'm moving to New York next week.
B: Whoa, **where did that come from?**
   A: 나 다음주에 뉴욕으로 이사가.
   B: 뭐야, 갑자기 무슨 일이야?

064

Can you do me up in the back?

뒤 지퍼 좀 올려줄테야?

do sb up '예쁘게 꾸미다,' '옷을 채우다,' 그리고 술이나 음식 그리고 화장으로 '나를 꾸며주다'라는 3가지 의미만 알고 있으면 된다.

이렇게 쓰고!

1. **My bestie did me up for the wedding.**
   내 절친이 결혼식 가기 전에 나를 예쁘게 꾸며줬어.

2. **My sister totally did me up, hair, makeup, everything!**
   내 여동생이 나 완전 꾸며줬어, 머리, 화장, 전부!

이렇게 말한다!

A: **Can you do me up for the office party tonight?**
B: **Sure! Let's make you look amazing.**

   A: 오늘 사무실 파티용으로 나 좀 꾸며줄래?
   B: 물론이지! 너를 멋지게 만들어줄게.

065

It serves you right!

넌 그런 일 당해도 싸!, 꼴 좋다!, 샘통이다!

serve sb right 말이나 행동을 잘못해서 그렇게 당한다는 말로 '꼴좋다,' '고소하다,' '샘통이다'라는 의미가 된다. 잘못한 행동을 말하려면 serve sb right for~로 사용하면 된다.

이렇게 쓰고!

1. **It serves you right! You shouldn't be so nasty.**
   꼴좋다! 그렇게 비열하게 행동하는게 아니지.

2. **You got sick after overeating? It serves you right.**
   과식한 후에 탈났다고? 샘통이다!

이렇게 말한다!

A: **Oh God, my head really hurts today.**
B: **It serves you right! You shouldn't have had all that beer last night.**

   A: 맙소사, 오늘 머리가 너무 아파.
   B: 꼴 좋다! 간밤에 그 맥주를 다 마시지 말았어야지.

066

You're doing too much

너 너무 오버한다

| **be doing too much** | 상대방의 말이나 행동이 지나치게 과할 때 사용하는 표현으로, '너무 지나치다,' '너무 과하다,' 그리고 '너무 티낸다' 등으로 생각하면 된다. 아주 요즘세대표현.

이렇게 쓰고!

1. **Mindy's always showing off. She's doing too much.**
   민디는 맨날 잘난 척이야. 너무 오버해.

2. **You're doing too much, just relax and enjoy it.**
   너 너무 오버하지말고, 그냥 편하게 즐겨.

이렇게 말한다!

A: **I wrote Chris like thirty texts already.**

B: **Wow, you're doing too much.**

   A: 나 크리스한테 벌써 문자 30번이나 보냈어.
   B: 와, 너무 지나치다.

067 · She is on a roll

그 여자 한창 잘나가고 있어

be on a roll 둥그렇게 둘둘 말려있던 카펫이나 종이가 도르륵 굴러가며 펼쳐지는 것처럼 막힘없이 매사가 순조롭게 풀려가고 있는 상황, 즉 '요즘[한창] 잘나가고 있다'는 의미가 된다. = be on fire.

✏️ 이렇게 쓰고!

1. That's great! You're really on a roll.
대단하다! 너 정말 잘 풀리는구나.

2. Look at that score. I'm on fire!
저 점수 좀 봐. 잘 풀리네!

💬 이렇게 말한다!

A: I heard Tina won a big golf tournament last weekend.
B: Wow, she's on a roll.

A: 티나가 지난 주에 열린 대형 골프 대회에서 우승했대.
B: 와, 걔 잘 나가네.

068 · Move your ass!

서둘러!, 빨리와!

move one's ass 역시 ass가 들어간 표현으로 거칠고 강한 표현이다. "빨리 움직여!," "빨리 가!," "서둘러!"라는 의미이다. Let's move it은 '가자,' Haul ass!는 '서둘러!'라는 문장이다.

✏️ 이렇게 쓰고!

1. Move your ass! We're late!
빨리 움직여! 우리 늦었어!

2. If you want to catch that train, move your ass!
그 열차 타고 싶으면 빨리 뛰어!

💬 이렇게 말한다!

A: Come on, move your ass or we'll be late!
B: Chill, I'm doing my best here.

A: 빨리 좀 움직여, 우리 늦겠어!
B: 진정하라고, 나 진짜 최선을 다하고 있어.

069

Where are you going with this?

무슨 말을 하려는거야?

| **where are you going with this?** | 상대방과 이야기하는 도중에 상대가 이상한 방향으로 말을 돌리려고 할 때 제지하면서 "무슨 말을 하려는거야?," "결국 하고 싶은 말이 뭐야?"라고 물을 때 사용한다.

✏️ 이렇게 쓰고!

1. I don't know where you're going with this.
이걸로 네가 뭘 말하려는지 모르겠어.

2. I think I see where this is going.
네가 무슨 말을 하려는건지 알 것 같아.

💬 이렇게 말한다!

A: You've been hanging out with Chris a lot?
B: Where are you going with this?

A: 요즘 크리스랑 자주 어울리네?
B: 무슨 얘기하려는거야?

070

I'm so psyched

정말 신나

| **be psyched (to~/that~)** | psych는 '흥분시키다,' 들뜨게 하다'라는 동사로 be psyched하면 be thrilled에 가까운 표현으로 '무척 들뜨다'에 해당된다. get oneself psyched up도 같은 의미.

✏️ 이렇게 쓰고!

1. I'm so psyched for the concert tonight.
오늘밤 콘서트로 완전 신나.

2. I'm so psyched to see you guys this weekend.
이번 주말에 너희 보는 거 너무 기대돼.

💬 이렇게 말한다!

A: How do you feel about the trip to New York?
B: I'm so psyched. I love having the chance to visit New York.

A: 뉴욕 여행가는거 어때?
B: 너무 신나. 뉴욕을 방문하게 되는게 너무 좋아.

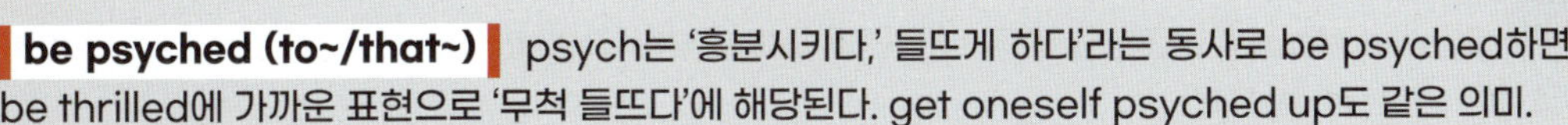

071

Not technically

정확히는 그렇지 않아

| not technically | 상대의 말이 완전히 맞지도 틀리지도 않을 때 사용하면 좋다. "엄밀히 말하면 그렇지 않아,' '정확히는 아냐'라는 의미. Don't get technically는 "쉽게 말해'라는 문장이다.

✏️ 이렇게 쓰고!

1. **It's not illegal, not technically.**
   그건 불법은 아니야, 엄밀히 말하자면.

2. **I mean, we're not living together, not technically.**
   그러니까, 우리는 함께 사는 것은 아냐, 엄밀히 말하자면.

💬 이렇게 말한다!

A: Is that your studio?

B: Not technically. It's my mom's.

A: 그거 네 스튜디오야?
B: 엄밀히 말하면 아니야. 엄마거야.

072

I'll give you that

그 점은 인정해, 네 말이 맞아

| I'll give you that | 상대방의 말 중 다른 건 몰라도 일부인 '그건' 인정한다는 문장으로 '네가 맞았어,' '그 점은 인정해'라는 표현.

✏️ 이렇게 쓰고!

1. **You got balls. I'll give you that.**
   넌 배짱이 있어. 그 점은 인정해.

2. **She's sexy. I'll give you that. And nasty too, I'll bet.**
   걘 정말 섹시해. 그 점은 인정해. 못된 것도 확실하고.

💬 이렇게 말한다!

A: She works 80 hours a week.

B: She is very ambitious. You've got to give her that.

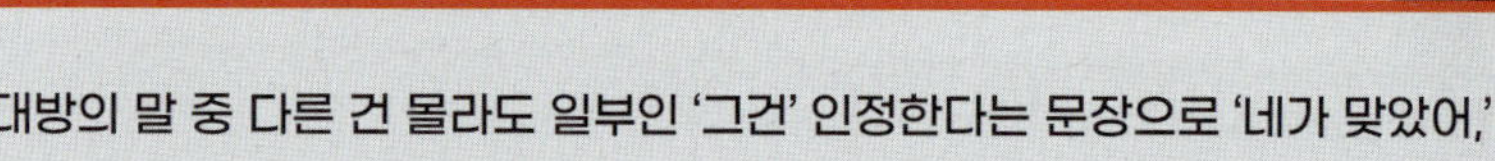

A: 걔는 주 80시간 일을 해.
B: 매우 야심만만하구만. 걔 그건 인정해줘야 돼.

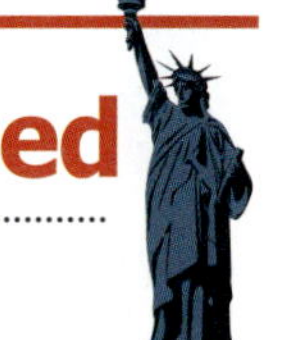

073

I always pig out when I'm stressed

스트레스 받으면 난 항상 폭식해

pig out (on) 'pig'가 들어간 걸로 봐서 뭔가 '많이 먹는다'를 연상시킬 수 있다. '엄청 먹다,' '폭식하다'라는 뜻으로 eat like a pig와 같은 의미로 생각하면 된다.

이렇게 쓰고!

1. I totally pigged out on pizza last night.
난 어젯밤에 피자를 엄청 먹어댔어.

2. She pigged out on snacks during the movie.
걘 영화 보면서 간식을 잔뜩 먹었어.

이렇게 말한다!

A: What did you do last night?

B: I watched Netflix while pigging out on junk food.

A: 어젯밤에 뭐했어?
B: 정크푸드 폭식하면서 넷플릭스 봤어.

074

It's bitchin'

끝내주네

bitchin' 일종의 감탄사이다. 안좋은 의미의 bitch라는 단어에 ~ing를 붙여서 만든 'bitchin''은 의외의 의미로 "끝내주는,' '아주 멋진'이라는 의미로 쓰인다. = awesome = excellent.

이렇게 쓰고!

1. Dude, that movie was bitchin'!
야, 그 영화 진짜 끝내줬어!

2. Jessica, your new Benz is bitchin'!
제시카, 네 새 벤츠 진짜 멋지다!

이렇게 말한다!

A: Check out my new scooter Dad got me.

B: Whoa, that's bitchin'!

A: 아빠가 사준 내 스쿠터 봐봐.
B: 와, 완전 멋지다!

075

I'll catch you up later

나중에 얘기해줄게

| catch sb up | 상대방이 놓쳐서 모르는 것을 알려주다라는 표현이다. 즉 상대방에게 최신 정보를 업데이트해준다는 의미이다. "알려줄게,' '최신정보를 줄게'로 생각하면 된다.

🖍 이렇게 쓰고!

1. Let me catch you up on what happened.
내가 무슨 일 있었는지 알려줄게.

2. You missed the meeting? No worries, I'll catch you up.
회의 놓쳤다고? 괜찮아, 내가 다 알려줄게.

💬 이렇게 말한다!

A: I wasn't here yesterday. Did I miss anything?
B: Don't worry, I'll catch you up.
A: 나 어제 없었는데, 뭐 놓친거 있어?
B: 걱정마, 내가 알려줄게.

076

Starbucks is my go-to coffee place

스타벅스는 내가 제일 좋아하는 커피샵이야

| go-to sb[sth] | 요즘 많이 쓰이는 표현으로 뭔가 자신이 가장 좋아하는 사람이나 사물을 얘기할 때 사용한다. 우리말로는 '가장 좋아하는,' '최애의,' '단골의' 정도로 이해하면 된다.

🖍 이렇게 쓰고!

1. Pizza is my go-to food when I'm down.
속상할 때 항상 피자를 먹어.

2. He's our go-to guy for fixing cars.
차가 고장나면 우리는 무조건 걔한테 맡겨.

💬 이렇게 말한다!

A: Who's your go-to person when you need advice?
B: Definitely my dad.
A: 조언 필요할 때 항상 찾는 사람 누구야?
B: 당연히 우리 아빠지.

He's a little bossy

걘 좀 으시대

be bossy '으시대는' 또는 '주인행세를 하는,' '남들에게 이래라 저래라하는'이라는 다소 부정적인 뜻이 된다. 한편 boss around하면 '이래라 저래라하다'라는 의미.

이렇게 쓰고!

1. My wife is super bossy all the time.
내 아내는 언제나 완전 명령하기 좋아해.

2. The boss gets bossy when he's stressed.
사장은 스트레스 받으면 명령조로 변해.

이렇게 말한다!

A: Why are you being so bossy today?
B: Sorry, I'm just trying to get things done on time.
A: 오늘 왜 그렇게 명령조야?
B: 미안해, 그냥 일을 제때 끝내려고 하고 있어.

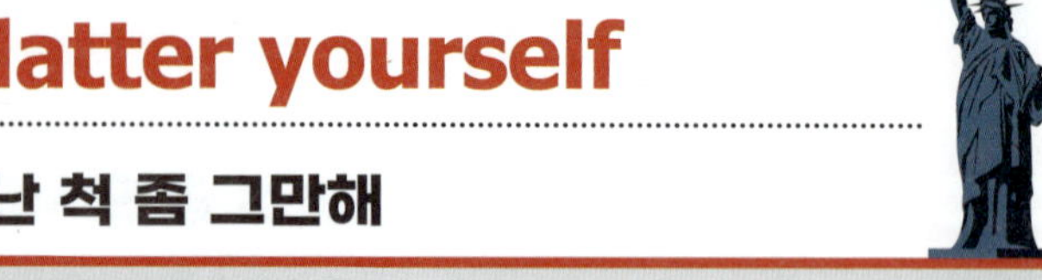

078

Don't flatter yourself

잘난 척 좀 그만해

| **flatter oneself** | 스스로를 칭찬하거나 대견하게 생각한다는 말로 자만에 빠진 상대방에게 할 수 있는 말이다. 의미는 '착각하다,' 그래서 주제파악 못하고 '잘난 척하다'란 뜻에 가깝다.

이렇게 쓰고!

1. **Don't flatter yourself. You're not the reason I'm here.**
   착각하지마. 내가 여기 온 이유는 너 때문이 아냐.

2. **Don't flatter yourself. You're not the one I want.**
   너무 우쭐대지마. 내가 원하는 사람은 네가 아냐.

이렇게 말한다!

A: I think Chris came to the party to see me.

B: Don't flatter yourself.

   A: 크리스가 날 보러 파티에 온 것 같아.
   B: 착각하지마.

079

I got the green light to start the project

난 프로젝트 시작허가를 받았어

| **get the green light (to+V)** | 교통신호등이 파란불(green light)이면 지나갈 수 있다는 것을 연상하면 된다. 뭔가 '승인이나 허락을 받다.' 반대로 승인한다는 give sb the green light라고 한다.

이렇게 쓰고!

1. **We got the green light to build a factory.**
   우리는 공장설립 허가를 받았어.

2. **We'll hold the story until you give me the green light.**
   네가 허락할 때까지 그 이야기를 보도하지 않을게.

이렇게 말한다!

A: So, are we good to launch the new app?

B: Not yet, we're still waiting for the green light.

   A: 그럼 새로운 어플 출시해도 돼?
   B: 아직, 승인 기다리는 중이야.

080 The game went down to the wire

그 경기는 마지막 순간까지 손에 땀을 쥐게 했어

down to the wire ｜ '마감직전까지,' '막판까지'라는 의미로 주로 비즈니스, 스포츠, 마감, 시험 등 중요한 순간에 긴박한 상황임을 강조하는 표현이다. 말경주에서 결승선을 표시하는게 wire였던데 유래된 어구.

이렇게 쓰고!

1. **I worked down to the wire to finish it.**
   그거 끝내려고 막판까지 열심히 했어.

2. **It's down to the wire now, so stay focused on it.**
   이제 막판이니까 집중하도록 해.

이렇게 말한다!

A: The game was so intense!

B: Tell me about it. It went down to the wire.

A: 경기 진짜 긴장감 있었어!

B: 누가 아니래. 끝까지 알 수 없었어.

081 You're putting words in my mouth

넌 내가 하지도 않은 말을 했다고 하는거야

put words into sb's mouth ｜ '말을 다른 사람의 입에 집어넣는다'라는 것으로 'sb가 하지도 않은 말을 했다고 말하다,' '말을 왜곡하다,' '말을 지어내다'라는 뜻으로 쓰인다. = twist my words.

이렇게 쓰고!

1. **Don't put words in my mouth. I didn't say that.**
   내 말 왜곡하지마. 그런 말한 적 없어.

2. **She always puts words in my mouth to dis me.**
   걘 항상 내가 한 적 없는 말을 지어내서 날 깍아내려.

이렇게 말한다!

A: So you accept it was your stuff?

B: Hey, don't put words in my mouth. I didn't say that.

A: 그럼 그게 네 물건이라고 인정하는거야?

B: 야, 말 왜곡하지마. 그런 말 안 했어.

Live in the moment

082

지금에 집중해

live in the moment | 현재에 살다, 즉 '지금 현재에 집중하다,' '지금 이 순간을 즐겨라'라는 의미이다. 과거나 미래를 걱정하지말고 지금의 행복을 느끼라는 말이다. = Enjoy the now = Soak it all in.

이렇게 쓰고!

1. Just relax and live in the moment.
그냥 긴장 풀고 지금 이 순간을 즐겨.

2. Take a deep breath and soak it all in.
깊게 숨 쉬고 이 순간을 느껴봐.

이렇게 말한다!

A: I keep thinking about my mistakes.
B: Hey, live in the moment. The past is past.

A: 자꾸 내 실수만 생각하게 돼.
B: 야, 지금에 집중해. 과거는 과거일 뿐이야.

I guess I dropped the ball

083

내가 큰 실수를 한 것 같아

drop the ball | 미식축구에서 볼을 떨어트리는데서 생긴 표현. '큰 실수하다,' '맡은 일을 망치다'라는 뜻이다. 또한 carry the ball은 '책임을 지다'라는 의미.

이렇게 쓰고!

1. I think you dropped the ball on the project.
네가 그 프로젝트에서 큰 실수를 한 것 같아.

2. I can't afford to drop the ball now.
난 지금 실수를 할 여유가 없어.

이렇게 말한다!

A: This mistake cost us a lot of money.
B: Sorry. I guess I dropped the ball.

A: 이번 실수로 비용이 많이 들어.
B: 미안. 내가 큰 실수를 한 것 같아.

084 Could you stop giving me the finger?

내 욕 좀 그만 할테야?

| **give sb the finger** | 바디랭귀지를 언어로 표현한 것. 화났을 때 가운데 손가락만을 세워서 상대방에게 내미는 행위처럼 '욕이나 화를 내다'라는 뜻. 강한 표현으로 사용에 주의해야 한다. = flip sb off.

이렇게 쓰고!

1. **She got angry and gave the driver the finger.**
   걘 화나서 운전사에게 욕을 했어.

2. **Don't give me the finger, I'm just doing my job!**
   내게 욕하지마, 나 그냥 내 일을 하는거라고!

이렇게 말한다!

A: What happened? You look upset.

B: The security just gave me the finger for no reason.

   A: 무슨 일 있어? 기분이 안 좋아보여.
   B: 경비가 이유도 없이 내게 손가락 욕했어.

085 You seem a little antsy

너 좀 초조해 보여

| **be[seem] antsy** | '바지속에 개미'(ants in one's pants)가 들어간 것처럼 불안, 초조해하면서 안달하는 것을 말한다. = have butterflies in one's stomach.

이렇게 쓰고!

1. **I'm getting kind of antsy.**
   난 안달이 나서 못 견디겠어.

2. **What's wrong with you? You've been antsy all night.**
   왜 그래! 넌 밤새 안절부절 못하고 있어.

이렇게 말한다!

A: You seem a little antsy. What's going on?

B: I've got a job interview tomorrow.

   A: 너 좀 초조해 보인다. 무슨 일이야?
   B: 내일 면접 있어.

086 That's his best shit, hands down

저건 의심할 여지없이 최고야

| **hands down** | 경마에서 손을 내리고도 쉽게 우승하는 모습에서 생겨난 표현으로, '확실히,' '압도적으로,' '쉽게'라는 의미이다. 요즘 젊은 세대에서 무척 많이 쓰이는 문구이다.

이렇게 쓰고!

1. Shelia is hands down the best looking girl.
쉴라는 최고로 멋진 여자애야.

2. Mentors App is hands down the easiest to use.
멘토스 어플은 확실히 가장 사용하기 쉬운 앱이다.

이렇게 말한다!

A: Who's the best player in your family?
B: My son, hands down.

A: 너희 가족 중 제일 잘하는 선수는 누구야?
B: 우리 아들이지,, 단연 최고야.

087 I'm gonna live it up tonight!

오늘밤 아주 신나게 놀거야!

| **live it up** | 요즘세대들이 즐겨쓰는 표현으로 돈이나 시간 등을 신경안쓰고 마치 내일이 없는 듯, '신나게 놀다,' '한껏 즐기다'라는 의미이다. = have a ball = go wild.

이렇게 쓰고!

1. Live it up before you get married.
결혼하기 전에 신나게 놀아.

2. She really knows how to live it up.
걔는 정말 어떻게 즐기는 줄을 알고 있어.

이렇게 말한다!

A: It's our anniversary! What's the plan?
B: We're gonna live it up tonight!

A: 오늘 우리 결혼기념일이잖아. 계획이 뭐야?
B: 오늘밤 우리는 제대로 신나게 즐길거야!

088 It's gonna put your life on the line

네 목숨이 위태로와 질거야

| on the line | be on the line은 '위험에 처해 있다,' 혹은 '통화중이다,' 그리고 put one's life on the line 하면 '목숨을 걸고 하다,' '죽음을 무릅쓰다'라는 표현으로 put 대신에 lay를 써도 된다. = be on the edge.

✏️ 이렇게 쓰고!

1. This is my life on the line here.
이건 내 목숨이 걸려있는거야.

2. Hold on, I have someone else on the line.
잠깐만, 다른 사람과 통화 중이야.

💬 이렇게 말한다!

A: You sure this project will work?

B: It has to. My job's on the line.
A: 이 프로젝트가 성공할거라 확신해?
B: 그래야 돼. 내 직장이 걸려 있거든.

요즘 채팅이나 DM 그리고 SNS상에서 무척 많이 쓰이는 인터넷 약어로 **For Real**의 약어이다. 놀람이나 공감할 때 쓰는 것으로 "정말로," "진짜로"라는 의미.

• FR, I didn't see that coming.
진짜 그건 예상 못 했어.

• I can't deal with this anymore, FR.
나 이거 진짜 더 못 견디겠어.

089 She's just playing with him

그녀는 그냥 걔 가지고 노는거야

play with sb[sth] '놀다,' '만지작거리다,' '(사람이나 사람감정을) 가지고 놀다,' '가볍게 다루다'라는 의미로 쓰인다. toy with보다 더 캐주얼한 표현이다.

✏️ 이렇게 쓰고!

1. **The kids are playing with their toys.**
   애들이 장난감 가지고 놀고 있어.

2. **She's not serious. She's just playing with you.**
   걔는 진지하지 않아. 그냥 널 가지고 장난치는거야.

💬 이렇게 말한다!

A: Are you serious about dating Chris?
B: Not really. I'm just playing with him.
   A: 크리스와 데이트, 진지한거야?
   B: 아니, 그냥 장난치는거야.

090 We've been homies since middle school

우린 중학교 때부터 친구야

homie 같은 동네(hometown) 출신이라는데서 생겨난 단어로 지금은 의미가 확장되어, '가까운 친구나 절친,' '믿을 수 있는 사람'까지 뜻하게 되었다.

✏️ 이렇게 쓰고!

1. **No prob. I got you, homie.**
   문제없어. 내가 있잖아, 친구야.

2. **She's not just a coworker, she's my homie.**
   걘 단순한 동료가 아니라 내 친한 친구야.

💬 이렇게 말한다!

A: Yo, homie! You coming tonight?
B: For sure, I'll be there.
   A: 야, 친구야! 오늘밤 올거지?
   B: 당연하지, 갈거야.

091

I am over the moon

난 무척 기뻤어

| **be over the moon (about~)** | '달 위에 있다'라는 말로 너무 기뻐서 하늘위에 떠있는 기분이라는 의미이다. 한마디로 '무척 기뻐하다'(be very happy)로 생각하면 된다.

이렇게 쓰고!

1. I'm over the moon about the news!
그 소식 듣고 난 너무 기뻐!

2. I was over the moon when you made it to the party!
네가 와줘서 너무 기뻤어!

이렇게 말한다!

A: Guess what? I got 'yes' for my proposal.
B: No way! You must be over the moon!
A: 있잖아! 내 청혼에 걔가 승낙했어.
B: 말도 안 돼! 완전 기쁘겠네!

092

I'll see myself out

내가 알아서 나갈게

| **see oneself out** | 알아서 출구 쪽으로 향해 나가겠다는 말로, 주로 어색한 상황을 마무리할 때 자주 쓰인다. '굳이 안내해주지 않아도 알아서 나가다'라는 의미를 품고 있다.

이렇게 쓰고!

1. I made a terrible mistake. I'll see myself out.
내가 끔찍한 농담을 했네. 나 갈게.

2. Thanks for your time. I'll see myself out.
시간 내주셔서 감사합니다. 이만 나가볼게요.

이렇게 말한다!

A: How come you made a dad joke?
B: Yeah, I'll see myself out.
A: 왜 아재개그를 한거야?
B: 어, 나 그냥 나갈게.

093

Don't pass me the buck

나한테 책임 떠넘기지 말아

| **pass the buck** | '책임을 돌리다,' '회피하다'라는 의미. 포커게임에서 패를 돌리는 것에서 나온 표현이다. buck은 '돈'이란 뜻도 있어, make a quick buck하게 되면 '빠르게 돈을 벌다'라는 뜻이 된다.

이렇게 쓰고!

1. You always pass the buck.
　너 항상 책임을 회피해.

2. The manager passed the buck to me.
　매니저가 내게 책임을 떠넘겼어.

이렇게 말한다!

A: Who's taking the blame for the mistake?
B: The supervisor passed the buck to me.
　A: 실수한거 누가 책임진대?
　B: 상사가 내게 책임을 떠넘겼어.

094

I'm off the clock

근무시간 아냐, 퇴근했어

| **be off the clock** | 미국에서 자주 쓰이는 표현으로 '근무시간이 아니다'라는 의미이다. 그래서 주로 근로자들이 '퇴근후다,' '지금 근무시간 아니다'라는 뜻으로 쓰인다. 반대로 근무중이다는 'be on the clock.'

이렇게 쓰고!

1. I'm off the clock. Ask the assistant manager.
　지금 근무시간 끝났어. 부매니저한테 물어봐.

2. You're on the clock, Tom. Get to work!
　톰, 근무시간이야. 일해!

이렇게 말한다!

A: How come you're still here?
B: Just finishing up. I'm off the clock though.
　A: 왜 아직 여기에 있는거야?
　B: 마무리 중이야. 근무시간은 이미 끝났지만.

095

You are too cocky

넌 너무 건방져

| be cocky | '건방진,' '잘난 체하는,' '자신에 찬'이라는 뜻. 그래서 Don't get cocky하게 되면 "자만하지마라"라는 의미의 문장이 된다.

✏️ 이렇게 쓰고!

1. You're cocky, arrogant, and bossy.
넌 건방지고, 교만하고, 우쭐대.

2. Don't get too cocky! Remember I won the last one!
너무 건방지게 굴지마! 지난 번에는 내가 이겼다는 걸 잊지 말라고!

💬 이렇게 말한다!

A: I can beat any of these guys in a fight.
B: You are too cocky. People are not going to like you.

A: 난 이 자식들 아무나 다 싸워 이길 수 있어.
B: 너무 건방지네. 사람들이 널 좋아하지 않을거야.

096

That was clutch

완전 잘했어

| be clutch | 스포츠, 일상뿐만 아니라 SNS상에서도 엄청 많이 쓰이는 표현, 우리말로는 '완전 잘했어,' '진짜 한건 했다,' '타이밍 죽여준다' 등으로 생각하면 된다. clutch move는 '완벽한 타이밍의 행동'을 말한다.

✏️ 이렇게 쓰고!

1. You brought cookies? That's clutch!
쿠키 가져왔어? 와 완전 잘했다!

2. That call was clutch. We almost missed the deadline.
그 전화 덕분에 살았어. 마감을 거의 놓칠 뻔했거든.

💬 이렇게 말한다!

A: I brought an extra charger, just in case.
B: Thank God, that was clutch! Mine just died.

A: 혹시 몰라서 충전기 하나 더 챙겼어.
B: 오 다행이야. 완전 잘했다! 내거는 방금 꺼졌어.

097

I'm a mess

엉망이야, 정신없어, 완전 망했어

| **be (such) a mess** | 하도 문제가 많아 정상적이지 않은 상태로 '엉망진창이다,' '엉망이다'라는 뜻. 강조하려면 such를 넣으면 되고, 주어자리에는 사람이나 사물이 올 수 있다. be in a mess보다 일상적.

✏️ 이렇게 쓰고!

1. I'm so sorry, I'm such a mess.
미안하지만 내가 정말 엉망진창야.

2. Well, I'm sorry this place is such a mess.
어, 너무 지저분해서 미안.

💬 이렇게 말한다!

A: You okay? You look kinda gloomy.

B: Not really. I'm a mess these days.

A: 괜찮아? 너 좀 우울해 보여.
B: 별로야⋯ 요즘 완전 엉망이야.

098

That's absolutely nuts

진짜 미쳤어, 대박이야

| **be nuts** | 여기서는 '미쳤다,' 혹은 '놀랍다,' '엄청나다'라는 의미로, 부정과 긍정의 뜻을 다 포함하고 있다. You're nuts!(너 미쳤어!), drive sb nuts(미치게 하다) 등을 알아두면 된다. go nuts는 '실컷놀다,' '미치다.'

✏️ 이렇게 쓰고!

1. Everyone's going nuts over that movie.
사람들이 그 영화보고 다들 난리야.

2. The crowd went nuts when an idol singer appeared.
아이돌 가수가 등장하자, 관객들이 모두 난리났어.

💬 이렇게 말한다!

A: Did you see Taylor's new concert stage?

B: Yeah, that's nuts!

A: 테일러의 새로운 콘서트 무대 봤어?
B: 어, 진짜 미쳤더라!

099

Don't be so pushy

너무 몰아붙이지마

| **be pushy** | 동사 push에 'y'가 붙어서 생겨난 형용사로 '너무 들이대는,' '강요하는'이라는 의미이다. 자기 의지를 통과시키기 위해 상대방을 강하게 밀어붙이는 모습을 연상하면 된다.

✎ 이렇게 쓰고!

1. She kept calling me. She's kinda pushy.
걔 계속 내게 전화하더라. 좀 들이대는 스타일이야.

2. Don't be so pushy. I'll do my homework when I'm ready.
그렇게 몰아붙이지마요. 준비되면 숙제할게요.

💬 이렇게 말한다!

A: Don't be pushy. Give me a sec.

B: Okay okay, calm down

A: 좀 그만 조급하게 굴어. 잠깐만 기다려.
B: 알았어, 진정해.

100

I'm a bit off about it

조금 기분이 안좋네

| be a bit off about it | 기분이 조금 상했을 때 혹은 불편할 때 사용한다. 다시 말해서 완전히 상한 것이 아니라 '조금 찝찝하다,' '기분이 꺼림칙하다' 정도의 뉘앙스이다. = be miffed.

이렇게 쓰고!

1. I'm a bit off about his attitude lately.
요즘 걔 태도가 좀 찝찝해.

2. I'm a bit off about what he said last night.
지난밤에 걔가 한 말이 좀 마음에 걸려.

이렇게 말한다!

A: You seem quiet. Something wrong?

B: Nah, just a bit off about this morning.
A: 조용하네. 무슨 일 있어?
B: 아니, 그냥 아침일 때문에 마음이 좀 그렇네.

101

I'm rooting for you!

너를 응원하고 있어!

| root for | 스포츠, 경연, 그리고 일상에서 아직도 자주 쓰이는 표현으로 '응원하다,' '지지하다'라는 뜻이다. for~다음에는 사람이나 사물이 올 수 있다.

이렇게 쓰고!

1. We're rooting for our team tomorrow.
내일 우리는 우리 팀 응원할거야.

2. Not to worry, I'm rooting for you all the way.
걱정마, 끝까지 난 네 편이야.

이렇게 말한다!

A: I'm antsy about my interview tomorrow.

B: You got this! I'm rooting for you.
A: 내일 면접 때문에 너무 떨려.
B: 넌 잘할 수 있어! 내가 응원할게.

102 You're pushing 40

넌 나이가 40이 다 되어가

| be pushing+age | '나이가 …가 다 되어가다'(You are almost ~ years old)라는 표현이 된다. 비슷한 표현으로 turn+age (in)하면 '…에 몇살이 되다'라는 어구가 된다.

✏️ 이렇게 쓰고!

1. I turn 20 in a few weeks.
몇주 후면 20세가 돼.

2. Well, she's pushing 30. It's time to grow up.
저기, 걔는 30이 다 되어가는데 철들어야지.

💬 이렇게 말한다!

A: Why don't you want me to go on the hike?

B: It's a very difficult hike, and you're pushing 50.
A: 내가 등산하는 걸 왜 원치 않아?
B: 등산이라는게 어렵잖아, 그리고 넌 50이 다 되어가고.

103 Ejae's vocal is a sick joke

이재(Golden)의 보컬은 진짜 엄청 대단해

| be a sick joke | 2가지 의미로 쓰인다. 전통적 의미로 부정적으로 "기분나쁜 농담," 그리고 요즘세대들이 쓰는 sick joke는 긍정적으로 '말도 안되게 대단하다,' '진짜 미쳤다'라는 뜻을 갖는다.

✏️ 이렇게 쓰고!

1. That performance was a sick joke for real.
저 공연은 정말로 대단했어.

2. Making fun of someone's misfortune is a sick joke.
남의 불행을 비웃는 건 정말 악취미야.

💬 이렇게 말한다!

A: Did you watch Ejae's new live in Times Square?

B: Yeah, her vocal is a sick joke!
A: 타임스퀘어 광장에서 한 이재의 새 라이브 들었어?
B: 어, 걔 목소리 진짜 끝내주더라!

104

We got this Friday off? Sweet!

이번주 금요일 휴무라고? 대박!

sweet 원래는 고맙다는 의미로 여성들이 많이 쓰는 단어지만, 요즘 젊은 세대들 사이에서는 "대박," '완전 좋아'라는 뜻으로 감탄사처럼 사용된다. 슬랭으로써 sweet = great = cool = awesome.

🖍 이렇게 쓰고!

1. You finished the project already? Sweet!
벌써 프로젝트 끝냈어? 대박!

2. We're getting free dinner today. Sweet!
오늘 저녁 무료래. 좋네!

💬 이렇게 말한다!

A: Guess what? No class next week.
B: Sweet! I needed to get some rest.

A: 있잖아, 다음주에 수업이 없대.
B: 완전 좋네! 좀 휴식을 취하고 싶었는데.

105

I'm putting my foot down

내가 단호하게 거절할게

put one's foot down (about) 두다리를 땅에 내려놓고(put down) 꽉 디디고 있다는 말로 주어의 단호한 의지가 나타나는 표현. '단호하다,' '강경한 태도를 취하다,' '결사반대한다'는 뜻으로 쓰인다.

🖍 이렇게 쓰고!

1. I'm putting my foot down. I forbid it.
난 결사 반대야. 금지한다고.

2. She finally put her foot down and said no.
걔는 결국 단호하게 아니라고 거절했어.

💬 이렇게 말한다!

A: Your son's still playing games at 3 a.m.?
B: I know. I'm putting my foot down tonight.

A: 네 아들 새벽 3시에 아직도 게임해?
B: 알고 있어. 오늘은 단호하게 말할거야.

106 What did I miss?

내가 뭐를 놓친거야?, 무슨 일이 있었어?

What did I miss? 대화도중 잠시 자리를 비웠다 다시 들어와서 하는 전형적인 표현. "나 없는 동안 무슨 얘기했는지," "자리 비운동안 TV 등에서 무슨 장면이 나왔는지" 등을 궁금해서 물어보는 것이다.

✏️ 이렇게 쓰고!

1. **Sorry I'm late. What did I miss?**
   늦어서 미안. 내가 놓친게 뭔대?

2. **Is the show on? What did I miss?**
   그 프로그램 하는 중야? 내가 놓친게 뭐야?

💬 이렇게 말한다!

A: Everyone's freaking out.
B: What's up? What did I miss?

   A: 다들 지금 난리야.
   B: 무슨 일야? 내가 놓친게 뭐야?

107 She posted a sneaky soft-launch photo

걔는 은근슬쩍 남친 공개하는 사진을 올렸어

sneaky 이 단어의 의미는 원래 '교활한'이지만, 요즘세대들은 긍정적으로 '귀엽게 속이는,' '은근히 매력적인'이라는 뜻으로 사용한다. 또한 '슬쩍,' '몰래'라는 의미로도 쓰인다.

✏️ 이렇게 쓰고!

1. **I saw that sneaky smile. What are you up to?**
   그 장난스러운 웃음 봤어. 뭐 꾸미는거야?

2. **You're so sneaky. You planned this surprise all along!**
   너 진짜 요령 있네. 이 깜짝 이벤트 네가 계획했구나!

💬 이렇게 말한다!

A: Is that your soft launch photo?
B: Maybe, just a sneaky one.

   A: 그거 남친 슬쩍 공개한 사진이야?
   B: 그럴지도, 그냥 은근슬쩍 하나 올렸어.

That's wild!

108

그거 정말 멋지다!

| **be wild** | That's wild!의 형식으로 "대박이다!," "말도 안돼!," 또는 "헐, 진짜!"라는 감탄과 충격의 감정을 표현한다. = That's crazy! = That's insane! = That's unbelievable.

이렇게 쓰고!

1. You're admitted to Harvard? That's wild!
네가 하버드에 입학했다고? 와 미쳤다!

2. Julie bought a big house at 20? That's wild!
줄리가 20살에 큰 집을 샀다고? 와 말도 안돼!

이렇게 말한다!

A: Did you know he's been dating his boss's daughter?
B: What? That's wild!
A: 걔가 자기 상사 딸이랑 사귀고 있다는 걸 알고 있었어?
B: 뭐라고? 진짜 미쳤다!

It threw me for a loop

109

기겁했다니까, 상상도 못했어, 그럴 줄 몰랐어

| **throw[knock] sb for a loop** | 'sb를 어이없게 하다,' '놀라게 하다,' '그럴줄 몰랐다'(I didn't think it could happen)라는 뜻으로 Don't be thrown for a loop하면 "놀라지마"라는 문장이 된다.

이렇게 쓰고!

1 .Yeah, that kind of threw me for a loop.
그래 그 때문에 좀 놀랐어.

2. It threw me for a loop, but I think we can get passed this.
놀랠 놀자였지만 잊을 수 있을 것 같아.

이렇게 말한다!

A: It was difficult when you got ill during the final exam week.
B: Yes it was. It really threw me for a loop.
A: 기말고사 때 너 아파서 정말 힘들었지.
B: 정말 그랬어. 정말 예상도 못했다니까.

Took you long enough

110

드디어 왔네, 오래 걸렸네

| **took you long enough (to+V)** | 요즘 영어에서도 많이 쓰이는 표현. 누가 아주 늦게 오거나, 뭔가 오래 걸려 일을 끝냈을 때, 장난스럽게 핀잔을 줄 때 사용하면 딱이다. 앞에 'It'이 생략되어 쓰인다.

✏️ 이렇게 쓰고!

1. Oh, took you long enough to text back!
오, 빨리도 문자로 답장하네!

2. Took you long enough! That show's been out for years.
이제서야 본거야! 그 쇼(드라마)는 나온지 아주 오래됐는데.

💬 이렇게 말한다!

A: Sorry, I got stuck in traffic.

B: Took you long enough! I thought you got lost.
A: 미안, 차가 너무 막혔어.
B: 오긴 왔네! 너 길 잃은 줄 알았어.

TMI

일반 대화나 채팅 등에서 자주 쓰이는 유명 인터넷 약어로 **Too Much Information**의 약어이다. 우리말로는 "정보과다," "그건 안알려줘도 돼"라는 의미이다.

- **That story was funny but also TMI.**
그 얘기 웃기긴 한데 좀 TMI였어.

- **Tammy shared her breakup drama—major TMI.**
태미가 이별 썰을 다 풀었어, 완전 TMI.

111

Toughen up!

맘 단단히 먹어!, 강해져!

| **toughen up** | tough에 -en을 붙여 동사로 만들고 여기에 up을 붙여 만든 구동사. 주로 명령문형 태로 심약하고 감정이 흔들릴 때 "강해져라!," "정신차려!," "맘 단단히 먹어!"라는 의미로 쓰인다.

 **이렇게 쓰고!**

1. Stop complaining and toughen up.
불평 좀 그만해대고 정신차려.

2. Life's is so unfair. You gotta toughen up.
인생은 너무 불공평해. 넌 강해져야돼.

이렇게 말한다!

A: My boss yelled at me every time he saw me.
B: Life's so unfair sometimes. Toughen up.

A: 사장은 날 볼 때마다 소리를 질렀대.
B: 세상은 가끔 불공평한거야. 강해지라고.

112

I'll walk you through it

그걸 어떻게 하는지 방법을 알려줄게

| **walk sb through it** | 요즘도 활발히 쓰이고 있는 표현으로 어떤 일의 과정이나 방법을 '상세히 … 에게 알려주다라'는 뜻. '하나씩 설명해주다,' '단계별로 (직접 보여주며) 알려주다'라는 의미이다.

이렇게 쓰고!

1. I'll walk you through the process.
내가 너에게 그 과정에 대해 자세히 알려줄게.

2. We gotta go walk her through the procedure.
우리는 걔에게 그 절차를 상세히 알려줘야 돼.

이렇게 말한다!

A: How do these new computers work?
B: Come over here and I'll walk you through it.

A: 이 새로운 컴퓨터 어떻게 작동하는거야?
B: 이리와봐, 내가 어떻게 하는지 알려줄게.

113

The breakup totally wasted me

그 이별 때문에 난 완전히 망가졌어

| **wasted** | 원래 낭비된, 그리고 나아가 '술취한,' '녹초된'이라는 의미로까지 사용되었지만, 요즘에는 waste 동사로 '감정적으로 완전히 망하다,' '멘탈이 털리다'라는 표현으로 많이 사용된다.

이렇게 쓰고!

1. You look wasted. Go get some rest.
너 완전 피곤해 보여. 가서 좀 쉬어라.

2. His dad joke was so bad it wasted the whole vibe.
걔의 아재개그가 너무 별로라 분위기 다 죽었어.

이렇게 말한다!

A: You still thinking about Chris?

B: Yeah, that breakup wasted me hard.

A: 아직도 크리스를 생각해?
B: 응, 그 이별은 진짜 힘들었어.

114

That settles it, then

그럼 해결된거야, 그럼 됐네

| **That settles it** | 굳어진 표현으로 그럼 '그것으로 결정된 것이다,' '그것으로 해결된 것이다'라는 의미. 뭔가 갈등이나 분쟁을 봉합하고 마무리하면서 하는 말.

이렇게 쓰고!

1. That settles it. We're going home.
그럼 해결된거야. 우린 집에 간다.

2. Are you quitting the firm? That settles it, then.
회사 그만두는거야? 그럼 해결된거야.

이렇게 말한다!

A: I'm not going anywhere else.

B: Fine. That settles it.

A: 나 다른 데는 안 가.
B: 좋아. 그럼 정해진거야.

115

Who's to say?

누가 알겠어?

who's to say (that S+V)? 미래나 어떤 결과를 알 수 없을 때나 정답이 없을 경우, '누가 단정지을 수 있나?," "그건 아무도 모르는 일이야?"라고 할 때 쓴다. = You never know = It's hard to tell.

 이렇게 쓰고!

1. **Who's to say he's wrong?**
   걔가 틀렸다고 누가 말할 수 있겠어?

2. **Who's to say what's right or wrong?**
   옳고 그름을 누가 정할 수 있겠어?

이렇게 말한다!

A: Do you think you'll make it big someday?

B: Who's to say? I'll keep grinding.

   A: 네가 언젠가 크게 성공할거라 생각해?
   B: 누가 알겠어? 그냥 계속 열심히 달릴거야.

116

Exactly my point

내 말이 그거야

exactly my point 상대방이 자기와 똑같은 말을 했을 때 맞장구치며 하는 말로 "내 말이 바로 그거야"라는 뜻이며, Fair point는 상대방의 말이 일부 맞다고 생각할 때 "그 말도 일리가 있어"라는 표현이다.

이렇게 쓰고!

1. **Exactly my point! That's what I am saying.**
   바로 그거야! 내가 얘기하려는게 바로 그거야.

2. **Fair point. I guess people see things differently.**
   일리 있네. 사람마다 생각이 다 다르니까.

이렇게 말한다!

A: Working hard isn't enough, you need to work smart.

B: Exactly my point.

   A: 열심히만 하는 건 부족해. 똑똑하게 일해야지.
   B: 내 말이 바로 그거야.

Don't overdo it

117

너무 무리하지마, 오버하지마

| overdo it | '지나치게 하다'라는 표현. 그래서 Don't overdo it하게 되면 일, 운동, 술 등 정도를 조절하여 하라는 의미이다. "너무 무리하지마," "적당히 해'라는 뜻이 된다.

🖊 이렇게 쓰고!

1. I really didn't mean to overdo it.
난 정말 무리하게 하려고 안했어.

2. You stayed up all night. Don't overdo it.
너 밤샜잖아. 너무 무리하지마.

💬 이렇게 말한다!

A: I stayed up late last night.

B: Don't overdo it. Your health comes first.

A: 어젯밤 늦게까지 잠을 못잤어.
B: 너무 무리하지마. 건강이 최우선이잖아.

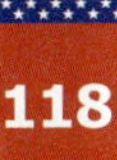

For what it's worth

118

참고로 말하자면, 도움이 될지 모르겠지만

| for what it's worth | 자신의 말이 가치가 없거나 유용하지 않을 수도 있다는 전제를 까는 것으로 '그건 그렇다치고,' '모르긴 해도,' '어쨌든'이라는 의미. 상대방에게 공손하게 조언이나 의견을 줄 때 쓴다.

🖊 이렇게 쓰고!

1. For what it's worth, I plan to prove him wrong.
모르긴해도, 난 걔가 틀렸다는 것을 증명할 계획이야.

2. Well, for what it's worth, I think they go peacefully.
어, 그건 그렇다치고, 난 걔네들이 평화적으로 할거라 생각해.

💬 이렇게 말한다!

A: I feel like I ruined the new project.

B: For what it's worth, you really did your best.

A: 내가 새로운 프로젝트를 망친 것 같아.
B: 도움이 될진 모르지만, 넌 정말 최선을 다했어.

119

You got a gut feeling on this?

이거에 본능적으로 오는 느낌이 있어?

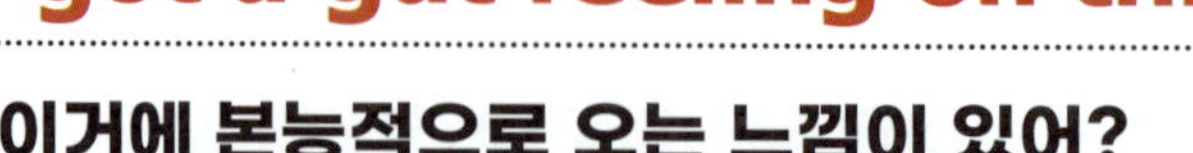

| **have (got) a gut feeling on[that S+V]~** | gut feeling은 '직감'으로 전체적으로 우리말로 해보자면 '본능적으로 어떤 직감을 느끼다'라는 말이 된다.

이렇게 쓰고!

1. I **have a gut feeling** it's my best shot.
   이게 나의 최선이라는 직감이 들어.

2. I just **have a gut feeling** that it's him.
   걔라는 직감이 들어.

이렇게 말한다!

A: **Why didn't you trust your boss?**
B: **My gut feeling told me not to.**
   A: 왜 네 사장을 신뢰하지 않았어?
   B: 내 직감이 그러지 말라고 했어.

120

He lost feelings for her

걘 그녀에 대한 감정이 사라졌어

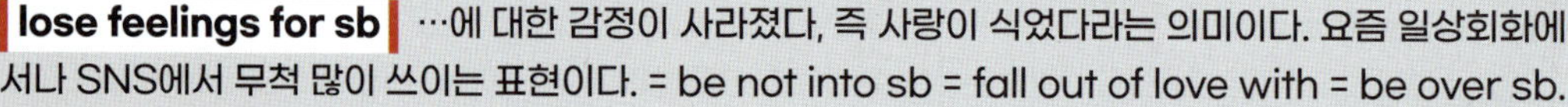

| **lose feelings for sb** | …에 대한 감정이 사라졌다, 즉 사랑이 식었다라는 의미이다. 요즘 일상회화에서나 SNS에서 무척 많이 쓰이는 표현이다. = be not into sb = fall out of love with = be over sb.

이렇게 쓰고!

1. He **lost feelings for** his wife after a month.
   걔는 한달후에 아내에 대한 마음이 식었어.

2. He didn't cheat, but she just **lost feelings**.
   걔가 바람을 피운 건 아니지만, 그녀 마음이 그냥 식었어.

이렇게 말한다!

A: **Hey, why did you guys break up?**
B: **She just lost feelings for me.**
   A: 야, 너희 둘 왜 헤어졌어?
   B: 걔가 나한테서 마음이 식었대.

Keep it simple

121

단순하게 해, 심플하게 가자

| **keep it simple** | 요즘세대들이 많이 쓰는 표현으로 복잡하게 하지 말고 심플하고 단순하게 가자라는 뜻이다. 일상회화, 비즈니스, 그리고 SNS에서도 무척 많이 쓰이는 표현이다.

이렇게 쓰고!

1. **Keep it simple, don't overthink it.**
   단순하게 생각해, 너무 복잡하게 생각하지마.

2. **Keep it simple. Too much text looks messy.**
   단순하게 해. 글이 너무 많으면 지저분해 보여.

이렇게 말한다!

A: What should I say in the presentation?

B: Just keep it simple and clear.

   A: 프레젠테이션 때 뭐라고 말해야 할까?
   B: 그냥 간단명료하게 말해.

122

My vacation will break the bank

휴가가려면 돈이 많이 들어

| **break the bank** | 뱅크를 부수는게 아니라, 비유적으로 '돈이 아주 많이 들다,' '너무 비싸다,' '돈을 다쓰게 하다'라는 표현이다.

이렇게 쓰고!

1. Our trip to Taiwan didn't break the bank.
대만 여행이 생각보다 돈이 많이 들진 않았어.

2. You don't need to break the bank to look great.
아주 멋지게 보이려고 돈을 펑펑 쓸 필요는 없어.

이렇게 말한다!

A: Let's go to that fancy department store this weekend.
B: Sure, if it doesn't break the bank.
A: 이번 주말에 고급 백화점에 가자.
B: 좋아, 너무 비싸지만 않으면.

123

Say no more. We won't show up

알았어. 우린 참석하지 않을게

| **say no more** | MZ세대도 아주 좋아하는 표현으로, 말을 더 안해도 된다, 즉 "더 말 안해도 된다,' '무슨 말인지 알겠어,' '바로 이해했어' 정도로 이해하면 된다.

이렇게 쓰고!

1. Say no more. We'll meet you out front.
알겠어. 정문에서 보자고.

2. Say no more, it'll be our little secret.
더 말하지마, 우리들의 작은 비밀이 될거야.

이렇게 말한다!

A: I need a break from work.
B: Say no more. Let's go for a drive.
A: 일에서 잠시 벗어나고 싶어.
B: 말 안해도 돼. 드라이브 가자.

124

He's such a pushover

걘 정말 호구야, 너무 쉽게 넘어가

| **be a pushover** | 주어로 사물이 오면 '아주 쉬운 일이다'라는 말로 pushover는 a piece of cake, a cinch와 같은 말. 주어자리에 사람이 올 때는 '조르면 쉽게 넘어가는 사람,' 즉 호구를 뜻한다.

이렇게 쓰고!

1. This guy's a pushover compared to my ex.
이 사람은 옛 남편에 비하면 쉽게 다룰 수 있어.

2. What are you saying, that I'm a pushover?
너, 내가 호구라고 말하는거야?

이렇게 말한다!

A: How come you always say yes to her?

B: I know. I'm such a pushover.

A: 왜 넌 항상 그녀의 말을 들어주는거야?
B: 알아. 나 정말 호구야.

125

Make it make sense

말 좀 되게 해봐, 이게 말이 돼?

| **make it make sense** | make sense는 '말이 되다' 그리고 make+목적어+동사는 …을 …하게 하다. 이 둘을 합치면 '그게 말이 되도록 하다'가 된다. 즉, '이게 도대체 왜 이래,' '상황을 납득하게 설명해봐'가 된다.

이렇게 쓰고!

1. Someone please make it make sense.
누가 제발 이게 말이 되게 좀 설명해줘.

2. This math ain't mathing. Make it make sense.
이 수학은 수학처럼 계산이 안돼. 말 좀 되게 해봐.

이렇게 말한다!

A: She said she's on a diet, but she's eating pizza.

B: Make it make sense.

A: 걘 다이어트 중이라더니 피자를 먹고 있네.
B: 이게 말이 되냐고.

126

She's so hard-headed

걘 진짜 고집이 세

| be hard-headed | 머리가 단단하니 융통성이 없는게 연상된다. 그래서 '고집이 세다,' '말을 듣지 않다,' '자기 생각만 고집하다'라는 의미로 쓰인다. 한편 긍정적으로 '현실적이다'라는 뜻으로도 쓰인다.

이렇게 쓰고!

1. He's too hard-headed to say sorry.
걘 자존심 세서 사과할 줄 몰라.

2. She's so hard-headed; she never admits she's wrong.
걘 진짜 고집 세. 자기가 틀렸다는 걸 절대 인정 안 해.

이렇게 말한다!

A: Chris never listens to anyone's advice.
B: Yeah, he's too hard-headed.
A: 크리스는 누구의 조언도 듣지 않아.
B: 그래, 걘 고집이 너무 세.

127

He thinks he's all that

걘 자신이 대단하다고 생각해

| be all that | '자신이 대단하다'고 생각하는 거만하고 잘난 척하는 사람에게 쓸 수 있는 표현이다. = be so full of oneself = have got a big head = feel oneself.

이렇게 쓰고!

1. Don't act like you're all that.
잘난 척하지마.

2. Chris thinks he's all that just because he got the job.
크리스는 취직했다고 자기가 대단한 줄 알아.

이렇게 말한다!

A: She looked so bossy during the meeting.
B: Yeah, she really thinks she's all that.
A: 걘 회의 때 완전 거만하게 굴었어.
B: 맞아, 자기가 대단한 줄 알아.

Follow me back!

128

나도 팔로우해!

| follow sb back | SNS 전문 용어로 내가 상대방을 follow하고 있으니 너도 나를 follow해달라고 하는 표현이다. I'll follow you on Instagram(인스타에서 너 팔로우할게)도 함께 알아둔다.

이렇게 쓰고!

1. Hey! I followed you! Follow me back!
야! 나 너 팔로우했어. 나도 팔로우해줘!

2. Don't leave me hanging. Follow me back!
나 무시하지 말고 팔로우해줘!

이렇게 말한다!

A: I just followed you on Instagram.
B: Okay! Follow me back!
A: 나 인스타에서 너 팔로우했어.
B: 좋아! 나도 팔로우해줘!

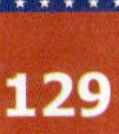

Not my finest hour

129

내가 좀 망쳤지, 그때는 좀 별로였어

| not one's finest hour | 실수를 하고 혹은 민망한 상황이 생겨났을 때 조금은 자조적인 후회를 섞어 자신의 잘못을 인정할 때 사용한다. '내가 가장 잘한 순간은 아냐,' '내가 좀 실수했어'라는 말.

이렇게 쓰고!

1. I yelled at my wife this morning. Not my finest hour.
오늘 아침 아내에게 소리 질렀어. 내가 좀 잘못한거야.

2. I sent the text to the wrong person again. Not my finest hour.
문자를 또 엉뚱한 사람에게 보냈어. 좀 민망하네.

이렇게 말한다!

A: You really screamed at the manager?
B: Yeah... not my finest hour.
A: 너 진짜 매니저에게 소리쳤다고?
B: 어… 내가 좀 잘못한거지.

We're diving in

130

이제 바로 들어간다, 본격적으로 시작한다

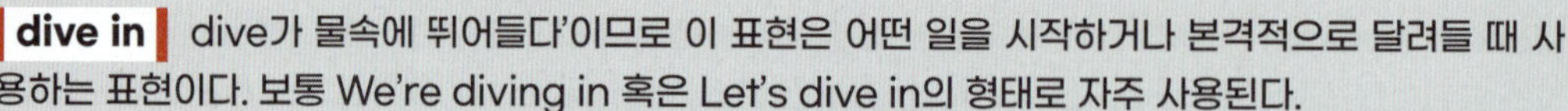

dive in dive가 '물속에 뛰어들다'이므로 이 표현은 어떤 일을 시작하거나 본격적으로 달려들 때 사용하는 표현이다. 보통 We're diving in 혹은 Let's dive in의 형태로 자주 사용된다.

✏️ 이렇게 쓰고!

1. **We're diving in. There's no going back.**
   이제 본격적으로 들어간다. 되돌아 갈 수 없어.

2. **After years of planning, we're finally diving in.**
   몇 년 동안 준비하다가 이제 본격적으로 시작한다.

💬 이렇게 말한다!

A: Are you sure we have to do this job?
B: We're diving in. There's no going back.

A: 우리 진짜 이 일을 해야 돼?
B: 이미 뛰어들었으니 이제 되돌릴 수 없어.

I'm on the fence

131

아직 고민중이야

be on the fence (about~) 펜스위에 걸처있다는 말은 그 어느 쪽으로도 방향을 결정하지 않았다는 말이다. 즉 어떤 결정을 하는데 있어 아직 결정을 하지 못하고 고민하고 있다는 뉘앙스이다.

✏️ 이렇게 쓰고!

1. **I'm on the fence about quitting.**
   회사 그만둘지 아직 고민 중이야.

2. **Jim's on the fence about moving to Chicago.**
   짐은 시카고로 이사 갈지 말지 아직 결정 못 했어.

💬 이렇게 말한다!

A: So, are you going to get into the circle?
B: I'm on the fence. Have to sleep on it.

A: 그래 그 모임에 가입할거야?
B: 아직 모르겠어. 하루 더 생각을 해봐야 돼.

I'd say we did a super job

132

우리가 엄청 잘한 것 같아

I'd say (S+V) 요즘세대들이 자주 쓰는 표현으로. 자신의 생각이나 주장을 직설적이지 않고 부드럽게 의사표시를 할 때 사용한다. I think~보다 더 현대적인 느낌이 난다. "내 생각엔," "굳이 말하자면"이란 말.

이렇게 쓰고!

1. I'd say he thinks he's all that.
내 생각에 걘 자기가 엄청 잘난 줄 알아

2. I'd say you should talk to the boss first.
일단 먼저 사장과 얘기해야 되지 않을까.

이렇게 말한다!

A: I'm planning to change the meeting next week.
B: I'd say you should talk to the boss first.

A: 다음 주 미팅일정을 바꿀까 생각 중이야.
B: 내 생각엔 일단 보스랑 먼저 얘기해보는게 좋겠어.

133

I'm just teasing you

그냥 장난이야

tease sb '놀리다,' '장난치다'라는 의미지만 요즘에는 그 의미 외에 '가볍게 썸타다,' '유혹적이다,' '도발적이다,' 그리고 SNS 마케팅에서 컨텐츠를 미리 살짝 보여준다고 할 때도 사용한다.

이렇게 쓰고!

1. That dress is such a tease.
그 드레스는 살짝 도발적이야.

2. Stop teasing me like that. You're making me blush.
그렇게 놀리지마. 얼굴 빨개지잖아.

이렇게 말한다!

A: That text message felt like a tease.
B: Great. It was meant to be.
A: 그 문자 약간 약올리는 것 같았어.
B: 잘됐네. 그럴려고 보낸거야.

134

You did what you had to do

넌 네가 해야 할 일을 한거야, 그럴 수밖에 없었어

do what sb have to do 상대방이 힘든 결정을 내렸을 때 위로하거나, 인정해주거나 혹은 정당화시켜주는 표현이다. 주어를 'I'로 해서 I did what I had to do라고도 쓴다.

이렇게 쓰고!

1. Don't feel bad. You did what you had to do.
너무 자책하지마. 넌 해야 할 일을 한거야.

2. It wasn't easy, but you did what you had to do.
쉽진 않았지만, 네가 할 일을 한거야.

이렇게 말한다!

A: I fired twenty people at the factory today.
B: So hard, but you did what you had to do.
A: 오늘 공장근로자 20명을 해고했어.
B: 힘들었겠지만, 넌 어쩔 수 없었잖아.

135

Lock and load

준비됐어, 이제 시작이다

| **lock and load** | '잠금장치 확인하고 장전하다'라는 군사용어지만 요즘에는 일상이나 SNS 등에서 자주 쓰인다. '이제 시작이다,' '이제 간다,' '완전준비완료' 등의 의미로 사용된다.

이렇게 쓰고!

1. **Lock and load, everyone! Time to get this job done.**
   다들 준비해! 이제 이 일을 끝내자.

2. **We've practiced day and night. Lock and load!**
   밤낮으로 연습했어. 이제 출발하자!

이렇게 말한다!

A: **Are we ready for the presentation?**
B: **Yep. Lock and load! Let's do this.**

   A: 프레젠테이션 할 준비됐어?
   B: 응, 준비완료! 자 하자.

136

You don't look it

넌 그렇게 안 보여

| **not look it** | 상대방의 실제 나이, 직업 등을 생각해볼 때 겉모습과 다르다고 말할 때 사용하는 요즘 표현이다. '그렇게 안보이다,' '겉보기에는 그렇지 않다'라는 의미이다. = You don't give that vibe.

이렇게 쓰고!

1. **You don't look it. You look great.**
   그렇게 안 보여. 정말 좋아 보여.

2. **You don't look it. You seem introverted.**
   그렇게 안 보여. 넌 내향적으로 보이는데.

이렇게 말한다!

A: **I'm turning 55 next year.**
B: **What? You don't look it at all!**

   A: 나 다음 해에 55살이 돼.
   B: 뭐라고? 전혀 그렇게 안 보여!

137

We're totally in sync

우린 완전히 통해

be in sync (with/on~) sync는 synchronization(동기화)의 줄임말. '같은 리듬으로 움직이다'라는 의미에서 발전하여 be in sync하게 되면 '호흡이 맞다,' '서로 통하다'라는 뜻으로 쓰인다. = We're vibing.

이렇게 쓰고!

1. We're totally in sync on this project.
이번 프로젝트에서는 우리 완전히 호흡이 맞아.

2. We're totally in sync without even talking.
우리는 말 안 해도 완전 통한다니까.

이렇게 말한다!

A: I was thinking the exact same thing.
B: Wow, we're totally in sync.

A: 나도 똑같이 생각했어.
B: 와, 우리 진짜 코드 맞는다.

138

I'm a light sleeper

난 깊이 잠을 못자

be a light sleeper 요즘 활약하고 있는 표현으로 잠을 깊이 자지 못하고, 자그마한 소리에도 잠을 깨는 사람을 말한다. 반대로 납치해가도 모르고 자는 사람은 be a heavy sleeper라고 한다.

이렇게 쓰고!

1. I'm a light sleeper, so I wake up easily.
나는 잠을 깊이 못들어서 쉽게 깨.

2. Don't make any noise. He's a light sleeper.
조용히 해. 걔는 깊이 잠을 못자.

이렇게 말한다!

A: Why did you wake up? I didn't make any noise.
B: I'm a light sleeper, right?

A: 왜깼어? 아무 소리도 내지 않았는데.
B: 나 잠 깊이 못드는거 알잖아?

Don't sell yourself short

139

네 자신을 너무 과소평가하지마

| **sell oneself short** | 자신을 제대로 팔지 못했다라는 말로, 비유적으로 말하자면 '자신을 진짜 가치보다 낮게 평가하다,' '자신을 과소평가하다,' '자신의 능력을 평가절하하다'라는 말이 된다.

이렇게 쓰고!

1. **Don't sell yourself short. You've got skills.**
   자신을 과소평가하지마. 넌 실력있잖아.

2. **You're selling yourself short if you think you can't do that.**
   그걸 못한다고 생각하면 스스로를 과소평가하는거야.

이렇게 말한다!

A: I don't think I'm up for that job.

B: Don't sell yourself short. You're totally qualified.

A: 그 일은 내가 감당못할 것 같아.
B: 스스로를 과소평가하지마. 넌 충분히 자격있어.

I blank out, I forget

140

아무 생각도 안나, 잊었어

| **blank (on~)** | 동사로 쓰인 경우로 '머릿속이 하얘지다,' '잠깐 아무 생각이 안나다,' blank out하면 '통째로 기억이 사라지다,' 'blank보다 길게 멍해지다'라는 의미로 약간의 의미차이가 있다.

이렇게 쓰고!

1. **Why am I blanking on her name right now?**
   어떻게 걔 이름이 지금 생각나지 않지?

2. **I blanked out when the teacher asked me the question.**
   선생님이 내게 질문했을 때 순간 아무 생각도 안났어.

이렇게 말한다!

A: What was that? You froze hard.

B: I blanked out. I didn't know what to say.

A: 무슨 일이었어? 완전히 얼었잖아.
B: 머리가 멍해졌어. 무슨 말을 해야 할지 모르겠었어.

141

I got your back

내가 널 지켜줄게

| **get sb's back** | '…의 뒤를 봐주다,' '도와주다,' '책임지다'라는 뜻으로 사용된다. 친한 사람에게 네 편이 되어서 도와줄게, 지켜줄게라고 말할 때 사용한다. = You can count on me.

이렇게 쓰고!

1. I've got your back, okay? You're not alone.
너 뒤를 봐줄게. 넌 혼자가 아냐.

2. Don't sweat it. We got your back.
너무 속상해하지마. 우리가 널 책임질게.

이렇게 말한다!

A: I'm so nervous about the promotion.

B: Not to worry. I got your back.

A: 승진 때문에 너무 긴장돼.
B: 걱정하지마. 내가 널 도와줄게.

142

I'm not getting any of this

이해가 전혀 안돼

| **get any of this** | 상대방의 설명을 들었음에도 불구하고 전혀 이해가 되지 않을 때 사용한다. '이해가 안돼,' '무슨 말인지 하나도 모르겠어'라는 의미이다.

이렇게 쓰고!

1. Honestly, I'm not getting any of this.
솔직히 말해서, 전혀 이해가 되지 않아.

2. You're talking so fast. I'm not getting any of this.
너 너무 빨리 말해서 하나도 못 알아듣겠어.

이렇게 말한다!

A: Should I explain it in detail?

B: Please. I'm not getting any of this.

A: 내가 자세히 설명을 해야 할까?
B: 제발. 이거 전혀 이해가 되지를 않아.

Do it for you

143

너 자신을 위해서 그렇게 해

| **do it for you** | 상대방에게 조언이나 충고를 할 때 사용하면 좋은 표현으로 "남 생각하지 말고 네 행복을 위해서 하다"라는 의미이다. 문맥에 따라 비꼬는 말투로 '너 좋을대로 하다'라고도 사용된다.

✏️ 이렇게 쓰고!

1. Don't do it for her. Do it for you.
> 걔 때문에 하지마. 너 자신을 위해 해.

2. You canceled the plan again? Fine, do it for you.
> 너 또 약속 취소했어? 그래, 네 좋을대로 해라.

💬 이렇게 말한다!

A: I'm thinking of quitting my job today.

B: Then do it for you, not for anyone else.
> A: 오늘 회사를 그만둘거야.
> B: 다른 사람 눈치 보지 말고 너 자신을 위해 그렇게 해.

채팅이나 DM 등에서 맹활약하고 있는 유명 인터넷 약어이다. **Right Now**의 약어로 "지금 당장," "바로 지금"이라는 의미이다. 주로 문장끝 아니면 단독으로 쓰인다.

- **What are you doing RN?**
> 너 지금 뭐 하고 있어?

- **I don't feel like doing anything RN.**
> 나 지금 아무것도 하고 싶은 기분이 아냐.

He's got nice buns

144

걔 엉덩이 멋지다

| **have got nice buns** | buns는 속어로 butt, buttocks를 가리킨다. 원래 있었던 표현이지만 요즘세대들이 조금은 장난스럽게 농담할 때 친구들 사이에서 주로 사용한다.

이렇게 쓰고!

1. **Chris has got nice buns for real.**
크리스 엉덩이는 진짜 멋져.

2. **You can tell he works out. He's got nice buns.**
걔는 운동 많이 하는게 딱 보여. 걔 엉덩이 완전 탄탄하잖아.

이렇게 말한다!

A: Were you just looking at that guy?

B: Yeah, he's got nice buns.

A: 너 저 남자 쳐다본거야?
B: 어, 쟤 엉덩이가 멋지잖아.

You're in for a treat

145

멋진 일이 기다리고 있어

| **be in for a treat** | 상대방에게 음식이나, 공연, 영상, 선물을 깜짝 줄 때 미리 알리는 문장으로 주어가 '좋은 걸 경험하게 될거야,' '멋진 일이 기다리고 있어'라는 의미의 표현이다.

이렇게 쓰고!

1. **It's your first party? You're in for a treat!**
파티 처음이야? 오늘 제대로 즐기겠네!

2. **You're in for a treat tonight. The show is amazing.**
오늘밤 제대로 즐기게 될거야. 공연 진짜 끝내줘.

이렇게 말한다!

A: I'm watching Breaking Bad for the first time.

B: You're in for a treat! That show's a classic.

A: 난 브레이킹 배드를 처음 봐.
B: 멋진 경험을 즐길 준비해. 그건 진짜 명작이야!

You've got some nerve

146

참 뻔뻔하네, 염치도 없네

| **have got some nerve (~ing)** | nerve는 '대담함,' '뻔뻔함'을 나타내는 단어. 상대방이 뻔뻔하게 무례한 행동을 했을 때 던지는 부정적인 느낌의 표현이다.

이렇게 쓰고!

1. You've got some nerve texting me again.
   진짜 뻔뻔하게 또 내게 문자를 보내네.

2. You've got some nerve asking me for help.
   염치없이 나한테 도와달라고 하는거네.

이렇게 말한다!

A: He called me names and then asked for a favor.

B: You've got some nerve, huh?
   A: 내 욕을 해대더니 이제 부탁을 하네.
   B: 와, 진짜 뻔뻔하네.

Never crossed my mind

147

전혀 생각이 나질 않았어, 꿈에도 생각못했어

| **not[never] cross one's mind (to/that~)** | '머릿속을 스쳐 지나가지 않았다'라는 표현. '전혀 생각 못했어,' '꿈에도 생각못했어' 정도로 생각하면 된다. = never even cross my mind.

이렇게 쓰고!

1. That idea never crossed my mind.
   그런 생각은 해본 적도 없어.

2. It never crossed my mind to check the email.
   이메일을 확인해볼 생각은 전혀 안 했어.

이렇게 말한다!

A: Didn't you check the text message?

B: No, it never crossed my mind to check it.
   A: 문자온거 확인 안했어?
   B: 아니, 확인할 생각조차 못했어.

148 He was head over heels about her

걘 개에게 푹 빠져있었어

| **fall[be] head over heels (about sb)** | head over hills는 '거꾸로,' '뒤집어질 정도로'라는 뜻으로 전체의 의미는 '…에게 완전히 사랑에 빠지다,' '홀딱 반하다'라는 의미이다.

이렇게 쓰고!

1. She's head over heels for that guy.
걘 그 남자한테 완전히 반했어.

2. I fell head over heels for his heart.
그의 따뜻한 마음에 홀딱 반했어.

이렇게 말한다!

A: What made you fall for Jenny?
B: I fell head over heels for her smile.
A: 너, 왜 제니한테 빠진거야?
B: 걔의 미소에 완전히 반했어.

149 That rings true

맞는 말 같아

| **ring true** | 직역하면 '소리가 진실되게 울리다'라는 것으로 비유적으로 주어가 '진실처럼 느껴지다'로 발전된다. 그래서 위 문장은 "그 말 일리 있다,' '공감돼,' '맞는 말 같아'라고 옮기면 된다.

이렇게 쓰고!

1. His story rings true to me.
걔 이야기는 내게 진짜처럼 느껴져.

2. What you said about love doesn't ring true.
네가 사랑에 대해 한 말은 맞는 말 같지 않아.

이렇게 말한다!

A: They said people change when money's involved.
B: Yeah, that rings true.
A: 돈이 걸리면 사람이 달라진대.
B: 어, 맞는 말이지.

150

I feel like I missed something

내가 뭐 놓친 것 같아

| **feel like S miss something** | 뭔지 모르지만 뭔가 놓친 것 같다라는 말로, 주로 대화도중 자기만 이해를 못했다고 생각할 때, 예를 들어, 다 웃는데 혼자 멍때릴 때 쓸 수 있는 표현이다.

이렇게 쓰고!

1. **I feel like I missed something urgent.**
   내가 뭔가 급한걸 놓친 것 같아.

2. **I feel like I missed something. What's happened?**
   내가 뭔가 놓친 것 같은데, 무슨 일이야?

이렇게 말한다!

A: **Everyone already knows her secret.**
B: **Seriously? I feel like I missed something.**

A: 다 걔의 비밀을 이미 알아.
B: 진짜? 나만 모르고 있었던 것 같네.

151

You look so goofy in that hat!

너 그 모자 쓰니까 너무 귀여워!

| **look goofy in~** | goofy는 '바보같지만 웃기고 귀여운'이라는 의미가 있어 look goofy in~하게 되면 '…을 하니 귀여워보여'라는 의미가 된다. 장난기있는 표현으로 친구나 연인사이에서 많이 쓰인다.

이렇게 쓰고!

1. **You look so goofy when you make faces.**
   너 표정을 지을 때 너무 귀엽게 바보 같아.

2. **That picture of you is so goofy. I love it.**
   너 그 사진 진짜 웃기고 귀엽다. 완전 좋아.

이렇게 말한다!

A: **What do you think of my new glasses?**
B: **You look so goofy in them!**

A: 내 새 안경 어때?
B: 그 안경 쓰니까 너 완전 웃겨!

152

I'm a little on edge

좀 불안해, 좀 신경이 날카로와

| **be[seem, feel] on edge** | '불안초조하다'라는 뜻이며 put sb on edge는 '…를 안절부절하지 못하게 하다'라는 의미이다. edge가 '칼날'이어서 on edge하면 '긴장된'이라는 뜻이 된다.

이렇게 쓰고!

1. Sorry, but I've been on edge all week.
미안하지만, 이번 주 내내 예민했어.

2. I'm on edge before the big presentation.
난 큰 프레젠테이션을 앞두고 불안해.

이렇게 말한다!

A: You seem a little nervous. Everything okay?
B: Yeah, I'm just a little on edge today.

A: 너 좀 초조해 보이네. 괜찮아?
B: 어, 오늘 좀 신경이 곤두서 있어.

153

You've got a hickey on your neck!

네 목에 키스자국이 있네!

| **have got a hickey on~** | hickey는 '키스자국(lovebite)'이라는 단어로, 전체적으로 '…에 키스마크가 있다'라는 표현이 된다. 지금도 왕성하게 살아서 많이 쓰이는 표현이다.

이렇게 쓰고!

1. She is trying to hide a big purple hickey!
걘 자줏빛 키스자국을 숨기려 해.

2. Nice try, but I can still see the hickey on your neck.
가리려고 했지만, 목에 키스자국이 아직 보여.

이렇게 말한다!

A: What's that on your neck? A mosquito bite?
B: Got a hickey on my neck. She was all over me.

A: 너 목에 그거 뭐야? 모기한테 물린거야?
B: 키스마크야. 걔가 아주 들이댔거든.

I'll let it go this time

154

이번만은 넘어가줄게, 이번만 봐줄게

| let it go | 상대방에게 그만 신경쓰라고 하는 것으로 '잊어버려,' '놔둬'라는 말. 또한 let it go at that 은 '그쯤 해두다,' '더 이상 문제삼지 않다'라는 말이 된다. let it slide보다 젊은 표현이다.

✏️ 이렇게 쓰고!

1. **Chris, would you let it go?**
   크리스야, 그냥 잊어버려라.

2. **Then, maybe you should let it go.**
   그렇다면 그만 손떼는게 나을 것 같아.

💬 이렇게 말한다!

A: I totally forgot to text you back.

B: I'll let it go this time. Don't do that again!

   A: 문자 답장한다는 걸 완전 깜빡했어.
   B: 이번엔 그냥 넘어가지만 다시는 그러지마!

155

Keep it casual

편하게 입어

keep it casual '편하게 해,' '너무 꾸미지마,'(Don't dress too fancy) '너무 차려입지마'라는 의미. 의상 외에 어떤 태도나 분위기 혹은 관계 등에 관한 것을 언급할 때도 쓰인다.

이렇게 쓰고!

1. **You don't need a suit. Keep it casual.**
   정장입을 필요없어. 편하게 입어.

2. **Don't overthink it. Keep it casual.**
   너무 복잡하게 생각하지 말고, 가볍게 해.

이렇게 말한다!

A: **What should I wear to the party tonight?**
B: **Keep it casual. It's just a small party.**

A: 오늘밤 파티에 뭐를 입어야 돼?
B: 편하게 입어. 그냥 작은 파티야.

156

Time to cut loose!

이제 즐길 시간야!, 신나게 놀자!

cut loose 어떤 통제도 받지 않고 그리고 책임이나 규제에서 벗어나 '신나게 즐기다,' '놀다'라는 의미이다. 특히 친구들끼리, 파티나 휴가, 휴식 등에 관한 대화에서 자주 등장한다.

이렇게 쓰고!

1. **Work's over. Let's cut loose tonight!**
   일 끝났어. 오늘밤 진짜 신나게 놀자!

2. **Time to cut loose with some music and drinks.**
   음악이랑 술로 스트레스 풀 시간이야.

이렇게 말한다!

A: **We're finally on year-end holidays.**
B: **Time to cut loose and relax.**

A: 드디어 연말 휴가다.
B: 이제 좀 풀고 쉬자.

157 Don't pull an all-nighter again

또 밤새지 마라

| **pull an all-nighter (~ing)** | all-nighter는 '밤새도록 하는 것'을 말하는 명사로 pull an allnighter 하면 '밤을 새워 …하다,' '철야작업하다'라는 뜻이 된다. 자연 직장인이나 학생들 사이에서 많이 쓰인다.

이렇게 쓰고!

1. I **pulled an all-nighter** working on the project.
   프로젝트 일하느라 밤샜어.
2. I'm about to **pull an all-nighter** for the exams.
   시험 때문에 오늘 밤새야겠어.

이렇게 말한다!

A: You look wasted. What happened?
B: I **pulled an all-nighter** finishing my report.

   A: 넌 정말 피곤해 보여. 무슨 일 있었어?
   B: 보고서 마감하느라 밤을 샜어.

158 Don't worry. It's all good

걱정마. 다 잘됐어

| **be all good** | good은 '괜찮은'이라는 의미로 요즘 많이 쓰이는 단어이다. It's all good은 일이 '다 잘됐다,' I'm all good은 '나 괜찮아,' '나 잘 지내'라는 뜻으로 사용된다.

이렇게 쓰고!

1. We lost the game, but it'**s all good**.
   우리는 경기에 졌지만, 괜찮아.
2. I'**m all good** now, thanks for asking.
   난 이제 괜찮아, 물어봐줘서 고마워.

이렇게 말한다!

A: You seemed upset earlier. You all right?
B: I'**m all good** now. Just needed a break.

   A: 아까 화난 것 같았어. 괜찮아?
   B: 이제 괜찮아. 그냥 잠깐 쉬고 싶었어.

It was eye-popping!

159

그건 놀라웠어!, 그건 엄청 났어!

be eye-popping | 뽀빠이의 원단어인 pop eye하면 '눈이 번득 뜨이다'처럼 놀라다라는 의미. eye-popping 역시 너무 멋지거나, 비싸거나 충격적일 때 쓰는 단어로, '정말 놀라운,' '정말 엄청난'이라는 의미.

이렇게 쓰고!

1. She bought **an eye-popping** $10,000 handbag.
   걔가 무려 만 달러짜리 가방을 샀대!

2. **Her eye-popping** performance got everyone cheering.
   그녀의 놀라운 공연에 모두가 환호했어.

이렇게 말한다!

A: The hotel bill **was eye-popping**.
B: Don't remind me. I'm still shook.
   A: 호텔 요금이 진짜 엄청 나왔어.
   B: 그 말 하지마. 아직도 충격이야.

I got the boot

160

나 잘렸어

get the boot | 신발로 쳐서 쫓아내는 것을 묘사한 표현으로 '해고당하다,' '연인으로부터 차이다,' 반대로 give sb the boot하면 '…을 해고하다,' '절교하다'라는 표현이다.

이렇게 쓰고!

1. I **got the boot** from my boyfriend.
   남자친구로부터 차였어.

2. The director **got the boot** after the big mistake.
   그 감독은 큰 실수 때문에 잘렸어.

이렇게 말한다!

A: You're not working there anymore?
B: Nope, I **got the boot** last week.
   A: 거기서 더 이상 일 안 해?
   B: 응, 지난주에 잘렸어.

It would come in handy

161

도움이 될거야, 나중에 쓸모있을거야

| **come in handy** | 이는 '쓸모있다,' '유용하다'라는 표현으로 위 문장은 주로 어떤 정보나 기술이 지금은 당장 필요없지만 '나중에 쓸모가 있을거야,' '나중에 유용할거야'라는 의미로 쓰인다.

이렇게 쓰고!

1. **Your advice really came in handy later.**
   네 조언이 나중에 진짜 도움이 됐어.

2. **Learning basic coding would come in handy in this job.**
   기초 코딩을 배우면 이 일에 도움이 될거야.

이렇게 말한다!

A: I saved all the receipts just in case.
B: Great! They might come in handy later.

   A: 혹시 몰라서 영수증 다 챙겼어.
   B: 잘했네! 나중에 쓸모 있을지도 몰라.

Just thought of that

162

나도 방금 떠올랐어, 지금 막 생각났어

| **just thought of that** | 뭔가 '지금 막 생각나다,' '방금 머릿속에 떠오르다'라고 말할 때 사용하면 된다. 구어체로 주어 'I'를 보통 생략하고 말한다.

이렇게 쓰고!

1. **I just thought of that idea a moment ago.**
   나도 그 아이디어 조금전에 막 떠올랐어.

2. **Just thought of that scene from the series *<Tehran>*!**
   방금 드라마 <테헤란>의 그 장면이 떠올랐어!

이렇게 말한다!

A: You know what? We have to try Plan B.
B: I just thought of that.

   A: 있잖아, 플랜 B 시도해봐야겠어.
   B: 나도 방금 그 생각했어.

163 That was light work

그건 식은 죽 먹기였어, 완전 껌이었어

light work 아주 쉬운 일(a snap)이라는 표현이다. 뒤에 for me를 붙여 Light work for me, 혹은 make light work of sth로 쓰이기도 한다. 요즘에는 It's light work, That was light work로 쓰인다.

✏️ 이렇게 쓰고!

1. Cooking for my son? Light work for me.
아들 밥 차리는거? 내게는 완전 껌이지.

2. That exams for today? That was light work.
오늘 시험말야? 완전 식은 죽먹기였어.

💬 이렇게 말한다!

A: Must be tough doing your homework.
B: Nah, light work for me.

A: 숙제하기 힘들겠다.
B: 아니, 나한텐 껌이지.

164 I've got a hard stop at 5

5시에는 꼭 나가야 돼

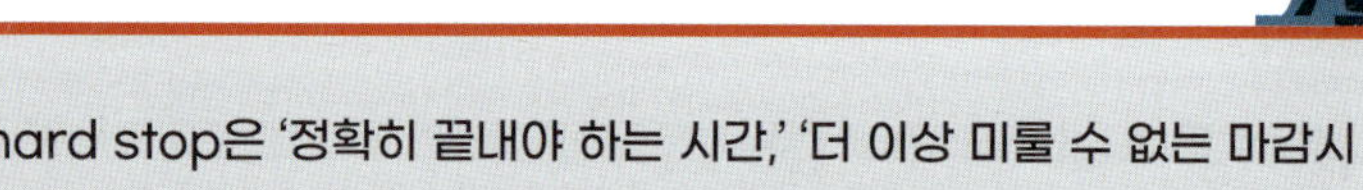

have (got) a hard stop hard stop은 '정확히 끝내야 하는 시간,' '더 이상 미룰 수 없는 마감시간,' 즉, '연장'이 불가하다는 말이다. 요즘 직장에서 혹은 이메일 등에서 자주 등장한다.

✏️ 이렇게 쓰고!

1. I've got a hard stop coming up.
이제 마무리하고 나가야 돼.

2. I've got a hard stop in 30 minutes for another meeting.
30분 후에는 꼭 나가야 돼. 다른 미팅이 있어.

💬 이렇게 말한다!

A: Mind if we extend the meeting a bit?
B: Sorry I can't. I've got a hard stop at 4.

A: 회의 조금만 연장해도 될까?
B: 미안하지만 안돼. 4시엔 반드시 끝내야 해.

It's do or die for me

165

이게 진짜 승부야, 이번이 죽기 아니면 살기야

do or die 동사들로 이어졌지만 실제로는 명사로 사용되는 표현으로 말 그대로 '죽기 아니면 살기'라는 의미이다. '이게 마지막 승부처다,' '이제 마지막 기회다'라는 뜻이다.

이렇게 쓰고!

1. **It's do or die for my startup now.**
   지금이 내 스타트업회사는 죽기 아니면 살기야.

2. **It's do or die time. Show what you've got!**
   이제 마지막 승부수야! 가진 걸 전부 보여줘!

이렇게 말한다!

A: You look nervous. Got a big presentation today?

B: Yeah, it's do or die for me.

   A: 긴장돼 보이네. 오늘 중요한 프레젠테이션이 있어?
   B: 어, 이번에 망하면 끝이야.

HMU

"연락해"라는 의미로 유명한 표현인 **Hit Me Up**의 약어이다. 연락방법은 전화, 문자, DM 등 다양하다. 주로 친한 사이에서 연락을 주고 받을 때 사용한다.

- **HMU when you're in the office.**
  사무실 도착하면 연락해.

- **HMU whenever you have time.**
  시간 되면 아무 때나 연락해.

166

We're going all the way!

우리는 끝까지 간다!

go all the way | all the way는 '내내,' '쭉'이라는 뜻으로 go all the way하게 되면 '끝까지 해내다,' '성공하다,' 혹은 '전력을 다하다'(go all in), 그리고 비속어로는 '성관계를 하다'로 쓰인다.

✏️ 이렇게 쓰고!

1. We went all the way to win the race.
우리는 경주에서 이기기 위해 끝까지 갔어.

2. Chris went all the way to make it perfect.
크리스는 완벽하게 하려고 전력을 다했어.

💬 이렇게 말한다!

A: You're still working on that app?
B: Yeah, I'm going all the way this time.
A: 그 앱 아직 만들고 있어?
B: 응, 이번엔 끝까지 최선을 다 해볼거야.

167

It kills me to say it, but no

이런 말하기 싫지만 '안돼'

It kills me to say it, but~ | 상대방에게 유감이나 슬픔 그리고 안타까운 감정으로 말하려는 내용에 앞서 꺼내는 표현이다. '이런 말하기 정말 싫지만,' '안타깝지만' 정도로 생각하면 된다.

✏️ 이렇게 쓰고!

1. It kills me to say it, but we lost the contract.
이런 말하기 싫지만, 계약건을 놓쳤어.

2. It kills me to say it, but we have to let people go.
이런 말하기 괴롭지만, 사람들은 내보내야 돼.

💬 이렇게 말한다!

A: You think we'll make it to the party on time?
B: It kills me to say it, but I doubt it.
A: 우리가 제시간에 파티에 갈 수 있을까?
B: 이런 말하기 싫지만, 글쎄, 힘들 것 같아.

168 I got a bunch of stuff to go over

검토해봐야 할게 많아

| **get a bunch of stuff to go over** | a bunch of~는 '…의 한묶음'으로 '많다'는 의미이며, go over는 검토하다라는 구동사이다. 그래서 전체적으로는 "확인할게 엄청 많아"라는 문장이 된다.

이렇게 쓰고!

1. **I got a bunch of stuff to go over for work.**
   일 때문에 검토해야 할 것이 너무 많아.

2. **Got a bunch of stuff to go over before tomorrow.**
   내일까지 검토해봐야 할게 너무 많아.

이렇게 말한다!

A: **Want some more?**
B: **Sorry, I got a bunch of stuff to go over for work.**

   A: 좀 더 먹을래?
   B: 미안, 일 때문에 봐야할게 너무 많아.

169 I'm getting into her vibe

그녀의 분위기에 점점 끌려

| **be getting into~** | '…에 푹 빠지다'라는 be into~와 같은 맥락의 표현. 하지만 'get' 동사는 동적인 의미로, be getting into하게 되면 새로운 관심사나 사람에게 빠져들고 있는 것을 생동감있게 묘사한다.

이렇게 쓰고!

1. **I'm getting into jogging these days.**
   요즘 조깅에 재미 붙였어.

2. **I'm getting into this new Apple TV show.**
   요즘 이 새 애플TV 시리즈에 푹 빠졌어.

이렇게 말한다!

A: **You've been watching that show, *<Tehran>* nonstop!**
B: **Yeah, I'm really getting into it.**

   A: 너 그 <테헤란>이란 드라마 계속 보네!
   B: 응, 완전 빠졌어 요즘.

170

What are the odds?

확률이 어떻게 돼?, 이럴 확률이 있나?

What are the odds that~[of~ing]? '어떤 일이 일어날 가능성을 물어보거나 상대의 의견을 물어보는 표현.' 단순히 What are the odds?라고 해도 되고, 놀라서 '세상에 이런 일이…"라는 뜻으로도 쓰인다.

이렇게 쓰고!

1. **You got the same shoes? What are the odds!**
   너도 같은 신발 샀다고? 말도 안돼!

2. **You're from Boston too? What are the odds!**
   너도 보스톤 출신이야? 세상 좁다 진짜!

이렇게 말한다!

A: You know what? We both got the same birthday!

B: No way! What are the odds?

   A: 있잖아, 우리 생일이 같아!
   B: 말도 안 돼! 이런 확률이 있냐!

171

I got a free dessert on the side

덤으로 디저트를 하나 받았어

~on the side 4가지 뜻을 알아둔다. 첫번째는 '부업으로,' 두번째는 음식주문시 '…을 따로주다,' 그리고 세번째는 '몰래,' '은밀하게,' 그리고 마지막으로는 '덤으로,' '추가로'이다.

이렇게 쓰고!

1. **I do some freelance work on the side.**
   난 부업으로 프리랜서 일을 좀 해.

2. **Can I have some salad on the side?**
   샐러드는 따로 주세요.

이렇게 말한다!

A: I heard she's seeing someone on the side.

B: No way! I didn't know that.

   A: 그녀가 몰래 다른 사람이랑 만난대.
   B: 뭐라고? 몰랐는데!

172

I thought it was a joke

농담인 줄 알았어

I thought it was~ 그렇게 생각했는데 실제가 아닌 경우로 '…인 줄 알았는데'라는 의미이다. 응용 표현으로는 I thought I said that~이 있는데 이는 '내가 …라고 말한 것 같은데'라는 뜻이다.

이렇게 쓰고!

1. I thought it was going to snow.
눈이 올 줄 알았는데 안 오네.

2. I thought it was Wednesday today.
오늘 수요일인 줄 알았네.

이렇게 말한다!

A: You know it's Thursday, right?

B: Wait, really? I thought it was Wednesday today!

A: 오늘 목요일인 거 알지?
B: 뭐라고? 오늘 수요일인 줄 알았는데!

173

I'm still a newbie at this job

이 직장에서는 난 아직 신입이야

be a newbie newbie는 '새로 들어온 사람,' '초보자' 등을 의미하는 단어이다. 그래서 be a newbie at~라고 하면 '…에서 아직 초보야,' '신입야'라는 뜻으로 자주 쓰이는 표현이다.

이렇게 쓰고!

1. I'm a total newbie at AI.
나 AI에서는 완전 초보야.

2. I'm still a newbie when it comes to coding.
코딩에 관해서는 아직 초보야.

이렇게 말한다!

A: You're studying AI now? That's awesome!

B: Yeah, but I'm a total newbie at it.

A: 요즘 AI 공부한다며? 멋지다!
B: 응, 근데 아직 완전 초보야.

174

You saw an alien? Seriously?

외계인을 봤다고? 진짜야?

Seriously? 요즘 가장 많이 듣는 표현중 하나. 놀람, 분노, 불신 등의 다양한 상황에서 "진짜야?," "진짜 이러는거야?," "진짜 멋지다,' 그리고 "진심으로," "정말로"라고 여러 의미로 사용된다.

이렇게 쓰고!

1. **Seriously?** That's your excuse?
   진심으로 하는 말야? 그게 네 변명이야?

2. You made this coffee? **Seriously?** It's amazing!
   이 커피 네가 만든거야? 진짜? 대박 맛있다!

이렇게 말한다!

A: I forgot to bring the present for mom.

B: **Seriously?** We're already late!

   A: 엄마 줄 선물 깜빡했어.
   B: 진짜 이러기야? 우리 이미 늦었잖아!

175

You feel me?

내 말 무슨 뜻인지 알지?

feel sb 요즘세대들이 쓰는 표현으로 'sb를 이해하다,' '공감하다'라는 뜻으로 사용된다. 단순히 Feel me?해도 되며 반대로 I feel you하면 "나도 그래," "나도 공감돼"라는 의미가 된다.

이렇게 쓰고!

1. We gotta keep it secret, **you feel me?**
   우리 비밀로 해야 돼, 무슨 말인지 알지?

2. **I feel you,** bro. That breakup was tough.
   나도 네가 이해돼, 그 이별은 힘들었지.

이렇게 말한다!

A: Do I have to tell Chris about it?

B: Nope, we gotta keep it secret, **you feel me?**

   A: 이거 크리스한테 말해야 할까?
   B: 아니, 이건 비밀로 해야 돼. 알지?

Could be

176

그럴 수도 있지, 그럴 가능성도 있어

could be could를 쓴 것은 확정을 하지 않기 위함이다. 그래서 "그럴 수도 있지," "글쎄 가능성은 있어," 혹은 "맞을지도 몰라"라는 의미로 쓰인다. 완전 동의는 못하지만 어느 정도 가능성을 인정할 때.

✏️ 이렇게 쓰고!

1. **Could be. He didn't text back.**
   그럴 수도 있지. 걔는 문자 답장을 안 했잖아.

2. **Could be. I've heard that before.**
   그럴 수도 있지. 나도 그런 얘기 들었어.

💬 이렇게 말한다!

A: I think Chris is so into you.

B: Could be. He's been texting a lot lately.

A: 크리스가 너 무척 좋아하는 것 같아.

B: 그럴 수도 있지. 요즘 문자를 많이 하긴 해.

177 She's that girl

걔가 대세야, 걔는 완전 멋진 여자야

be that girl 완전히 요즘 영어로 that girl은 자신감 넘치고 매력적이고 주인공 느낌나는 여자, 완전히 멋진 여자라는 표현이다. 유행을 선도하는 여자라는 "It girl"과 구분해야 한다.

이렇게 쓰고!

1. She's that girl, confident, classy, and unstoppable.
그녀가 바로 대세야, 자신감 있고, 세련되고, 멈출 수 없어.

2. She's that girl everyone wants to be.
다들 되고 싶어 하는 바로 그 여자야.

이렇게 말한다!

A: She acts like she's better than everyone.
B: Yeah, she really thinks she's that girl.

A: 걔 다들보다 잘난 척하더라.
B: 그러니까, 자기가 완전 대세인 줄 알아.

178 Don't get too serious

너무 심각하게 받아들이지마, 편하게 생각해

get serious 심각하게 받아들이다로 위 문장처럼 부정문으로 쓰면 "너무 심각하게 받아들이지마," "편하게 생각해," "너무 진지하게 그러지마" 정도로 생각하면 된다. get serious about sb는 '좋아하다.'

이렇게 쓰고!

1. Don't get too serious. It was a dumb joke.
너무 진지하게 받아들이지마. 그건 바보같은 농담이었어.

2. It's just a computer game. Don't get too serious.
그냥 컴퓨터 게임이잖아. 너무 심각하게 굴지마

이렇게 말한다!

A: You shouldn't have said that.
B: Don't get too serious. It was a joke.

A: 그런 말을 하지 말았어야지.
B: 너무 심각하게 생각하지마. 그냥 농담이었어.

179

I'm as good as new

나 완전히 회복됐어

| as good as new | 문자 그대로 하면 '거의 새 것처럼 좋은'이라는 뜻으로 사람이든지 사물이든지 회복이나 수리후에 상태가 완전히 좋아졌다고 할 때 사용하면 된다.

이렇게 쓰고!

1. I got some rest, and now I'm as good as new.
좀 쉬었더니 완전히 회복됐어.

2. After the repair, my computer's as good as new.
수리하고 나니까 내 컴퓨터가 완전히 새것 같아.

이렇게 말한다!

A: Is your laptop still broken?
B: Nope, I had it fixed. It's as good as new.

A: 노트북 아직 고장났어?
B: 아니, 고쳤어. 완전히 새것 같아.

180

She's light on patience today

걔가 오늘은 인내심이 부족하네

| (be) light on sth | 요즘 자주 보이는 표현으로 '양이 적다,' '부족하다,' '…에 약하다'라는 의미로 쓰인다. 또한 음료, 음식, 그리고 화장할 때 '연하게 하다'라는 뜻으로도 많이 사용된다. 반대어는 heavy on.

이렇게 쓰고!

1. I'm trying to eat foods light on sugar.
난 설탕이 적은 음식만 먹으려 해.

2. The movie was okay, but kinda light on action.
영화는 괜찮았는데 액션이 좀 부족했어

이렇게 말한다!

A: She's smart but light on experience.
B: Right, but he's a fast learner.

A: 똑똑하긴 한데 경험이 부족해.
B: 맞아, 그래도 빨리 배우잖아.

memo

새롭게 머리속에 저장해야 하는 낯선 표현!

LEVEL 02 001-177

001

I've still got it

나 아직 여전해

| **have still got it** | 주로 I've still got it 형태로 쓰이는데, 의미는 "나 아직 안죽었어,"(I haven't lost my touch) 즉 "나 아직 건재해," "나 아직 살아있다"(I can still do it after many years)고 하는 표현.

이렇게 쓰고!

1. We're rich and famous. We still got it.
우린 부자고 유명해. 여전하다고

2. I haven't lost the game yet. I've still got it.
나 아직 안졌어. 아직 살아있다고.

이렇게 말한다!

A: Why do all of the girls like you?
B: It's my charm. I've still got it.
A: 왜 모든 여자들이 널 좋아하는거야?
B: 내 매력이지. 나 아직 여전하다고.

002

Hit me

(술) 나도 줘

| **hit me** | 바와 같은 술자리에서 쓰는 표현으로 '한 잔 더 달라,' '한 잔 더 따라줘'라는 뜻이다. 바텐더나 친구에게 술을 주문하거나 리필을 요구할 때 쓸 수 있다. 또한 "(말)해봐," "시작해봐"로도 쓰인다.

이렇게 쓰고!

1. Hit me. I'm in the mood to get drunk.
한 잔 따라줘. 취하고 싶네.

2. Hey bartender, my glass is empty, Hit me.
바텐더, 내 잔이 비었네. 따라줘.

이렇게 말한다!

A: You want another shot of whiskey?
B: I sure do. Hit me.
A: 위스키 한 잔 더 할테야?
B: 물론이지. 따라줘.

003

I can't get over it[this]

정말 놀라워라, 놀랍군, 아직도 못 잊겠어

| **get over it[this]** | '힘든 일을 털고 일어나 잊다'에 can't가 붙은 문장으로 can't get over it하게 되면 "정말 놀랍다," "충격속에 잊지 못하다"라는 의미. 너무 충격적이어서 믿을 수가 없다는 말.

✏️ 이렇게 쓰고!

1. I can't get over what he said to me.
걔가 나한테 한 말이 아직도 믿기지 않아.

2. I can't get over how lovely that jacket looks on you.
저 재킷이 너한테 얼마나 예쁘게 어울리는지 몰라.

💬 이렇게 말한다!

A: It was really shocking to hear that Chris died.

B: Yeah. I can't get over it.

A: 크리스가 죽다니 정말 충격적이었어.
B: 그래. 정말 놀라워.

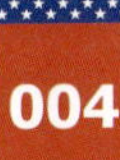

004

Don't you dare bail on me

약속깨지마

| **bail on sb[sth]** | 요즘영어에서 많이 쓰이는 표현으로 '약속이나 사람을 갑자기 취소하다,' '바람맞히다,' '수업이나 직장을 빼먹다'로 말하는 사람의 서운함이 느껴지는 문장이다.

✏️ 이렇게 쓰고!

1. Did Chris bail on the project again?
크리스가 또 그 프로젝트에서 빠졌어?

2. I think we should bail on Friday night dinner.
금요일 저녁 식사 약속은 못지킬 것 같아.

💬 이렇게 말한다!

A: I'm not sure if I can make it to your party.

B: Don't you dare bail on me!

A: 네 파티에 갈 수 있을런지 모르겠어.
B: 약속깨지마!

005

Let's hit it!

가자!, 시작하자!, 출발하자!

hit it 무언가를 본격적으로 시작하자고 할 때 혹은 어떤 장소를 떠날 때 쓰는 표현이다. 그래서 우리 말로는 '시작하다,' 혹은 '출발하다'라는 의미로 생각해두면 된다. Hit it!은 "시작해!," "틀어!"라는 말.

이렇게 쓰고!

1. Let's hit it, Tony! We got this!
토니, 우리 가자! 우리는 할 수 있어!

2. Let's hit it before the traffic gets stuck in stuck.
교통이 막히기 전에 출발하자.

이렇게 말한다!

A: You sure about this?
B: Too late now. Let's hit it!
A: 이거 정말 확실한거야?
B: 지금 너무 늦었지. 어서 가자!

006

Put up or shut up!

할거면 제대로 해!

put up or shut up 오래된 표현이지만 요즘에도 자주 사용되는 것으로 의미는 상대방이 말로만 하고 행동을 보여주지 않을 때, '말만하지 말고 행동으로 보여줘'라는 의미로 사용된다.

이렇게 쓰고!

1. No more excuses. Put up or shut up.
변명은 그만해. 할거면 제대로 해.

2. Either put up or shut up. I'm done listening.
말로만 하지말고 제대로 해. 더 이상 듣기 싫다고.

이렇게 말한다!

A: I could totally ask her out if I wanted.
B: Oh, yeah? Then, put up or shut up.
A: 맘만 먹으면 걔랑 데이트할 수 있어.
B: 아, 그래? 그럼 그럼 말만하지 말고 해봐.

007

You got me beat

나보다 낫네

have got me beat | 구어체 표현으로 상대가 자기보다 낫다, 나는 모르겠다라는 뉘앙스의 말을 할 때 이 표현을 사용하면 된다. 윗 문장은 "너한테 졌다," "난 모르겠어," "너 진짜 잘한다."

이렇게 쓰고!

1. **You've got me beat. I have no idea.**
   너 진짜 대단하다. 난 모르겠어.

2. **You've got me beat. I'd totally panic.**
   난 모르겠어. 나라면 완전히 멘붕이야.

이렇게 말한다!

A: Look at my golf score!
B: Wow, you got me beat.

A: 내 골프 점수 좀 봐!
B: 와, 나보다 낫네.

008

What has come over you?

왜 그런거야?

come over sb | "무엇이 너에게 찾아왔냐?"라는 말로 상대방이 평소와 달리 이해할 수 없는 행동을 할 때 그 이유나 설명을 요구하는 표현. = What's gotten into you? = What's wrong with you?

이렇게 쓰고!

1. **You act so angry. What has come over you?**
   너 아주 화난듯 행동하네. 무슨 일이야?

2. **What has come over you? Are you feeling sick?**
   왜 그런거야? 너 몸이 안좋아?

이렇게 말한다!

A: What has come over you? Your grades suck.
B: I just lost interest in doing school work.

A: 왜 그런거야? 네 성적이 형편없네.
B: 학교공부하는데 흥미를 잃었어요.

009 Chris was bent on revenge

크리스는 복수를 하려고 작정했어

| **be (hell) bent on sth[~ing]** | 뭔가 나쁜 일을 하려고 굳게 마음을 먹었다는 뉘앙스를 가진 표현으로 '…하는데 필사적이다,' '…하려고 작정하다'라는 의미.

✏️ 이렇게 쓰고!

1. You're so hell bent on winning the contest.
넌 대회에서 우승하기 위해 필사적이야.

2. You're so hell-bent on proving you're right.
넌 진짜 네가 옳다는 걸 증명하려고 작정을 해.

💬 이렇게 말한다!

A: I'll stay up all night to be in first place.
B: You're so hell bent on winning the contest.

A: 일등이 되기 위해 난 밤을 샐거야.
B: 넌 대회에서 우승하기 위해 필사적이야.

010 You're not far off

거의 맞았어, 비슷하게 맞췄네

| **be not far off** | far off는 '멀리 떨어진' not은 이를 부정하는거니까, '멀리 떨어지지 않았다'라는 말로 비유적으로 "거의 맞추다," '비슷하게 맞추다'라는 의미. = You're not wrong = You're close.

✏️ 이렇게 쓰고!

1. You're not far off. I got stuck in traffic.
거의 맞췄어. 차가 막혔어.

2. You're not far off. I'm considering quitting.
그런 셈이야. 그만둘까 고민 중이야.

💬 이렇게 말한다!

A: You look stressed out. All-nighter again?
B: You're not far off. I barely slept last night.

A: 스트레스 엄청 받았구나.또 밤샌거야?
B: 거의 맞아. 어젯밤에 거의 잠을 못잤어.

I am bummed out

011

실망이야, 기운이 다운됐어

| **be bummed out** | be bummed out은 '실망하다,' '낙담하다'라는 뜻으로 out은 생략되기도 한다. 또한 실망한 이유는 ~ about that 등과 같이 붙여주면 된다. Bummer는 "별꼴이야," "엿같군"에 해당된다.

이렇게 쓰고!

1. I'm bummed out. I can't go on vacation.
실망이야. 나 휴가 못가.

2. I'm just bummed out about the test results.
시험 결과 때문에 기분이 좀 울적하네 그래.

이렇게 말한다!

A: Why do you look so pathetic today?
B: My boyfriend and I had another fight. I'm bummed out.

A: 오늘 왜 그렇게 슬퍼보이니?
B: 남자친구랑 또 싸웠어. 살 맛 안나.

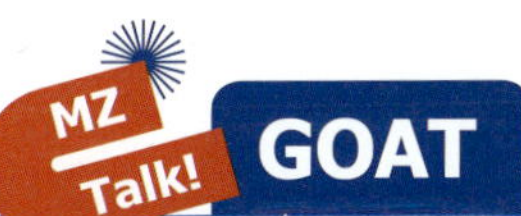 **GOAT**

이미 유명한 약어로 온라인뿐만 아니라 오프라인에서도 많이 쓰이는 약어이다. 특히 스포츠 분야서 쓰이며 약어로 풀어 쓰면 **Greatest Of All Time**(역대 최고)이다.

- **Messi is the GOAT, no debate.**
  메시가 역대 최고야, 논쟁의 여지 없음.

- **Peter's the GOAT programmer on our team.**
  피터는 우리 팀에서 최고 실력의 개발자야.

012 Can I crash at your place tonight?

오늘 네 집에서 자도 돼?

| crash at~/장소 | 자기 집이 아닌 친구 집이나 다른 집에서 하룻밤을 지내다라고 할 때 쓰는 구어체 표현이다. 단 장소없이 crash로 쓰면 '피곤해서 자다,' '뻗다'라는 다른 뜻이 된다.

이렇게 쓰고!

1. **I crashed as soon as I got home.**
   난 집에 오자마자 뻗었어.

2. **Just gonna crash at my friend's place tonight.**
   오늘은 친구 집에서 그냥 자야겠어.

이렇게 말한다!

A: Too drunk to drive. Mind if I crash here?

B: No prob. Grab a blanket.

   A: 너무 취해 운전은 안될 것 같아. 여기서 자도 돼?
   B: 문제없어. 담요 하나 가져가.

013 Don't back out on me now

지금와서 약속깨지마, 이제와서 빼지마

| back out on sb[of sth] | back out on sb하면 '약속을 깨다,' '책임을 회피하다,' 그리고 back out of sth하게 되면 '약속이나 계획에서 빠지다,' '포기하다'라는 의미가 각각 된다.

이렇게 쓰고!

1. **Don't back out on me now. You promised!**
   이제와서 빠지지마. 네가 약속했잖아!

2. **Don't back out on me now. We started this startup together.**
   지금 빠지면 안돼. 우리 이 스타트업 같이 시작했잖아.

이렇게 말한다!

A: I don't think I can do this anymore.

B: Don't back out on me now. Almost done!

   A: 나 이제 못 하겠어.
   B: 지금와서 빠지지마. 거의 다 끝났잖아!

I rest my case

014

내 말이 맞잖아, 이상 끝

rest one's case 원래 법정에서 검사나 변호인이 '변론을 마칩니다'라고 할 때 사용하는 문장. 일반적 상황에서는 '나 할 말 다했어,' '내 말이 맞지?,' '그만할래,' '이상 끝'이라는 뜻으로 쓰인다.

이렇게 쓰고!

1. **Chris showed up late again. I rest my case.**
   크리스가 또 늦게 왔잖아. 내 말이 맞잖아.

2. **Dogs are better than humans sometimes. I rest my case.**
   개가 인간보다 나을 때도 있어. 이상 끝.

이렇게 말한다!

A: You were right. He's obsessed with spiders.

B: I rest my case.

A: 네 말이 맞아. 걘 거미에 완전 빠졌어.
B: 내 말이 맞잖아.

I stand corrected

015

내가 잘못 알았네

stand corrected '자기 잘못을 인정하다'라는 뜻. 좀 오래된 표현이지만 아직도 네이티브들이 자주 사용한다. "내가 틀렸네," "네 말이 맞아," "내 잘못 인정할게"로 생각하면 된다.

이렇게 쓰고!

1. **I stand corrected. I always get that wrong.**
   잘못을 인정해. 난 항상 틀려.

2. **I stand corrected. That's absolutely worse than not trying.**
   잘못을 인정해. 그건 시도하지 않은 것보다 훨씬 나빠.

이렇게 말한다!

A: Actually, Chris won that award this year.

B: Really? I stand corrected.

A: 실은, 크리스가 그 상을 금년에 받았어.
B: 진짜? 내가 잘못 알았네.

016

Bite me!

배 째라!, 어쩌라구!, 꺼져!, 그만둬!, 네 맘대로 해!

| **Bite me** | 상대방에 대한 불만을 공격적으로 표현하는 것으로 우리말로는 "그래 어쩔래," "배째라"라고 하는 말. 주로 애들이 쓰는 말. = "It doesn't matter what you think."

이렇게 쓰고!

1. You think it's funny to insult me? Bite me!
날 모욕하는게 재미있다고 생각해? 그만둬!

2. If you choose to act like that, you can bite me!
그렇게 행동하기로 했으면 맘대로 해!

이렇게 말한다!

A: You kids are always causing trouble around here.
B: Bite me. I don't cause any problems.

A: 너희 놈들은 항상 여기서 사고를 쳐.
B: 어쩌라고. 난 사고치지 않거든.

017

Can you top me off?

조금만 더 채워줄래요?

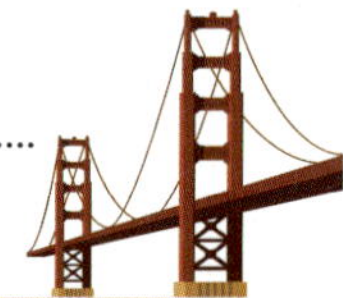

| **top sb off (with)** | '…에게 술이나 음료를 더 따라주다,' '가득 채우다'라는 말로 위 문장을 우리말로 하면 "좀 더 따라줄래요?," "잔 좀 채워줄래요?"에 해당된다.

이렇게 쓰고!

1. Can you top me off with some beer?
맥주 조금만 더 따라줄래요?

2. I'll top you off once you finish that.
그거 다 마시면 내가 좀 더 따라줄게.

이렇게 말한다!

A: You look exhausted. Need more coffee?
B: Yeah, top me off, please.

A: 지쳐 보여. 커피 더 할래?
B: 응, 좀 채워줘.

018

I am so busted

딱 걸렸어

bust '여자의 가슴' 외에 좋은 뜻으로 쓰이는 경우가 별로 없다. 대개가 '파산하다,' '체포하다' 등의 부정적인 뜻이고 여기서는 '들켰다,' '딱걸렸다'라는 의미로 쓰였다. = "I was caught doing something bad."

이렇게 쓰고!

1. Got busted a few years ago for making fake IDs.
신분증 위조로 수년전에 체포되었어

2. My wife found out about my affair. I am so busted.
내가 바람 핀 걸 우리 집사람이 알아버렸어. 딱 걸렸다구.

이렇게 말한다!

A: The teacher knows you skipped class.
B: She does? I am so busted.

A: 선생님이 네가 수업 빠진 거 아셔.
B: 그래? 딱 걸렸네.

019

I could use a little help here

여기 좀 도와줬으면 해

could use '…을 얻었으면 좋겠다'는 희망의 문구로 could use a hand하면 '도움이 있으면 좋겠다'라는 의미이다. = want you to come over and help me.

이렇게 쓰고!

1. I could use a couple of beers.
나 맥주 좀 마셔야겠어.

2. Looks like you could use an extra hand.
네가 도움이 필요할 것 같아서.

이렇게 말한다!

A: I could use a little help here.
B: I'll help you as soon as I finish this.

A: 여기 좀 도와줬으면 해.
B: 이거 끝내고 바로 도와줄게.

020

Don't quote me on that

아직 정확한 건 아냐, 그냥 내 추측이야

quote sb on~ '…에 대해 …의 말을 인용하다'라는 의미로, 위 문장을 직역하면 '그거에 대한 내 말을 인용하지마,' 즉 "내 말 아직 확실하지 않아," "정확한 건 아냐," "그냥 내 추측야"라는 말.

이렇게 쓰고!

1. **Don't quote me on that. I'm not totally sure.**
   아직 정확히는 몰라. 확신하지는 못해.

2. **Don't quote me on that, but that's what I heard.**
   정확하진 않아. 나도 들은 이야기야.

이렇게 말한다!

A: I heard they're divorced. Is that true?

B: Don't quote me on that, but I guess so.

A: 걔네 이혼했다는데, 정말이야?
B: 확실하진 않은데, 그런 거 같아.

021

Can't take the heat

힘든 상황을 견딜 수가 없어

can't take the heat 요즘 자주 쓰이는 표현으로 스트레스, 경쟁 등의 압박을 받는 상황을 견딜 수가 없다라는 말이다. "감당 못하다," "버티지 못하다" 정도로 이해하면 된다.

이렇게 쓰고!

1. **If you can't take the heat, get out of the kitchen.**
   버틸 자신 없으면 그냥 그만둬.

2. **If you can't take the heat, don't start the fire.**
   감당 못 할거면 불을 지피지마.

이렇게 말한다!

A: Everyone's criticizing Chris online.

B: Well, if you can't take the heat, don't post online.

A: 다들 크리스를 온라인에서 비판하더라.
B: 감당 못할거면 SNS에 글을 올리지 말아야지.

I'm losing it

멘붕이야

022

lose it 웃음 등이 시작되서 '참지 못하다' 혹은 '갑자기 화를 내다' 그리고 마지막으로 정신줄을 놓다, 즉 '미치다,' '정신이 털려 멘붕이다'라는 등 몇가지 뜻으로 젊은 세대들이 즐겨 사용한다.

✏️ 이렇게 쓰고!

1. **This show is too good. I'm losing it!**
   이 드라마 미쳤다. 나 정말 정신 못차리겠어!

2. **If this consultation goes any longer, I'm gonna lose it.**
   이 상담이 더 길어지면 나 폭발할거야.

💬 이렇게 말한다!

A: You've been working all night again?

B: Touche. I'm losing it.

A: 또 밤새 일했어?
B: 인정. 나 정말 미치겠어.

멘붕이야

Cry me a river

023

징징대지마, 불평 좀 그만해

| cry me a river | 문자 그대로 생각하면 '강이 생길 정도로 울어라.' 운다고 강이 생기지 않으니, '울어 봤자 달라질 건 없다,' '불평하지 않다' 정도의 비꼬거나 장난어린 표현으로 이해하면 된다.

이렇게 쓰고!

1. **You're down? Cry me a river.**
   울적하다고? 징징거리지마.

2. **He's complaining again? Cry me a river.**
   걔가 또 불평해? 그만 좀 해라.

이렇게 말한다!

A: My wife yelled at me for getting home late.
B: Oh, cry me a river. You're always late.

   A: 아내가 또 집에 늦게 왔다고 화냈어.
   B: 그만 징징대. 너 매일 늦잖아.

Don't be dramtic

024

유난떨지마, 오버하지마

| not be dramatic | 요즘 자주 쓰이는 표현으로 상대방이 과하게 반응할 때, '오버하지 않다,' '과장하지 않다,' '유난떨지 않다'는 의미로 쓰인다. 비꼬거나 장난치면서 쓸 수 있다.

이렇게 쓰고!

1. **Don't be dramatic. It's not that serious.**
   너무 과장하지마. 그렇게 심각한 일 아니잖아.

2. **Don't be dramatic. You'll see Chris again next week.**
   너무 오버하지마, 다음주에 크리스 또 보잖아.

이렇게 말한다!

A: Spilled a little coffee on my pants. My day is ruined.
B: Don't be dramatic.

   A: 바지에 커피를 좀 쏟았어. 내 하루가 망쳤네.
   B: 유난떨지마.

025 I just went the extra mile

한걸음 더 나갔어, 최선을 다했어, 신경을 더 썼어

| **go the extra mile** | 추가로 더 가다라는 말로, 비유적으로 '좀 더 노력을 하다,' '한발짝 더 나아가다,' '기대이상으로 하다'라는 긍정적인 의미로 사용되는 표현이다. 칭찬받을 때 겸손해하면서 하는 말.

이렇게 쓰고!

1. **He always goes the extra mile to help the homeless.**
   걘 노숙자들을 돕기 위해 항상 더 정성을 들여.

2. **If you want to succeed, you've got to go the extra mile.**
   성공하고 싶다면 남들보다 더 노력해야 해.

이렇게 말한다!

A: Your report looks perfect. You nailed it.
B: Thanks, boss. I tried to go the extra mile.

A: 자네 보고서 완벽해. 진짜 잘했어.
B: 감사합니다, 사장님. 제가 최선을 다했습니다.

026 He asked me out, but it's a hard pass

걔가 데이트 신청했지만, 완전 거절이야

| **be a hard pass** | 일말의 여지도 없이 단칼에 거절하는 상황을 연상하면 된다. pass가 통과, 거절이라는 의미인데 여기에 hard가 붙었으니 오죽하랴. "완전거절," '전혀 관심없다.'

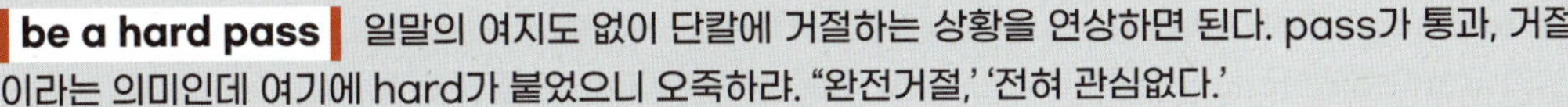

이렇게 쓰고!

1. **Wearing jeans to bed? Hard pass.**
   청바지 입고 잔다고? 절대 아냐.

2. **Dating my ex again? It's a hard pass.**
   전 여친이랑 다시 만난다고? 절대 싫어.

이렇게 말한다!

A: Would you go out with Chris tonight?
B: Hard pass. Not my type at all.

A: 오늘밤 크리스랑 데이트할거야?
B: 절대 아냐. 전혀 내 스타일 아냐.

027

I don't have it in me

그럴 힘이 없어

| not have it in me (to+V) | 한마디로 뭔가 …할 힘이나 용기, 마음 등이 없다는 뜻. 그래서 위 문장은 "그럴 힘이 없어," "그럴 용기가 없어," "그럴 맘이 없어," "그럴 기운없어"로 생각하면 된다.

✏️ 이렇게 쓰고!

1. **I don't have it in me to go out tonight.**
   오늘밤 외출할 기운이 없어.

2. **I don't have it in me to start all over again.**
   첨부터 다시 시작할 맘이 없어.

💬 이렇게 말한다!

A: You gonna try to do that again?
B: I don't think I have it in me anymore.

   A: 다시 해볼거야?
   B: 더 이상 그럴 힘이 안 남은 것 같아.

028

Don't say I didn't warn you

네 이럴 줄 알았어, 내가 미리 경고했잖아

| Don't say I didn't warn you | 직역하면 "내가 경고하지 않았다고 말하지마." 즉 내가 경고했는데 네가 말을 안들었다라는 뉘앙스이다. "내 이럴 줄 알았어," "내가 미리 경고했잖아."

✏️ 이렇게 쓰고!

1. **Don't say I didn't warn you if it snows.**
   눈이 와도 내 잘못 아니야, 난 미리 경고했어.

2. **Don't say I didn't warn you. I told you it's a bad idea.**
   내가 경고 안 했다고 하지 마. 그건 나쁜 생각이라고 말했잖아.

💬 이렇게 말한다!

A: I'm gonna go all on that startup.
B: Don't say I didn't warn you if it loses everything.

   A: 나 저 스타트업에 올인하려고 해.
   B: 망해도 내가 말 안 했다고 하지마.

029

Christmas is coming up fast

크리스마스가 다가오고 있어

| be coming up | 뭔가 곧 다가오고 있을 경우에 쓸 수 있는 표현이다. 특히, 어떤 일정이나 약속, 이벤트 등이 가까워 오고 있을 때 사용한다. It's coming up이란 문장이 많이 쓰인다.

이렇게 쓰고!

1. **My wife's birthday's coming up next week.**
   아내 생일이 다음 주에 다가오고 있어.

2. **The deadline's coming up, so I'm super stressed.**
   마감이 다가와서 스트레스 엄청 받고 있어.

이렇게 말한다!

A: When's your trip to England?
B: It's coming up this weekend!

   A: 영국 여행 언제야?
   B: 이번 주말야. 곧 다가와!

030

Jot this down

이거 메모해둬

| jot down | '급히 적다,' '간단히 적어두다'라는 표현으로 위 문장처럼 명령문으로 하면 "이거 적어둬," "이거 메모해둬"라는 뜻이 된다. write down보다 훨씬 캐주얼한 표현이다.

이렇게 쓰고!

1. **Jot this down now. It's so important.**
   이거 당장 적어둬, 중요하니까.

2. **You guys, jot this down before you forget.**
   얘들아, 까먹기 전에 이거 메모해둬.

이렇게 말한다!

A: Double-check before you send an email.
B: Got it. I'll jot that down.

   A: 이멜보내기 전에 한 번 더 확인해.
   B: 알았어. 적어 둘게.

031

I didn't think this through

충분히 생각을 하지 않았네

didn't think this through | through는 '관통하는'이라는 의미로 think through하면 '충분히 생각하다'가 된다. 그래서 위 문장은, "제대로 생각을 하지 못했다," "충분히 생각못했네"가 된다.

이렇게 쓰고!

1. I didn't think this through before quitting.
회사 그만두기 전에 생각을 충분히 하지 못했어.

2. I didn't think this through before making a decision.
결정하기 전에 깊게 생각을 안 했어.

이렇게 말한다!

A: Did you check the weather last night?

B: Nope. Didn't think this through.

A: 어젯밤에 날씨 확인했어?

B: 아니… 그 생각은 못했네.

032

Pace yourself

서두르지마

pace oneself | 요즘에 많이 쓰이는 표현으로 특히 일, 공부, 운동 등의 상황에서 '속도를 조절하다'라는 의미로 사용된다. Pace youself는 "페이스 조절해," "너무 빨리 하지마."

이렇게 쓰고!

1. We just got here 5 minutes ago. Pace yourself.
여기 온지 이제 5분 됐어. 서두르지마.

2. OK, pace yourself everybody. We have a long way to go.
좋아 다들 페이스 조절해. 갈 길이 아직 멀어.

이렇게 말한다!

A: I get tired when I exercise at the gym.

B: You need to pace yourself.

A: 체육관에서 운동할 때 피곤해.

B: 페이스를 조절해야지.

I'm a little out of it

033

몸이 별로 안 좋아, 집중이 잘 안돼

| be a little out of it | 현지에서 자주 들을 수 있는 표현으로 '정신이 좀 멍하다,' '집중이 잘 안되다,' 혹은 '컨디션이 별로다'라는 의미로 쓰인다. = be under the weather.

이렇게 쓰고!

1. I'm feeling a bit out of it after lunch.
점심 먹고 나니까 좀 멍하다.

2. Sorry, I'm a little out of it. What did you say?
미안, 오늘 정신이 좀 없네. 뭐라고 했지?

이렇게 말한다!

A: You seem distracted.
B: I'm a little out of it, that's all.
A: 너 집중 안 되는 것 같아.
B: 그냥 오늘 좀 멍한 거야.

WTF

잘 알려진 인터넷 약어이지만 비속어가 들어가 있어 사용에 주의해야 한다. 놀람이나 분노를 강하게 표출하는 **What The Fuck**은 "뭐야 이거," "말도 안돼"라는 뜻.

- **WTF, this doesn't make any sense.**
뭐야, 이거 말이 안 되잖아.

- **WTF, this site is broken today.**
뭐야, 오늘 이 사이트 안되네.

You kick ass!

034

너 멋지다!, 너 끝내준다!

| **kick ass (at~)** | 젊은 사람들이 즐겨 사용하는 그래서 좀 거친 동사로 '끝내주다,' '대박이다,' '강렬한 인상을 주다'라는 말이다. 참고로 kick(-)ass는 형용사로 '인상적인,' '강렬한'이라는 뜻.

이렇게 쓰고!

1. **You kick ass at solving problems.**
   너 문제 해결하는 거 진짜 잘해.

2. **Thanks for helping me today. You kick ass.**
   오늘 도와줘서 고마워. 너 진짜 최고야.

이렇게 말한다!

A: **Did you have a good time at the concert?**
B: **Oh yeah! The bands really kicked ass!**

   A: 콘서트가서 재미있었어?
   B: 어, 그럼! 그 그룹 정말 멋지더라!

I'll get out of your hair

035

널 방해하지 않고 그만 갈게

| **get out of sb's hair** | 약간은 좀 오래되었다라는 느낌은 있지만 아직도 활발히 사용되고 있는 현지 영어이다. '…을 방해하지 않다,' '자리를 피해주다,' '귀찮게 하지 않다'라는 의미.

이렇게 쓰고!

1. **I will be out of your hair first thing tomorrow.**
   내일 아침 일찍 사라져줄게.

2. **My father is hopefully getting Ryan out of your hair.**
   아버지는 희망을 갖고 라이언이 너를 괴롭히지 못하도록 하고 계서.

이렇게 말한다!

A: **I'm sorry I don't have time to talk. There's a lot of work to do.**
B: **Okay, I understand. I'll get out of your hair.**

   A: 미안하지만 얘기할 시간이 없어. 할 일이 너무 많아서.
   B: 알았어, 이해해. 그만 방해하고 가볼게.

036 Don't leave me hanging like that

그렇게 나를 기다리게 하지마

| **leave me hanging** | '나를 기다리게 하다,' '답을 주지 않고 방치하다,' 혹은 '확답없이 애매하게 두다'라는 의미. 상대가 결정을 미루거나 연락을 늦게 해서 답답한 상황을 말함.

이렇게 쓰고!

1. I hate it when people leave me hanging.
사람들이 나를 애매하게 두는 거 정말 싫어.

2. I've been left hanging for days waiting for their decision.
그들의 결정을 기다리느라 며칠째 답답하게 지내는 중이야.

이렇게 말한다!

A: Are you coming tonight or not?

B: Don't worry, I won't leave you hanging this time.

A: 오늘 올거야, 말거야?
B: 걱정마. 이번엔 너를 답답하게 안 만들게.

037 I'll bite

그래 말해봐, 어디 들어보자

| **I'll bite** | 상대방이 얘기를 하지 않고 깔짝거릴 때, 조금은 장난기있는 표현으로 "그래 어서 말해봐," "어디 들어보자," "말해봐"라는 의미로 쓰인다.

이렇게 쓰고!

1. Okay, I'll bite. What are you trying to say?
좋아, 말해봐. 하려는 말이 뭐야?

2. I'll bite. Who told you that I'm a two timer?
그래 말해봐. 내가 양다리 걸친다고 누가 그랬어?

이렇게 말한다!

A: I made a huge mistake last night.

B: Okay, I'll bite. What did you do?

A: 어젯밤에 내가 엄청난 실수를 했어.
B: 좋아, 궁금하네. 뭘 했는데?

038

Read it and weep

어때 내가 이겼지, 내 말이 맞지

| **read it and weep** | '이거 읽고 그리고 울어라'라는 말로 주로 경쟁하는 상황에서 상대방을 놀리는 표현. '봐, 내가 이겼다,' '내 말이 맞지'라는 뜻. 오래된 표현이지만 아직도 캐주얼하게 쓰인다.

이렇게 쓰고!

1. **This is the contract. Read it and weep.**
   이게 계약서야. 잘 읽어봐.

2. **Read it and weep. And there's nothing you can do about it.**
   내 말이 맞지. 네가 그것에 대해 할 수 있는 일이라곤 하나도 없어.

이렇게 말한다!

A: **I don't believe Susan gave you a birthday card.**

B: **Here it is. Read it and weep.**

   A: 수잔이 네게 생일카드를 줬다는게 안 믿어져.
   B: 여기 이거 봐. 내 말이 맞지.

039

She shouted just to blow off steam

걘 스트레스 풀려고 그냥 소리를 친거야

| **blow off steam** | '김'을 빼다라는 말에서 '스트레스를 풀다,' '기분 전환하다,' '화를 풀다'라는 의미로 쓰인다. 스트레스를 풀기 위해 뭔가를 한다는 뉘앙스를 갖고 있다.

이렇게 쓰고!

1. **She hit the gym to blow off some steam.**
   걘 스트레스 풀려고 헬스장 갔어.

2. **He plays computer games to blow off steam after school.**
   걔는 방과 후에 게임으로 스트레스 풀어.

이렇게 말한다!

A: **What's wrong? You game a lot these days.**

B: **Yeah, it helps me blow off steam.**

   A: 무슨 일이야? 넌 요즘 게임 많이 하네?
   B: 어, 스트레스 푸는데 도움이 돼.

It's packed here

040

사람이 붐벼, 사람들로 꽉찼어

| **be packed** | pack은 '채우다'라는 타동사로 be packed하면 '주어'로 '꽉찬,' '붐비는'이라는 의미가 된다. 따라서 위 문장은 "사람들로 꽉찼어"가 된다. = It's slammed = It's jam-packed.

이렇게 쓰고!

1. It's always packed here every Friday.
여기는 금요일마다 항상 사람들로 붐벼.

2. It's packed here. How about we go somewhere else?
여기 사람이 너무 많네, 다른데로 갈까?

이렇게 말한다!

A: Should we wait longer or go somewhere else?
B: It's packed here. Let's hit another spot.

A: 좀 더 기다릴까, 아니면 딴 데 갈까?
B: 여기는 사람이 너무 많아. 다른 곳으로 가자.

He's such a laid-back guy

041

걘 정말 성격이 느긋해

| **laid back** | 형용사로 '느긋한,' '여유로운'이라는 의미이다. 요즘 정말 많이 쓰이는 젊은 단어로 상대방의 성격이 '느긋하고 여유롭다'라고 칭찬할 때 쓰인다. = relaxed and easygoing.

이렇게 쓰고!

1. I love being with her. She's really laid-back.
걔랑 함께 있으면 좋아. 정말 여유로운 사람이야.

2. The boss is pretty laid-back with the workers.
사장은 직원들에게 정말 편하게 대해.

이렇게 말한다!

A: Chris is always freaking out whenever I see him.
B: Not me. I'm such a laid-back person.

A: 크리스는 볼 때마다 항상 예민하게 굴어.
B: 난 아냐. 난 정말 느긋한 사람이지.

042

I'm sorry I snapped at you

너한테 짜증내서 미안해

snap at sb 순간 감정적으로 욱해서 '짜증내다,' '화를 내다'라는 문구이다. 요즘도 잘 나가는 표현으로 비슷한 문장으로는 = I lost my cool = I overreacted = I was out of line.

이렇게 쓰고!

1. Don't snap at her, she's just trying to help.
개한테 짜증내지마, 걘 도와주려는거야.

2. Sorry I snapped at you. I have been stressed out these days.
너한테 화내서 미안해. 요즘 내가 스트레스를 받아서 그랬어.

이렇게 말한다!

A: I'm sorry I snapped at you earlier.
B: It's all right. I know you didn't mean it.
A: 아까는 너한테 욱해서 미안해.
B: 괜찮아. 일부러 그런거 아니잖아.

043

I bombed my math test

수학시험 망쳤어

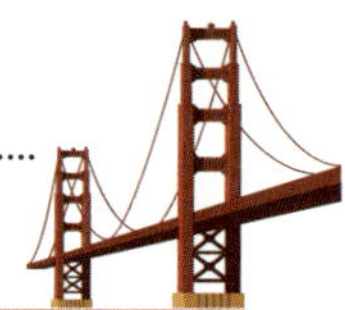

bomb (sth) 폭탄이라는 단어지만 여기서는 동사로 '망치다,' '폭망하다'라는 의미. 주로 시험이나 공연, 발표 등에서 쓴다. 한편 be the bomb하면 MZ세대에서 "완전 최고다"라는 정반대의 뜻으로도 쓰인다.

이렇게 쓰고!

1. I thought I'd nail the exam, but I bombed it.
시험 잘 본 줄 알았는데 완전 폭망했어.

2. You've got to try this drama. It's the bomb.
이 드라마 꼭 봐. 완전 짱이야!

이렇게 말한다!

A: Did you see that new thriller movie?
B: Yeah, it totally bombed at the box office.
A: 새 스릴러 영화 봤어?
B: 응, 흥행에서 완전 폭망했대.

Wish I could say the same

044

나도 그렇게 말할 수 있으면 좋겠는데, 난 아냐

| **wish I could say the same** | 같은 말을 하면 좋겠는데 난 그렇게 말하지 못하겠다라는 의미. 조금은 빈정대거나 솔직하게 터놓고 말할 때 쓰며, "난 그렇지 않아," "난 그렇게 못하겠어"라는 말.

이렇게 쓰고!

1. **You look so healthy. Wish I could say the same.**
   너 진짜 건강해 보여. 나도 그랬으면 좋겠네.

2. **You two are made for each other. Wish I could say the same.**
   너희 정말 천생연분이다. 난 그렇지 않아.

이렇게 말한다!

A: I'm finally done working on the presentation!
B: Wish I could say the same.
   A: 나 드디어 프레젠테이션 끝냈어!
   B: 나도 그렇게 말할 수 있으면 좋겠네.

045 They don't really click as a couple

개네들은 커플로 잘 안통해

| click with sb | '…와 서로 마음이 통하다,' '잘 맞다'라는 뜻. 주로 성격이나 감정 등에서 서로 잘 맞는지 아닌지를 언급할 때 사용하면 되는 동사이다. click 단독으로 혹은 click with sb로 쓰인다.

이렇게 쓰고!

1. We just didn't **click on** our first date.
   우리는 첫 데이트 때 서로 안 통했어.

2. They really **click** when they work together.
   개네들은 같이 일할 땐 진짜 잘 맞아.

이렇게 말한다!

A: How's your newbie at work?

B: Awesome. We **clicked** right away.

   A: 새로 온 신입은 어때?
   B: 완전 좋아. 처음부터 잘 통했어.

046 Nothing's set in stone

아직 결정된 건 없어, 아직 바뀔 수 있어

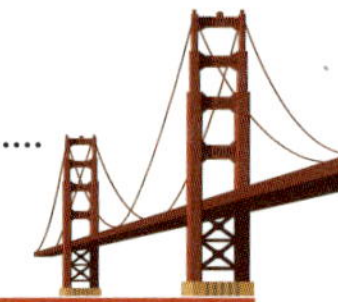

| be set in stone | '돌에 새겨져 있다'인데, 이를 부정하는 주어로 Nothing이 온 경우. 즉 어떤 것도 돌에 새겨져 있지 않다, 즉 "아직 확정된 건 없다," "아직 바뀔 수 있다"라는 뜻의 표현.

이렇게 쓰고!

1. The plan's **not set in stone** yet.
   그 계획은 아직 확정된게 아니야

2. Nothing's **set in stone**. We can change the plan anytime.
   아무것도 확정된게 아냐. 언제든 계획을 바꿀 수 있어.

이렇게 말한다!

A: Are you really moving to Chicago?

B: Not yet. Nothing's **set in stone**.

   A: 너 진짜 시카고로 이사가는거야?
   B: 아직 아니야. 확정된 건 없어.

Don't be a buzzkill!

047

분위기 깨지마!

| **be a buzzkill** | 'buzz'는 신나서 들뜬 분위기를 말한다. 그리고 kill은 뭐든 죽이는, 다운시키는 단어. 그래서 buzzkill은 party pooper처럼 '분위기를 깨는 사람'을 말한다.

이렇게 쓰고!

1. Don't be a buzzkill! We're having fun.
분위기 좀 깨지마! 우리 지금 재밌게 노는데.

2. I was having fun until he showed up. He's a total buzzkill.
걔 오기 전까진 재밌었는데. 걘 완전 흥 깨더라.

이렇게 말한다!

A: Ted, it's getting late. We should go home.
B: Don't be a buzzkill! We're having fun.

A: 테드야, 너무 늦었다. 이제 집에 가자.
B: 분위기 깨지마! 우리 지금 재밌게 놀고 있는데.

I hope it pans out well for you

048

너한테 좋은 결과가 있길 바래

| **pan out** | 구어체로 '일이 잘되다,' '결과가 잘 나오다,' '예상대로 되다'라는 구어체 구동사이다. 주로 ~didn't pan out 혹은 ~see how things pan out의 형태로 자주 쓰인다.

이렇게 쓰고!

1. Everything panned out just like I planned.
모든게 내가 계획한 대로 잘 됐어.

2. Our project didn't pan out as expected.
우리 프로젝트가 예상대로 풀리지 않았어.

이렇게 말한다!

A: The new plan actually panned out!
B: Great! I knew it would work.

A: 새 계획은 진짜 잘 됐어!
B: 아주 좋아! 잘 될 줄 알았어!

049

I take it you're still mad at me

너 아직 나한테 화난 것 같네

I take it S+V 다소 정중하고 부드러운 톤의 표현으로, I take it~은 '내가 보기에…,' '내 추측으로는…'라는 문구이다. Guess S+V, Looks like S+V가 더 캐주얼한 표현이다.

✏️ 이렇게 쓰고!

1. **I take it you already heard the news.**
   넌 보아하니 그 소식 이미 들은 것 같네.

2. **I take it you've got your hands full today.**
   보아하니, 너 오늘 엄청 바쁜가 보네.

💬 이렇게 말한다!

A: Sorry, can I get back to you on that?
B: Sure. I take it you're busy.

   A: 미안하지만 그 얘기 나중에 다시 얘기해도 될까?
   B: 물론. 보니까 지금 바쁜 것 같네.

050

Snap out of it!

정신차려!, 기운내!

snap out of~ '…에서 벗어나다'라는 의미지만 뭔가 쓸데없는 생각이나 몽상에서 벗어나다라는 뜻에서 '정신차려,' '기운내,' '그만두다,' '현실로 돌아와'라는 의미로 쓰인다.

✏️ 이렇게 쓰고!

1. **Snap out of it! Stop feeling sorry for yourself.**
   정신차려! 한탄 그만하고.

2. **Snap out of it, man! We've got a lot of work to do.**
   정신차려, 친구야! 우리는 할 일이 있잖아.

💬 이렇게 말한다!

A: Hey, I don't think I can do this.
B: Snap out of it! We've come too far to quit.

   A: 야, 난 더는 못하겠어.
   B: 정신차려! 여기까지 왔잖아, 포기하지마.

051

I'm taking the hit for this

내가 그거에 책임을 질게

| take the hit (for sth) | '타격을 받다'라는 뜻에서 출발하여 '내가 책임지다,' '내가 대신 욕을 먹다,' 그리고 '내가 손해보다'라는 의미로 쓰인다. 여기서 the hit은 '비난,' '실수'를 의미.

✏️ 이렇게 쓰고!

1. The company took the hit for the loss of profit.
그 회사는 수익손실로 타격을 받았어

2. I'm not going to take the hit for the mistake you made.
네가 저지른 실수로 내가 손해를 보지는 않을거야.

💬 이렇게 말한다!

A: I heard you got fired after I wrecked your car.
B: That's right. I took the hit for the mistake you made.

A: 내가 네 차를 망가트린 후에 너 해고됐다며.
B: 맞아. 네가 한 실수로 내가 손해봤어.

052

Are we there yet?

아직 멀었어?, 다왔어?, 아직 안됐어?

| be there | be here와 더불어 go나 come을 대신하여 '…에 도착하다[가다],' '…에 오다'라는 의미. 위 문장은 주로 차안에서 혹은 길에서 기다릴 때, 지루할 때 쓰는 유명표현.

✏️ 이렇게 쓰고!

1. We've been waiting forever. Are we there yet?
우리 한참 기다렸잖아. 아직 안 된거야?

2. Still in the meeting? Are we there yet?
아직 회의 중이야? 언제 끝나?

💬 이렇게 말한다!

A: How much longer till we get to the airport?
B: Don't start with "Are we there yet?" again!

A: 공항까지 가는데 얼마나 더 가야 돼?
B: 또 "다 왔어?" 그 소리 하지마!

053

Sorry is not gonna cut it

미안하다는 말로는 안돼

| **not cut it** | '…하기에 충분하지 않다'라는 뜻이다. 그래서 위 문장은 "미안하다는 말로는 부족해," "그걸로는 부족해"라는 조금은 강한 톤의 표현이다.

이렇게 쓰고!

1. That is so awesome. A high five doesn't even cut it.
정말 대단하네. 하이파이브로는 안되겠어.

2. Sorry won't cut it this time. You were out of line.
이번엔 미안하단 말로 안될거야. 네가 선을 넘었어.

이렇게 말한다!

A: Did she give you a reason?

B: Just that my work didn't cut it.

A: 이유가 뭐라는데?
B: 제 업무실력으로는 별로래요.

054

I'm so out of it today!

난 오늘 도통 정신이 없어!

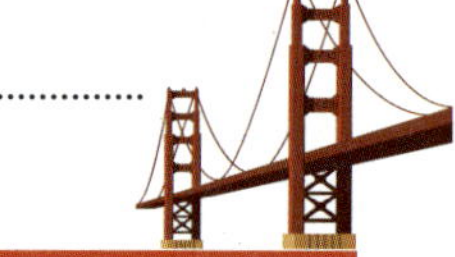

| **be out of it** | 네이티브들이 현재 많이 사용하는 표현으로 '정신이 나가다,' '멍하다,' '집중이 안되다'라는 뜻이다. 'so'를 붙여 말하는 강도를 높였다. = "My mind is working slowly."

이렇게 쓰고!

1. As I see it, she just seemed so out of it.
내가 보기에 걘 정신이 없었던 것 같아.

2. I was really out of it. I'm so tired all the time.
난 정신이 없었어. 항상 피곤해.

이렇게 말한다!

A: I'm so out of it today.

B: Why? Did you drink a lot last night?

A: 난 오늘 집중이 안돼.
B: 왜? 간밤에 술 많이 마셨어?

Feast your eyes on it

055

이거 끝내주지, 눈으로 실컷 봐

| **feast one's eyes** | feast은 배불리하다, 즉 눈을 배불리하다는 '멋진 것을 눈으로 실컷 봐'라는 의미이다. 멋진 것을 보라고 하면서 쓰는 표현으로 "이거봐, 진짜 끝내주지"로 생각하면 된다.

✏️ 이렇게 쓰고!

1. Feast your eyes on it. The view's insane!
이거 봐, 풍경 미쳤다!

2. Feast your eyes on it. Isn't she gorgeous?
이거 봐, 걔 정말 예쁘지 않아?

💬 이렇게 말한다!

A: Dinner's ready. I made it myself.

B: Feast your eyes on it. Looks amazing!

A: 저녁 다 됐어. 내가 직접 만들었어.
B: 이거 좀 봐, 진짜 맛있게 생겼다!

Bag it!

056

그만해!, 닥쳐!, 해내다, 성공하다

| bag | 전혀 다른 2가지 의미로 쓰인다. 먼저 Bag it!하면 짜증내며 "그만해!," "닥쳐!," 그리고 bag sth하게 되면 '얻다,' '목표를 이루다,' '성공하다'라는 다른 의미가 된다. 후자가 요즘 현지영어.

이렇게 쓰고!

1. **Hey, bag it. You sound like a broken record.**
   야, 그만해. 같은 말만 계속하잖아.

2. **I can't believe you bagged a date with Chris!**
   네가 크리스랑 데이트약속 잡았다니 믿기지 않아!

이렇게 말한다!

A: You know what? I bagged the promotion to manager!
B: No way! Congrats!
   A: 있잖아, 나 매니저로 승진했어!
   B: 말도 안 돼! 축하해!

He's got deep pockets!

057

걘 돈이 엄청 많아!

| have got deep pockets | '주머니가 깊다'는 말로 '부자다,' '돈이 많다,' '주머니가 두둑하다'이며 be a money bags이라고 해도 된다.

이렇게 쓰고!

1. **I'm just saying, you've got deep pockets.**
   난 그냥, 네가 부자라고 말하는거야.

2. **Samantha's parents have some deep pockets.**
   사만다의 부모는 아주 부자야.

이렇게 말한다!

A: Do you think they can fund this new business?
B: Yeah, they've got deep pockets.
   A: 그들이 이 새로운 사업에 돈을 댈 수 있을까?
   B: 응, 자금 여력이 충분해.

058

This is not my first rodeo

이런 거 첨 아냐, 나 경험많아

be not one's first rodeo | rodeo는 '소몰이 경기'로 좀 위험한 경기. 따라서 로데오 경기를 처음 해보는 것이 아니다라는 말은 '경험이 많다,' '이런 일 많이 해봤다'로 자신감을 피력하는 표현.

✏️ 이렇게 쓰고!

1. Don't worry about me. This is not my first rodeo.
걱정마. 나 이런 일 첨 아냐.

2. You think I'm scared? This is not my first rodeo.
내가 무서울 것 같아? 나 이런거에 익숙해.

💬 이렇게 말한다!

A: Are you sure you can handle this rude customer?
B: Of course. This isn't my first rodeo.

A: 이 진상 고객 상대할 수 있겠어?
B: 물론. 나 이런 일 처음 아니야.

059

Time to bring in the big guns

실력자를 영입할 때이군

big gun | 사람을 뜻할 때는 '거물,' 그렇지 않을 때는 '비장의 카드'를 말한다. 그래서 bring in the big guns하면 '강력한 인물이나 수단을 동원하다'라는 뜻이 된다.

✏️ 이렇게 쓰고!

1. Good call, Chris, bringing in the big guns.
훌륭한 결정야, 크리스. 거물을 영입한다는거.

2. She's bringing out the big guns.
걘 비장의 카드를 꺼내 들었어.

💬 이렇게 말한다!

A: The new startup's falling apart again.
B: Then it's time to bring in the big guns.

A: 신생 스타트업이 또 망가지고 있어.
B: 그럼 이제 고수를 투입할 때야.

060

He's walking all over me

걘 나를 함부로 대해

| **walk all over sb** | '…을 밟고 지나가다'라는 말로 비유적으로 '…을 막 대하다,' '무시하다,' '함부로 대하다'로 쓰인다. sb의 호의를 이용한다는 뉘앙스가 깔려 있다.

✎ 이렇게 쓰고!

1. Don't let your boss walk all over you.
사장이 너를 막 대하게 두지마.

2. I'm not gonna let them walk all over me.
난 걔들한데 휘둘리지 않을거야.

💬 이렇게 말한다!

A: My wife always gets her way.

B: Sounds like you're letting her walk all over you.

A: 아내는 늘 자기 뜻대로 하려고 해.
B: 너 걔한테 휘둘리고 사는 것 같구만.

061

Her apology didn't sit well with me

걔 사과는 맘에 들지 않았어

| **not sit well with sb** | 요즘표현으로 '주어가 …에게 불편하게 받아들여지다,' '주어가 맘에 안들다,' '주어로 기분나쁘다'라는 말이다. 약간 거슬리다 정도의 뉘앙스이다.

✎ 이렇게 쓰고!

1. That comment didn't sit well with her.
그 말 때문에 걔 마음이 상했어.

2. That movie didn't sit well with the audience.
그 영화는 관객들한테 별로였어.

💬 이렇게 말한다!

A: I gossiped about her ex.

B: That probably didn't sit well with her.

A: 걔 전남친 뒷담화 얘기를 했어.
B: 그건 걔가 기분 나빴을 수도 있겠다.

062

Let's ditch this meeting

이 회의 때려치우자, 이 회의에서 나가자

| ditch sth | 하기 싫은 걸 포기하거나 버리고 그만 나가버리다라는 의미. ditch는 원래 '버리다,' '도망치다,' '때려치우다'라는 말이다. ditch sb하면 '갑작스럽게 헤어지다'라는 의미이다.

이렇게 쓰고!

1. Let's ditch class and hit the mall.
수업 빼먹고 쇼핑몰에 가자!

2. Let's ditch this boring meeting and grab some coffee.
이 지겨운 회의에서 그냥 나가 커피나 마시자.

이렇게 말한다!

A: I'm so tired. I have to ditch work now.

B: Yeah, you can say that again!

A: 나 너무 피곤해. 지금 일 때려쳐야겠어.
B: 어, 완전 공감이야!

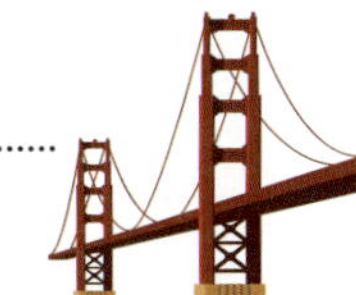

063

We'll get another shot

우리는 기회가 한번 더 있을거야

| get another shot (at~) | 'shot'은 비유적으로 '기회,' '시도'라는 뜻으로 get another shot하게 되면 '다시 한번 기회를 얻다,' '다시 시도하다'라는 의미의 숙어가 된다. 긍정적 표현이다.

이렇게 쓰고!

1. No worries. You'll get another shot at this.
걱정마. 넌 이거 할 기회가 다시 있을거야

2. You'll get another shot at Harvard.
넌 다시 하버드에 들어갈 기회가 있을거야.

이렇게 말한다!

A: What a bummer! Chris turned me down again.

B: You'll get another shot. Keep trying!

A: 아쉽네! 크리스가 또 거절했어.
B: 다시 기회 있을거야. 계속 시도해!

064

She gave me a blunt answer

걔가 돌직구로 답을 줬어

| **give sb a blunt answer (about~)** | 'blunt'는 '직설적인,' '거칠은'이라는 형용사로 이 표현은 좀 거칠고 직설적인 답을 했다라는 의미이다. '…에게 돌직구로 말하다,' '말이 거칠다'라는 뜻.

이렇게 쓰고!

1. **His reply was so blunt that it sorta hurt.**
   걔의 대답이 너무 직설적이어서 좀 상처 받았어.

2. **I appreciate your advice, but that was a bit blunt.**
   조언 감사한데, 좀 직설적이었어.

이렇게 말한다!

A: **The boss gave me a blunt answer about my suggestion.**
B: **What did he say?**

   A: 사장은 내 제안에 투박하게 답했어.
   B: 뭐라고 했는데?

065

The project is cruising now

이제 프로젝트가 순조롭게 진행되고 있어

| **cruise** | '순항하다,' '부드럽게 나아가다'라는 의미에서 "부드럽게 잘 진행되다." "잘 굴러가다"라는 뜻으로까지 사용된다.

이렇게 쓰고!

1. **Our team cruised to victory.** 우리 팀은 별 어려움없이 승리했어.
2. **The startup's been cruising right since day one.**
   그 스타트업은 처음부터 순항중이야.

이렇게 말한다!

A: **Still having issues with the new printer?**
B: **Not anymore. It's cruising now.**

   A: 새 프린터 아직 문제 있어?
   B: 이제 아냐. 지금은 잘 돌아가.

Put today behind us

오늘 일은 잊어버리자

066

| **put ~ behind sb** | '…을 뒤로 한다'라는 뉘앙스로 '…를 잊다'라는 의미. 영어로 하자면 "Let's forget this bad time." 뭔가 힘든 일을 끝내고 이제 털고 잊어버리자라고 할 때 쓴다.

✏️ 이렇게 쓰고!

1. I'm perfectly willing to put it all behind us.
난 기꺼이 다 잊을거야.

2. I forgave you. Can't we just put this behind us?
용서했으니까 그냥 이거 잊어버리자.

💬 이렇게 말한다!

A: I had an awful time in this place.
B: Well, we should try to put today behind us.
A: 여기서 아주 끔직한 시간을 보냈어.
B: 저기, 오늘은 잊어버리도록 하자.

MZ Talk! BAE

인터넷상에서 자기가 가장 소중하게 여기는 사람을 호칭하는 약어로, BAE를 풀어 쓰면 **Before Anyone Else**가 된다. "자기야," "애인," 가장 소중한 사람"이라는 뜻.

- **Cooking dinner for bae tonight.**
  오늘 밤 자기야를 위해 저녁 요리 중이야.

- **Bae always knows how to cheer me up.**
  자기야는 항상 나를 기분 좋게 해줘.

067

Work your way up here!

여기까지 열심히 일해서 올라와!

| **work one's way up** | '열심히 일해서 승진하다,' '올라가다'라는 의미로 쓰인다. 내용상 주로 직장이나 조직내에서 많이 사용된다. '밑에서부터 차근차근 자신의 힘으로 올라오다'라는 뉘앙스.

이렇게 쓰고!

1. It took thirty years to work my way up here.
내가 여기까지 열심히 일해서 올라오는데 30년이 걸렸어.

2. You may never be able to work your way up here.
넌 노력해서 이 자리까지 절대 올라올 수 없을 수도 있어.

이렇게 말한다!

A: How can I become president of a company?
B: You'll need to work your way up here.

A: 내가 어떻게 한 회사의 사장이 될 수 있겠어?
B: 넌 노력해서 승진해 여기까지 올라와야 돼.

068

He's such a clinger

걘 들러붙어, 걘 너무 집착해

| **be a clinger** | cling이란 동사는 '매달리다,' '달라붙다'라는 의미로 여기서 -er이 붙어 clinger가 되면 '집착하는 사람'이란 뜻을 갖는다. '누군가에 강하게 매달리는 사람'을 말한다. 부정적 표현.

이렇게 쓰고!

1. She texts me every minute. She's such a clinger.
걘 1분마다 문자를 보내. 걘 완전히 들러붙는 애야.

2. I can't stand clingers. I need my space.
집착하는 사람은 못 견디겠어. 내 공간이 필요해.

이렇게 말한다!

A: Jane follows me everywhere I go.
B: Sounds like a clinger to me.

A: 제인은 내가 어디 가든 따라와.
B: 완전 집착녀 같으네.

069

Let's circle back

이 얘기는 나중에 하자

| **circle back (on/with/to~)** | '돌아서 다시 오다'라는 말로 지금은 그 주제를 논하지 말고 '조금 후에 다시 얘기하자,' '다시 짚어보자'라는 의미이다. 미팅에서 하도 많이 쓰여 '미팅용어'로 생각되기도 함.

이렇게 쓰고!

1. I'll circle back with you next week.
담주에 다시 연락드릴게요.

2. Can we circle back to this after snacks?
간식 이후에 이 얘기 다시 할 수 있을까요?

이렇게 말한다!

A: Should we finish this today?

B: Not yet. Let's circle back next week.

A: 오늘 이거 끝낼까?
B: 아직 아니. 다음 주에 다시 얘기하자.

070

You think teaching is a cushy job?

넌 교직이 쉬운 일이라고 생각해?

| **cushy job** | 요즘 영어에서 활약하고 있는 표현으로 '편하고 쉬운 그래서 스트레스도 없는 일'을 말한다. 주로 겉으론 쉬워 보여도 실제로는 쉽지 않다고 말할 때 자주 사용된다.

이렇게 쓰고!

1. David landed a cushy job at his dad's company.
데이빗은 아빠 회사에서 편한 자리 얻었대.

2. Do you think being a YouTuber is a cushy job?
유튜버가 되는게 쉬운 일이라고 생각하는거야?

이렇게 말한다!

A: She's got such a cushy job at that startup.

B: Right. But she worked hard to get there.

A: 걔 그 스타트업에서 완전 편한 자리 맡았대.
B: 맞아, 하지만 거기까지 가려고 열심히 일했어.

071

We just had to put the word out

우리는 방금 소식을 알려야만 했어

put the word out | '말을 퍼트리다,' '알리다,' '전파하다'라는 의미로 get the word out이라고 해도 된다. 주로 어떤 소식이나 정보를 사람에게 비공식적으로 알리다라고 할 때 사용한다.

이렇게 쓰고!

1. Kate put the word out that she's single again.
케이트는 자기가 다시 솔로 됐다는 소식을 알렸어.

2. Tina put the word out about her new book on Instagram.
티나는 인스타에 자신의 새 책 소식을 알렸어.

이렇게 말한다!

A: Everyone knows he's moving to New York now.
B: Yeah, he put the word out herself.

A: 이제 다들 걔가 뉴욕으로 이사 간다는 걸 알아.
B: 어, 자기가 먼저 소문냈어.

072

Do with that what you will

네가 알아서 판단해, 그건 네 맘대로 해

do with that what you will | 화자는 더 이상 관여하지 않을테니, '그 정보나 소식을 갖고 너 하고 싶은대로 하다'라는 의미이다.

이렇게 쓰고!

1. I'm done here. Do with that what you will.
난 할 말 다했어. 이제 네가 알아서 해.

2. I'm just giving you the intel. Do with that what you will.
난 네게 그냥 정보만 줬어. 이제 판단은 네 몫이야.

이렇게 말한다!

A: I heard he's been texting his ex again.
B: Do with that what you will.

A: 걔 전 여자친구한테 또 문자 보낸대.
B: 그건 네가 알아서 판단해.

073 Don't sugarcoat (it)

돌려말하지마, 솔직히 말해

| **sugarcoat** | 동사로 실제보다 더 부드럽게 하다라는 뜻으로 비유적으로 "쓴 말을 달콤하게 포장하다,' '완곡하게 표현하다'라는 의미로 쓰인다. '사실대로 말하다,' '솔직히 말하다.'

이렇게 쓰고!

1. **Not great at all. I'm not gonna sugarcoat it.**
   정말 별로야. 좋게 말할 수가 없네.

2. **Don't sugarcoat it. Just tell me the truth.**
   돌려 말하지 말고, 그냥 사실대로 말해.

이렇게 말한다!

A: Just tell me what you really think of my report.
B: Fine, but don't ask me to sugarcoat it.

내 보고서 솔직히 어떻게 생각해?
좋아, 근데 나한테 좋게 말하라고는 하지 마.

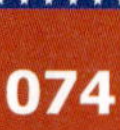 

074 I'm in my healing era

나 힐링 모드야

| **healing era** | 요즘 Gen Z세대들이 즐겨쓰는 요즘표현으로 '자기치유,' '자기돌봄'에 관한 얘기를 할 때 빠지지 않는 단어. '힐링중인 시기,' '날 돌보는 시기,' 혹은 '맘을 회복하는 시기'란 말.

이렇게 쓰고!

1. **She's in her healing era after that breakup.**
   걔는 이별 후에 힐링시기를 보내고 있어.

2. **It's my healing era. I'm focusing on myself.**
   이제 나 자신에게 집중할 때야. 힐링 모드 들어갔어.

이렇게 말한다!

A: You haven't dated anyone for months.
B: Yeah, I'm in my healing era.

요즘 아무도 안 만나네.
응, 지금은 힐링 모드야.

Get off your high horse!

잘난 척 좀 그만해!

075

| **get off one's high horse** | high horse는 비유적으로 '우월,' '거만,' '자만'을 상징하며 그래서 get off one's high horse하게 되면 '거만한 태도 좀 그만하다,' '잘난 척 그만하다'가 된다. 반대는 off => on.

✏️ 이렇게 쓰고!

1. You think you're perfect? Get off your high horse.
너 완벽하다고 생각해? 잘난 척 좀 그만해.

2. Don't get on your high horse just because you got elected.
당선됐다고 거만해하지마.

💬 이렇게 말한다!

A: I told her she's doing it all wrong.
B: Get off your high horse. She's trying.

A: 걔한테 다 잘못한다고 말했어.
B: 잘난 척 좀 그만해. 걔도 노력 중이야.

Don't stress it

신경쓰지마

076

| **not stress it** | 스트레스 받지마라는 뜻으로 원래는 Don't stress about it. "신경쓰지 않다,' '스트레스받지 않다' 정도로 이해하면 된다. 요즘 현지에서 많이 쓰이는 표현이다.

✏️ 이렇게 쓰고!

1. Don't stress it. It's no big deal.
신경쓰지마. 별거 아니야.

2. Don't stress it, it could happen to anyone.
걱정마, 누구에게나 일어나는 일인걸.

💬 이렇게 말한다!

A: I was too late again. I'm so sorry.
B: Don't stress it. It's no big deal.

또 늦었어. 미안해.
괜찮아, 별일 아니야.

It's my first paid gig!

077

내가 처음으로 돈받고 한 일이야!

| **be one's first paid gig** | gig는 캐주얼로 job이라고 생각하면 된다. 그래서 '…는 내가 처음으로 돈받고 한 일이다'라는 뜻. '처음으로 돈벌은 일'로 특히 직장, 알바, 프리랜서 등에서 자주 쓰인다.

✏️ 이렇게 쓰고!

1. **My first paid gig** was designing a logo for a startup.
   내 첫 유급 일은 스타트업 로고 디자인이었어.

2. Just landed **my first paid gig**. I'm so pumped!
   방금 첫 유급 일 따냈어! 완전 신나!

💬 이렇게 말한다!

A: You look so happy today.

B: I got **my first paid gig** as an accountant.

    A: 오늘 왜 이렇게 신나 보여?
    B: 회계사로 첫번째 유급 일 받았어!

078

I glossed over my mistakes

내 실수를 대충 넘겼어, 적당히 덮었어

gloss over one's mistakes │ 실수를 겉만 번지르게 하다, 즉 문제나 실수를 '얼버무리다,' '대충 덮다,' '대충 넘기다'라는 뜻으로 쓰인다. 솔직하지 않고 대강 인정할 때 사용한다.

🖍 이렇게 쓰고!

1. **The news glossed over the main issues.**
   언론이 핵심 문제들을 얼버무렸어.
2. **Chris tried to gloss over what happened last week.**
   크리스는 지난주에 있었던 일을 대강 덮으려 했어.

💬 이렇게 말한다!

A: Did you tell the supervisor about the budget error?
B: Kinda. I glossed over it.

   A: 예산 실수 직송 상사에게 얘기했어?
   B: 뭐. 그냥 얼버무렸어

079

Don't flake on me

약속 펑크내지마

flake on sb │ 젊은 표현으로 'sb와의 약속을 지키지 않다,' '저버리다,' '갑자기 취소하다' 등의 의미. He flaked out last minute은 '막판에 펑크내다'라는 문장이다.

🖍 이렇게 쓰고!

1. **Don't worry. I won't flake on you.**
   걱정마. 너와 약속 펑크내지 않을게.
2. **I can't believe she flaked out last minute again!**
   걔가 또 막판에 펑크 냈다니 말도 안 돼!

💬 이렇게 말한다!

A: We're still hanging out tonight, right?
B: Sure. Don't flake on me this time!

   A: 오늘 밤에 같이 노는 거지?
   B: 당연하지. 이번엔 펑크내지마!

080 Let's just drop it

그만하자, 더 이상 말하지 말자

just drop it '이야기를 그냥 중단하다,' 그리고 drop the subject하면 '그 주제에 대해 그만 말하다'라는 의미가 된다. 그래서 위 문장은 "그만 얘기하자," "더 이상 말하지 않을게"가 된다.

🖍 이렇게 쓰고!

1. **You made your point, let's just drop it.**
   네 말 알아들었어. 이제 그만하자.

2. **I don't wanna fight anymore, let's just drop it.**
   더 이상 싸우고 싶지 않아. 그만하자.

💬 이렇게 말한다!

A: **Why didn't you tell me about your ex?**
B: **Let's just drop it, okay?**

A: 왜 전처 얘기 안 했어?
B: 그만하자, 알았지?

081 He did a 180

걔가 입장을 180도 바꿨어

do a 180 요즘세대들이 즐겨 쓰는 표현. 우리말에서도 '180도 돌다'가 '완전히 입장을 바꾸다'인 것처럼 같은 의미로 쓰인다. '완전히 태도를 바꾸다,' '입장을 180도 바꾸다.'

🖍 이렇게 쓰고!

1. **He did a complete 180 after talking to his wife**
   아내와 얘기한 뒤 완전히 입장이 180도 바뀌었어.

2. **She did a full-on 180 overnight.**
   걘 하룻밤 사이에 완전히 입장이 바뀌었어.

💬 이렇게 말한다!

A: **I thought you quit your job?**
B: **Yeah, but I did a 180 after the raise.**

A: 너 일 그만둔 줄로 알고 있었는데?
B: 맞아, 월급 올려준 뒤엔 생각 바뀌었지.

082

He took the fall for his boss

걘 상사 대신에 책임을 졌어

take the fall for sb | sb 대신에 '책임을 뒤집어쓰다,' '희생양이 되다,' 쉽게 말해서 sb 대신에 혼나고 욕을 먹는 것을 의미한다. 팀을 위해 희생하다라는 'take one for the team'이란 표현도 있다.

이렇게 쓰고!

1. Chris made her take the fall for their mistake.
크리스는 자기 잘못을 그녀한테 떠넘겼어.

2. Don't take the fall for her. She doesn't deserve it.
걔 대신 책임지지마, 그럴 가치 없어.

이렇게 말한다!

A: Danny got blamed again?

B: Yep, took one for the team, as always.

A: 대니가 또 욕먹었어?
B: 응, 늘 그렇듯 팀을 위해 희생했지.

083

I'm the main character

주인공은 나야, 내 인생의 중심은 나야

be the main character | '주인공이다'라는 말로 요즘 MZ세대들이 무척 좋아하는 표현이다. "내 인생의 주인공은 나다," "오늘의 주인공은 나다"로 자신감을 강조할 때 사용한다. = I run the show.

이렇게 쓰고!

1. I dressed up like I'm the main character.
난 오늘의 주인공처럼 차려 입었어.

2. I'm the main character, so I'm doing things my way.
난 주인공이니까 내 방식대로 할거야.

이렇게 말한다!

A: You look so confident today!

B: Sure thing. I'm the main character.

A: 오늘 왜 이렇게 자신감 넘쳐 보여?
B: 당연하지. 오늘 주인공은 나야.

084

You can get it on the go

언제 어디서나 이용할 수 있어

can get it on the go 요즘세상에 꼭 필요한 표현이다. '언제 어디서나, 이동중에도 이용할 수 있다'라는 말로, 커피, 어플, 모바일 컨텐츠 등이 맹활약하는 세상에 없어서 안되는 표현이다.

✏️ 이렇게 쓰고!

1. Stream your favorite shows on the go.
좋아하는 프로그램을 이동중에도 시청하세요.

2. News, music, and apps. All on the go.
뉴스, 음악, 어플 등을 언제 어디서나 즐기세요.

💬 이렇게 말한다!

A: Is there a mobile version?

B: Yeah, you can get it on the go with our app.

A: 모바일 버전도 있어?
B: 응, 앱으로 언제든 쓸 수 있어.

085

I'm iffy on that

좀 애매해, 잘 모르겠어

be iffy on sth[sb] 조금 망설이거나, 미심쩍을 때 쓸 수 있는 표현으로 위 문장은 "난 확신이 안서," "난 잘 모르겠어," "그건 좀 애매해"라는 느낌을 갖는다.

✏️ 이렇게 쓰고!

1. I'm iffy on that neighbor.
그 이웃 좀 수상해.

2. I'm iffy on that idea. I don't think it'll work.
그 아이디어는 좀 애매해. 내 생각에 잘 안 될 것 같아.

💬 이렇게 말한다!

A: Should we go with this design?

B: Not sure. Kinda iffy on that.

A: 이 색으로 할까?
B: 음… 잘 모르겠네.

086

I can't think straight

정신이 하나도 없어

| **can't think straight** | 말 그대로 '제대로 생각을 할 수 없다'로, '정신이 하나도 없다,' '생각이 정리가 안된다,' '집중이 안되다'라는 의미를 갖는다. 정신이 혼란스러운 상황에서 할 수 있는 말이다.

이렇게 쓰고!

1. I can't think straight when I'm tired.
난 피곤하면 머리가 안 돌아가.

2. It's too loud in here. I can't think straight.
여기가 너무 시끄러워. 집중이 안돼.

이렇게 말한다!

A: You okay? You look stressed out.

B: Yeah, I can't think straight right now.

A: 괜찮아? 스트레스 받아서 정신이 없어보여.
B: 응, 지금 머리가 하나도 안 돌아가.

087

It seems very last minute

너무 갑작스러운 것 같아, 너무 급하게 한 느낌야

| **seem last minute** | last minute은 마지막 순간이란 뜻으로, 결국 '너무 급해 보이다,' '준비가 안된 것 같다,' 혹은 '준비없이 즉흥적인 것 같다'라는 의미로 쓰인다.

이렇게 쓰고!

1. It seems very last minute to plan a camping trip now.
지금 캠핑계획 세우기엔 너무 급한 것 같아.

2. It seems very last minute for such a big event.
이렇게 큰 행사를 급하게 준비한 것 같아.

이렇게 말한다!

A: We're throwing a surprise party tonight.

B: That's so last-minute!

A: 오늘밤 깜짝 파티 열려고!
B: 완전 급하게 잡았네!

You always split hairs

088

쓸데없이 꼬치꼬치 따져, 넌 항상 말꼬리 잡고 넘어가

split hairs 잡기도 어려운 머리카락을 하나씩 분리한다는 뜻에서 '사소한 일에 꼬치꼬치 따지다,' '지나치게 신경쓰다'라는 의미. split hairs with하면 '…와 의견이 다르다'라는 말.

이렇게 쓰고!

1. Well, let's not split hairs.
저기, 너무 세세하게 따지지 말자고.

2. I don't want to split hairs over this.
이 문제로 사소한 것까지 따지고 싶지 않아.

이렇게 말한다!

A: Please, don't split hairs again!
B: I just want it perfect!

A: 제발, 너무 꼬치꼬치 따지지 말자!
B: 난 그냥 완벽하게 하고 싶을 뿐이야!

 **L take**

요즘 부쩍 자주 쓰이는 약어로 SNS, 댓글, 채팅 등 가리지 않고 활약하고 있다. **Loss Take**의 약어로 "그건 망한 의견이다"라는 말이다. "틀린 주장"이라는 뜻.

- **Sorry, but that's a huge L take.**
미안하지만 그건 완전 망한 주장이다.

- **Posting that online was an L take, FR.**
그걸 온라인에 올린 건 정말로 틀린 판단이야.

089

I'm in the zone right now

지금 완전히 집중한 상태야

| **be in the zone** | 다양한 의미로 사용되는데 '완전히 집중상태다,' '몰입중이다,' '컨디션이 최고다,' 그리고 '흐름을 타다' 등 문맥에 따라 의미를 잘 골라서 이해해야 한다. = I'm on fire = I'm locked in.

이렇게 쓰고!

1. Don't make a noise. I'm in the zone right now.
소리내지마, 지금 집중 중이야.

2. I'm in the zone right now, don't break my focus.
나 지금 집중 중이니까 흐름 끊지마.

이렇게 말한다!

A: You've been quiet for hours. What's up?
B: I'm in the zone right now.
A: 몇 시간째 말도 없네, 무슨 일 있어?
B: 지금 완전 집중 모드야.

090

I'll get around to it

나중에 할게

| **get around to it** | 귀찮아서 혹은 상황이 안되어서 지금 해야 할 숙제나 업무 등을 '나중에 하다,' '곧 하다,' 그리고 '언제가는 할거다'라는 뉘앙스이다. = I'll do it later = I'll deal with it later.

이렇게 쓰고!

1. I'll get around to it after dinner.
저녁 먹고 나서 할게.

2. I'll get around to it when I have time.
내가 시간 나면 할게.

이렇게 말한다!

A: You still haven't done your homework!
B: Stop yelling at me. I'll get around to it eventually.
A: 너 아직 숙제하지 않았잖아!
B: 진정해요, 언젠간 할거예요.

Let's break the mold

091

기존방식에서 벗어나자, 다르게 해보자

break the mold │ 기존의 틀을 깨고 다른 방식으로 해보다라는 뜻. 조금은 포멀한 표현으로 의미는 "기본방식에서 벗어나다," "틀을 깨고 달리 해보다." = Let's switch it up.

이렇게 쓰고!

1. Let's break the mold with this new project.
이번 새로운 프로젝트는 완전히 새롭게 해보자.

2. Let's switch it up and do something new.
분위기를 바꿔서 뭔가 새로운 것을 해보자.

이렇게 말한다!

A: How should we approach this project?
B: Let's break the mold and try something new.
A: 이 프로젝트 어떻게 접근할까?
B: 틀을 깨고 뭔가 새롭게 해보자.

Let's see what you've got

092

네 실력 좀 보자

see what you've got │ 상대방이 갖고 있는게 뭔지 보여달라는 말로 "어디 한번 실력을 보여줘," "얼마나 잘하는지 보자" 정도로 생각하면 된다. = Show me what you've got.

이렇게 쓰고!

1. Let's see what you've got this time.
이번엔 얼마나 잘하는지 보자.

2. Let's see what you've got, don't hold back.
얼마나 잘하는지 한번 보여줘, 빼지 말고.

이렇게 말한다!

A: Mindy said you're good at cooking, right?
B: Yeah. Let's see what you've got.
A: 민디가 그러는데, 너 요리 잘한다며, 맞아?
B: 그래, 어디 한번 보여줘.

093

I got it locked down

완전히 장악했어, 다 준비됐어

get it locked down ｜ '완전히 장악했다,' '이미 다 꿰뚫었다'라는 의미로 상황에 따라 "문제없다," "준비 다 됐다"라는 뜻으로 이해하면 된다. = I've got control = I've got it down.

이렇게 쓰고!

1. Don't stress it. I got it locked down.
스트레스 받지마, 내가 다 준비해놨어.

2. I got it locked down, everything's under control.
전부 내가 완벽히 관리하고 있어.

이렇게 말한다!

A: Are you ready for the boarding meeting?
B: Yeah, I got it locked down.

A: 이사회 회의 준비됐어?
B: 어, 완전 준비 끝났어.

094

The deal is in the bag

거래는 따놓은 당상이야

be in the bag ｜ '가방안에 있다'는 것은 뭔가 성사되어서 나의 소유라는 뜻에서 발전하여, "따놓은 당상이다," "이미 성사된거다," 그리고 "성공은 확실해"라는 비유로도 쓰인다. = It's a done deal.

이렇게 쓰고!

1. Don't worry, the job's in the bag.
걱정마, 그 일은 이미 따냈어.

2. The promotion's pretty much in the bag.
승진은 거의 확정적이야.

이렇게 말한다!

A: Do you think you can close the deal today?
B: Relax, the deal's in the bag.

A: 오늘 거래 성사시킬 수 있을 것 같아?
B: 걱정마, 이미 따놓은 당상이야.

095

I wouldn't put it past her

걔는 능히 그러고도 남을 사람이야

I wouldn't put it past sb (to do) sb는 원래 이상한 짓을 하는 놈이어서 sb가 to 이하를 해도 전혀 놀랍지 않다라는 의미로 "sb는 능히 그러고도 남는다"라는 의미로 자주 쓰인다.

이렇게 쓰고!

1. **I wouldn't put it past** him. He's very greedy.
   걔는 그러고도 남아. 욕심이 너무 많거든.

2. **I wouldn't put it past** her **to** lie about something like that.
   걔라면 그런 것쯤은 거짓말할 만하지.

이렇게 말한다!

A: Did she spread the rumor?

B: **I wouldn't put it past** her.

   A: 소문 퍼뜨린게 그녀야?
   B: 그래도 놀랍진 않아.

096

Let's get real

솔직해지자, 현실적으로 말하자

get real 한심하고 어리석게 사는 사람에게 '정신 좀 차리라고' 따끔하게 야단칠 때 할 수 있는 말. 그래서 위 문장은 "솔직해지자," "현실적으로 말하자," "가식떨지마," 그리고 "착각하지마"로 쓰인다.

이렇게 쓰고!

1. Let's **get real**. You're not ready for this.
   현실적으로 보자. 넌 아직 이거 준비가 안되어 있어.

2. Let's **get real**, you're not marrying a celeb like Chris.
   현실적으로 생각해서, 네가 크리스 같은 유명인하고 결혼못해.

이렇게 말한다!

A: I think everyone's happy here, right?

B: Boss! Let's **get real**, we're all stressed out.

   A: 다들 여기서 행복한거지? 맞지?
   B: 사장님! 진짜로 말하자면, 다 스트레스 엄청 받아요.

097

You ain't seen nothing yet

지금까지는[이정도는] 아무것도 아니었다구

| **have not seen anything yet** | '본게 아무것도 없다'는 말로 '지금까지는 아무것도 아니었다,' '이 정도는 약과다'라면서 더 놀라운 소식을 전할 때 쓰는 표현. 물론 '아무것도 못봤다'라는 말로도 쓰인다.

✏️ 이렇게 쓰고!

1. **You ain't seen nothing yet. I have a lot of more ideas.**
   지금까지는 아무것도 아니었어. 난 더 많은 아이디어가 있어.

2. **This is just the beginning. You ain't seen nothing yet.**
   이건 시작에 불과해. 지금까지 아무것도 아니었어.

💬 이렇게 말한다!

A: I was surprised when you asked Sue out.

B: You ain't seen nothing yet. I'm gonna make her my girlfriend.

   A: 네가 수에게 데이트 신청할 때 깜짝 놀랐어.

   B: 뭘 이 정도로. 내 여친으로 만들어버릴거야.

098

Let's tough it out

힘들어도 견뎌내자

| **tough it out** | '곤경이나 어려움을 참고 견뎌내다,' '이겨내다'라는 의미. 힘들더라도 참고 견뎌내어 끝까지 가보자라는 격려용 표현이다. = Let's stick it out = Let's push through.

✏️ 이렇게 쓰고!

1. **Let's tough it out till the end.**
   우리 끝까지 버텨내자.

2. **The economy is slow, but let's tough it out.**
   경기가 안좋지만 끝까지 버텨보자

💬 이렇게 말한다!

A: I'm so tired of this project.

B: Same. Let's tough it out and finish it.

   A: 이 프로젝트 너무 지쳐.

   B: 나도. 그래도 끝까지 해보자.

How hard can it be?

099

얼마나 어렵겠어?, 별거 아니잖아?

how hard can it be? 이는 어려우면 얼마나 어렵겠냐라고 반문하거나 비꼬면서 하는 말. 따라서 자신감 내지는 약간의 허세가 들어가 있다. "그게 뭐 대단하다고?"라고 생각하면 된다.

이렇게 쓰고!

1. **I'll fix the roof myself. How hard can it be?**
   내가 직접 지붕 고칠거야. 얼마나 어렵겠어?

2. **I'll cut my own hair. How hard can it be?**
   내가 머리를 자를래. 얼마나 어렵겠어?

이렇게 말한다!

A: You're really gonna fix your car yourself?

B: Yeah, how hard can it be?

   A: 네가 차를 직접 수리하겠다고?
   B: 어, 뭐 얼마나 어렵겠어?

100

You can't quit on me

너 나 포기하면 안돼

| quit on sb | sb가 힘들어지고 곤란해지자 sb가 필요로 하는데도 도와주지도 않고 포기하는 것을 말한다. = Don't bail on me = Don't give up on me = Don't walk out on me.

이렇게 쓰고!

1. You can't **quit on** me before the game ends.
   경기 끝나기 전에 가지마.

2. You can't **quit on** me now. We've come this far!
   지금 나를 포기하고 가면 안 돼. 우리 여기까지 왔잖아!

이렇게 말한다!

A: I'm sorry, but I can't do this anymore.
B: You can't **quit on** me now!

   A: 미안하지만, 이거 더 이상은 못하겠어.
   B: 이제와서 날 포기하고 가버리면 안 돼!

101

She put me in the friend zone

걘 나를 친구로만 생각해

| the friend zone | 남녀간에 한쪽은 감정적으로 끌리는데 한쪽은 친구이상을 원치 않을 때 사용되는 표현으로 우리말로 하자면 "친구이상으로는 안되는 관계"를 말한다. 동사로도 사용된다.

이렇게 쓰고!

1. Carrie **friend-zoned** me hard.
   캐리는 나를 친구이상으로 여기지 않았어.

2. I've been living **in the friend zone** for years.
   나 몇 년째 친구로만 남아 있어.

이렇게 말한다!

A: Are you two dating now?
B: Nope, she just sees me as a friend. Classic **friend zone**.

   A: 너희 이제 사귀는거야?
   B: 아니, 걔는 날 그냥 친구로만 봐. 전형적인 프렌드존이지.

102

Stop hassling me about it

그 일로 나 좀 그만 귀찮게 해

| **hassle sb** | sb에게 …을 하라고 계속 재촉하거나 들볶아 짜증나게 하다라는 의미. be[get] hassled하면 '재촉당하다'라는 뜻이 된다. 명사로는 '귀찮은 일'이라는 뜻이다.

이렇게 쓰고!

1. **Don't hassle me. I'm doing my best.**
   나 귀찮게 하지마, 나 최선을 다하고 있어.

2. **My boss keeps hassling me to work weekends.**
   사장이 주말에도 일하라고 계속 귀찮게 해.

이렇게 말한다!

A: Did your boss call again last weekend?

B: Yeah, she keeps hassling me about the project.

   A: 지난 주말에도 사장이 또 전화했어?
   B: 어, 프로젝트 때문에 계속 들들 볶아.

103

I'm not a quitter

난 쉽게 포기하는 사람이 아냐

| **be a quitter** | quitter는 quit하는 사람. 위 문장은 나는 그런 사람이 아니라는 말로, "난 쉽게 포기하는 사람이 아냐," "난 중간에 그만두는 사람이 아냐"라는 의미로 자신의 의지를 나타낸다.

이렇게 쓰고!

1. **I'm tired, but I'm not a quitter.**
   피곤하지만, 포기하진 않아.

2. **I'm not a quitter. I'll find another route.**
   난 포기 안 해. 다른 길을 찾아낼거야.

이렇게 말한다!

A: Everyone but you already dropped out.

B: You'll see. I'm not a quitter.

   A: 너 빼고 다 포기했어.
   B: 두고봐. 난 중간에 그만두는 사람이 아냐.

104 It was just a tiny hiccup

작은 문제였어

| **tiny hiccup** | 이는 '작은 딸꾹질'이라는 말로 비유적으로 '아주 사소한 문제,' '사소한 지연,' 그리고 '잠깐의 삐끗함'이라는 의미로 자주 쓰인다. = Just a glitch.

✏️ 이렇게 쓰고!

1. I had a tiny hiccup, but it's fixed.
약간의 문제는 있었지만 해결됐어.

2. A tiny hiccup caused the delay.
작은 문제가 지연의 원인이었어.

💬 이렇게 말한다!

A: I heard there was a problem with the launch.

B: Nah, just a tiny hiccup.

A: 출시에 문제가 있었다면서?
B: 아니, 사소한 문제였어.

105 I'm going to take the high road

내 소신대로 행동할거야

| **take the high road** | 'high'란 단어에서 힌트를 얻을 수 있듯, '소신에 맞는 길을 택하다,' '소신에 따라 행동하다'라는 뜻. 감정적으로 대응하지 않고, "품위있게 도덕적으로도 당당한 처신하겠다"라는 뉘앙스.

✏️ 이렇게 쓰고!

1. I won't argue. I'm going to take the high road.
난 다투지 않을거야. 난 내 소신대로 행동할거야.

2. I'm gonna take the high road and ignore your nastiness.
난 내 신념대로 행동할거고 너의 비열함을 무시하겠어.

💬 이렇게 말한다!

A: I heard your ex has been saying you're bad.

B: I'm gonna take the high road and say nothing about her.

A: 헤어진 여친이 네가 나쁜 놈이라고 하고 다닌다며.
B: 난 소신대로 행동하면서 걔에 대해 아무 말도 하지 않을거야.

106 Her dress was so tacky

걔 드레스는 촌스러웠어

| be tacky | '촌스럽다,' '싸보인다,' '유치하다,' '질낮다'로 거의 모두 부정적인 뜻으로 쓰이고 있다. 주로 스타일이 별로일 때, 싼티 난다고 할 때 그리고 예의없다고 할 때 사용한다.

이렇게 쓰고!

1. That was a tacky move.
방금 그건 좀 유치했어.

2. Don't buy those fake designer bags. They look tacky.
그 짝퉁 명품가방 사지마. 싸보여.

이렇게 말한다!

A: Did he really propose at Burger King?

B: Yeah, that's so tacky.
A: 걔가 버거킹에서 프로포즈 했다고?
B: 응, 진짜 촌스러워.

107 You and Chris are getting hitched?

너하고 크리스가 결혼해?

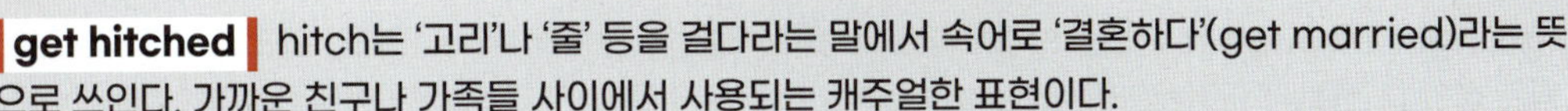

| get hitched | hitch는 '고리'나 '줄' 등을 걸다라는 말에서 속어로 '결혼하다'(get married)라는 뜻으로 쓰인다. 가까운 친구나 가족들 사이에서 사용되는 캐주얼한 표현이다.

이렇게 쓰고!

1. Tomorrow, we'll go down to City Hall and get hitched.
내일 우리는 시청에 가서 결혼할거야.

2. You and Mike are getting hitched? Why didn't you tell me?
너와 마이크 결혼해? 왜 말하지 않았어?

이렇게 말한다!

A: You and Mike are getting hitched?

B: That's right. We've planned our wedding for December.
A: 너하고 마이크가 결혼하는거야?
B: 맞아. 12월에 결혼할 계획이야.

108

Chris is so ripped

크리스는 정말 몸이 좋아

be ripped | 요즘 영어에서는 주로 운동을 해서 몸의 근육이 탄탄한 사람을 뜻한다. 그밖에 '찢어진,' '술이나 약에 취한'이라는 의미로 쓰이기도 한다. = be jacked = be toned.

이렇게 쓰고!

1. **Allan got ripped over the winter.**
   앨런은 겨울 동안 몸을 만들었어.

2. **She's been hitting the gym? She looks ripped!**
   걘 요즘 헬스 다니지? 몸매 진짜 좋아졌네!

이렇게 말한다!

A: Have you seen Chris lately?

B: Yeah, he's ripped now!

   A: 요즘 크리스 봤어?
   B: 응, 몸 완전 좋아졌더라!

109

Go right through it

통해서 지나가다, 버티고 지나가다

go right through it | 단순히 물리적으로 '어떤 공간을 관통해서 지나가다,' 그리고 비유적으로는 '힘든 상황을 견뎌내다'라는 의미. go through it은 '힘든 일을 겪다'로 약간의 의미차이가 있다.

이렇게 쓰고!

1. **The cab went right through downtown.**
   택시가 시내를 그대로 통과했어.

2. **The only way out is to go right through it.**
   유일한 출구는 피하지 말고 그냥 맞서는거야.

이렇게 말한다!

A: I'm so stressed with everything lately.

B: I know. Just go right through it.

   A: 요즘 스트레스가 너무 많아.
   B: 알아. 그냥 견디고 버텨내.

Don't step out of line

선을 넘지마, 규칙을 지켜

110

| **step out of line** | 지시나 규칙을 어기고 못되게 행동하다, 즉 '예의없게 행동하다,' '넘지 말아야 할 선을 넘다,' '규칙을 어기다'라는 의미로 쓰이는 표현이다. = cross the line = be out of pocket.

이렇게 쓰고!

1. Randy stepped out of line last night.
랜디는 어젯밤 진짜 선을 넘었어.

2. If you step out of line again, you're fired.
네가 또 선 넘으면 바로 해고야.

이렇게 말한다!

A: Did you hear what she said to the boss?
B: Yeah, she totally stepped out of line.
A: 걔가 사장에게 한 말 들었어?
B: 어, 완전 선을 넘었어.

111

He manifested his success

걘 성공을 이루어냈어

| **manifest sth** | 젊은 세대들이 즐겨 쓰는 긍정적 마인드의 표현으로 SNS 등에서 정말 많이 쓰인다. '그걸 끌어당기다,' '그걸 현실로 만들다,' 즉, '그걸 이루어내다'가 된다. = put your mind to it = lock in.

이렇게 쓰고!

1. I**'m manifesting** my dream job this year.
   올해 내 꿈의 직장을 현실로 만들거야.

2. If you want it, **manifest** it. Don't just talk about it.
   네가 원한다면 이루어내. 말로만 하지 말고.

이렇게 말한다!

A: I really want to move to New York next year.
B: Then **manifest** it.

   A: 내년엔 진짜 뉴욕으로 이사 가고 싶어.
   B: 그럼 그렇게 하도록 해.

112

I gave him a piece of my mind

난 걔에게 한소리 했어

| **give sb a piece of one's mind** | 좀 화나서 따질 때 사용하는 표현으로 마음 속의 불만을 꺼내면서 '따지다,' '강하게 불만을 표시하다,' '한 소리하다' 등으로 생각하면 된다. = snap at sb = tell sb off.

이렇게 쓰고!

1. Chris was so rude. I **gave** him **a piece of my mind**.
   크리스가 너무 무례해서 내가 한 마디 했어.

2. If my boss blames me again, I'll **give** her **a piece of my mind**.
   사장이 또 내 탓을 하면 강하게 따질거야.

이렇게 말한다!

A: Your brother blamed you again for the mistake?
B: I'm gonna **give** him **a piece of my mind**.

   A: 네 형이 또 네 탓을 했어?
   B: 이번엔 진짜 따질거야.

113

I can't wrap my head around

도저히 이해가 안돼, 납득하기 어려워

can't wrap one's head around (sth) 머리를 …한 것을 감싸지 못하다라는 말로 비유적으로 '이해가 도무지 안되다,' '받아들이기 어렵다,' '납득이 안되다'라는 뜻으로 사용된다. = I can't get over it.

이렇게 쓰고!

1. I can't wrap my head around why Tony quit.
토니가 직장을 왜 그만뒀는지 모르겠어.

2. I just can't wrap my head around your report.
네 보고서는 아무리 봐도 이해가 안 돼.

이렇게 말한다!

A: Dad really forgave him after everything?

B: I can't wrap my head around it.

A: 아빠가 정말 그 모든 일 후에 걔를 용서했다고?
B: 난 이해가 안 돼.

114

I know you would

그럴 줄 알았어, 너라면 그럴거라고 생각했어

know sb would 여기서 would는 가정이 아니라 단순히 그럴거라고 예상되는 것을 뜻한다. 너의 성격을 미루어 볼 때 '당연히 그럴 줄 알았어'라는 의미의 표현이다. = Knew it = Not shocked at all.

이렇게 쓰고!

1. I know you would. That's just who you are.
너라면 당연히 그럴 거야. 네 성격이 그렇잖아.

2. You always do the wrong thing. I know you would.
넌 항상 잘못된 일을 해. 그럴 줄 알았어.

이렇게 말한다!

A: I finished the whole pizza by myself.

B: I know you would.

A: 내가 피자 혼자 다 먹었어.
B: 그럴 줄 알았어.

115 Your face says it all

네 얼굴이 다 말해줘, 얼굴에 다 쓰여 있어

| sb's face says it all | 직역하면 그대로 이해가 되는 표현. '…의 얼굴이 다 말하고 있다,' 즉 "네 얼굴에 다 쓰여 있다," "말 안해도 다 알겠다"라는 의미이다. = be written all over your face.

이렇게 쓰고!

1. **Your face says it all. You're busted!**
   네 얼굴에 다 써 있어. 너 딱 걸렸어!

2. **Your face says it all. No need to explain.**
   말 안해도 다 알겠어. 설명할 필요없어.

이렇게 말한다!

A: I didn't say anything!
B: You don't have to. Your face says it all.
   A: 나 아무 말도 안 했어!
   B: 안 해도 돼. 얼굴에 다 쓰여 있어.

116 Cross my heart, I'll be there on time

진짜 약속해, 제시간에 갈게

| cross one's heart | 좀 오래된 표현이지만 지금도 많이 쓰인다. "진짜야," "맹세해," "약속해" 등으로 뭔가 약속을 다짐할 때 사용하면 좋다. = I swear = For real = No cap.

이렇게 쓰고!

1. **I didn't tell anyone. Cross my heart.**
   아무한테도 안 말했어. 진짜야.

2. **Cross my heart, I'll keep your secret.**
   비밀 꼭 지킬게, 약속해.

이렇게 말한다!

A: You're not gonna flake again, right?
B: Cross my heart, I'll be there on time.
   A: 또 펑크내는거 아니지?
   B: 약속해, 제시간에 갈게.

I'm not being flip

117

내 말 진심이야

| be flip | 여기서 flip은 '경솔한,' '진지하지 않은'이라는 의미의 단어로 위 문장은 "지금 가볍게 얘기하는거 아냐," "장난치는거 아냐" 그러니 잘 들어라는 의미이다. =be flippant.

✏️ 이렇게 쓰고!

1. **I'm not being flip, I'm just pointing out a reality.**
   그냥 얘기하는게 아냐. 단지 현실을 알려주고 싶을 뿐이야.

2. **I'd really appreciate it if you wouldn't be flip about this.**
   네가 이거에 대해 너무 경솔하지 않으면 정말 고맙겠어.

💬 이렇게 말한다!

A: I can't believe you'd joke about marrying me.
B: I'm not being flip. I'm being totally serious.

   A: 나와 결혼한다고 농담하다니 믿을 수가 없어.
   B: 그냥 하는 말이 아니야. 정말 진심이야.

Don't get smart with me

118

말대꾸하지마, 건방지게 굴지마

| get smart (with) | 긍정적으로는 '재치있다,' '꾀가 있다'이지만 부정적으로는 '언뜻 현명하게 보이지만 버릇없다'는 뜻으로 쓰인다. = Don't be a smartass.

✏️ 이렇게 쓰고!

1. **Don't get smart with me, you son of a gun!**
   말대꾸하지마, 이 짖궂은 놈아!

2. **Don't get smart with your mom like that.**
   엄마한테 그렇게 건방지게 굴지마.

💬 이렇게 말한다!

A: You're lucky to have me, you know.
B: Don't get smart with me, sweetie.

   A: 나 같은 사람 만나서 넌 행운이야.
   B: 그만 으쓱대, 자기야.

119 He's been cranky all morning

걘 아침내내 짜증을 부렸어

| be cranky | 여기서 cranky는 '짜증난,' '까칠한,' '신경질적인'이라는 형용사로 위 문장은 "걘 아침내내 짜증냈어," "아침내내 투덜거렸어"라는 의미의 문장이다. 피곤하거나 기분 안좋을 때 쓰는 표현.

🖍️ 이렇게 쓰고!

1. My wife gets cranky when she's hungry.
내 아내는 배고프면 짜증을 잘 내.

2. You sound cranky. You didn't sleep well?
목소리에 짜증 섞였네. 잠 제대로 못 잤지?

💬 이렇게 말한다!

A: What's wrong with Chris?
B: He's been cranky all morning. Must be Monday.
A: 크리스가 왜 그래?
B: 아침내내 짜증을 부려. 월요일이라 그런가 봐.

120 I'll cross that bridge when I get there

그 일은 나중에 생각하자, 미리 걱정하지 말자

| cross that bridge when I get there | '다리에 도착하면 그때 건너면 된다'라는 말로 비유적으로 "미리 걱정하지않다," "상황이 발생하면 그때 생각하다," "미리 걱정하지 말다"로 알아두면 된다.

🖍️ 이렇게 쓰고!

1. Don't stress it. We'll cross that bridge when we get there.
스트레스 받지마, 그땐 그때 가서 생각하자.

2. If he finds out, I'll cross that bridge when I get there.
걔가 알게 되면, 그때 생각하지 뭐.

💬 이렇게 말한다!

A: What if this plan B fails?
B: We'll cross that bridge when we get there.
A: 플랜 B가 실패하면 어떡하지?
B: 닥치면 그 때가서 생각하자.

I jumped out of one's skin

121

난 깜짝 놀랬어

| **jump out of one's skin** | '놀라거나 기뻐서 펄쩍 뛰다'라는 말. '다른 사람을 까무라치게 놀라게 하다'는 startle sb out of one's skin이라고 하면 된다. = I freaked out.

이렇게 쓰고!

1. I'm so wired I'm jumping out of my skin!
너무 신나서 기뻐서 펄쩍 뛰었어!

2. I almost jumped out of my skin when I saw Chris.
난 걜 봤을 때 정말 까무라치는 줄 알았어.

이렇게 말한다!

A: That horror movie got me good.

B: Same! I jumped out of my skin.

A: 그 공포영화 진짜 무섭더라.
B: 나도! 깜짝 놀랬어.

122 He's milking his cold to skip school

감긴 걸린 것으로 학교를 빼먹으려고 해

| milk sb[sth] | 우유라는 단어이지만 요즘에는 동사로 '쥐어짜내다,' '이용하다,' '끝까지 써먹다'라는 의미로 SNS에서도 많이 활약하고 있는 단어이다. = cash in on = ride the wave = milk the drama.

이렇게 쓰고!

1. She milked the breakup to get sympathy.
걘 동정심을 얻으려고 헤어진 것을 이용하고 있어.

2. Chris has been milking that excuse for months.
크리스는 그 핑계를 오랫동안 써먹고 있어.

이렇게 말한다!

A: Sally got sick again? Sounds fake.
B: Yep, she's milking it to skip school.
A: 샐리가 아프다고? 수상한데.
B: 그래, 학교빼먹으려고 써먹는거야.)

123 I'm a little rusty

감이 좀 떨어졌네, 실력이 예전만 못해

| be rusty | rusty는 '녹슨'이라는 뜻으로 비유적으로 '낡아빠지다,' '예전만 못하다,' '감이 떨어지다'라는 의미로 쓰인다. 한마디로 '예전만 못하다'라는 뜻이다. = lose one's touch.

이렇게 쓰고!

1. I'm a little rusty at speaking English.
난 영어말하는데 감이 좀 떨어졌어.

2. You're doing great! You're not rusty at all.
너 아주 잘하고 있어! 전혀 녹슬지 않았어.

이렇게 말한다!

A: It's been years since I drove the car.
B: Really? You're not rusty at all!
A: 운전 안한지 오래되었어.
B: 진짜? 전혀 감 안 떨어졌는데!

Don't rub it in

124

그 얘기 그만해, 그만 들먹거려

| **not rub it in** | '그걸 문지르지 않다'라는 말로, 비유적으로 그 일로 내가 이미 기분 나쁜 상태인데 계속 얘기 꺼내서 상처를 주지 말라고 할 때 사용한다. = Don't tease me = You don't have to remind me.

✏️ 이렇게 쓰고!

1. **I know I screwed up big time. Don't rub it in.**
   내가 크게 실수한거 알아. 그만 놀려.

2. **I forgot your birthday again. Don't rub it in, okay?**
   네 생일 또 깜빡했어. 그만 좀 놀려, 응?

💬 이렇게 말한다!

A: **Wow, you really messed that up again.**

B: **I know! Don't rub it in.**

A: 와, 진짜 또 망쳤네.
B: 알아! 그만 들먹여.

It's just a figure of speech

125

그건 그냥 표현일 뿐이야, 진짜로 한 말은 아냐

| **figure of speech** | '비유적인 표현이나 말장난'이라는 의미로 말하는 사람은 이 표현을 써서, 자신이 한 말이 진심이 아니라, 단지 표현이거나, 진짜로 말한 것은 아니다라고 오해를 풀려고 할 때 쓴다.

✏️ 이렇게 쓰고!

1. **I wasn't serious. It's just a figure of speech.**
   진담 아니야, 그냥 말이 그렇다는거야.

2. **He didn't mean it literally. Just a figure of speech.**
   걘 진짜로 한 말이 아냐. 그냥 표현이야.

💬 이렇게 말한다!

A: **You said you were "dying"! I'm worried.**

B: **I'm okay. Just a figure of speech.**

A: 너 죽겠다고 했잖아! 걱정돼.
B: 괜찮아. 그냥 말이 그렇다는거야.

I need a side hustle these days

126

요즘 부업 하나를 해야 돼

hustle 요즘에 많이 쓰이는 단어. 먼저 side hustle하면 긍정적 의미의 '부업,' 동사로는 '열심히 일하다, 혹은 원래 의미인 '속이다,' '사기치다'라는 뜻으로 사용된다.

이렇게 쓰고!

1. **You gotta hustle if you want to make money.**
   돈 벌고 싶으면 열심히 움직여야 해.

2. **My side hustle is selling T-shirts online.**
   내 부업은 온라인으로 티셔츠를 파는거야.

이렇게 말한다!

A: **Everyone's doing delivery work these days.**
B: **True. I might start a side hustle too.**

   A: 요즘 다들 배달일 하더라.
   B: 맞아, 나도 부업 하나 시작할까 해.

I'll give it my all

127

최선을 다할게, 모든 걸 쏟아부을게

give it my all '나의 모든 것을 그 일에 쏟아붓다'라는 말이다. 다시 말하면 나의 열정, 에너지 전부를 그 일에 쏟아붓고 최선을 다하겠다는 의지의 표현이다. = I'll go all in = I'll give it everything I've got.

이렇게 쓰고!

1. **Joanna gave it her all in the presentation.**
   조앤나는 프레젠테이션에 모든 걸 쏟아부었어.

2. **I know it won't be easy, but I'll give it my all.**
   그게 쉽지 않겠지만, 전력을 다할거야.

이렇게 말한다!

A: **Are you ready for the competition?**
B: **Yeah, I'm going all in this time.**

   A: 경쟁할 준비됐어?
   B: 응, 이번엔 진짜 최선을 다할거야.

128 I like to go above and beyond

기대이상으로 노력하려고 해

| **go above and beyond** | above와 beyond를 생각하면 뭔가 평소때 이상으로 넘어선다는 것을 유추할 수 있다. 비유적으로 '기대이상으로 하다,' '한계를 넘어 최선을 다하다'라는 뜻.

이렇게 쓰고!

1. **I try to go above and beyond in everything I do.**
   나는 무슨 일이든 늘 최선을 다하려고 해.

2. **She always goes above and beyond for her boss.**
   걘 사장을 위해 항상 기대 이상으로 노력해.

이렇게 말한다!

A: Cynthia, you didn't have to stay late.

B: I like to go above and beyond.

A: 신시아, 늦게까지 있을 필요 없었잖아.
B: 난 항상 기대 이상으로 하려는 편이야.

129 Don't lead me on

괜히 기대하게 하지마, 희망고문하지마

| **lead sb on** | 실제로는 좋아하지 않으면서 좋아하는 척해서 상대를 착각하게 만든다라는 의미. 진심도 없으면 관심있는 척하다라는 표현으로 주로 남녀사이에서 쓰인다. = Stop playing with my feelings.

이렇게 쓰고!

1. **Chris totally led her on and then ghosted her.**
   크리슨 걔한테 관심있는 척하다 잠수탔어.

2. **Stop leading me on. Be a good boy.**
   나한테 착각하게 만들지 말고 착하게 굴어.

이렇게 말한다!

A: He flirts with everyone.

B: He shouldn't lead people on like that.

A: 걘 아무한테나 추파를 던져.
B: 걔가 그렇게 사람들을 착각하게 하면 안돼.

130

I really dig your style

너 스타일 정말 맘에 든다, 네 스타일은 완전 내 취향이야

| dig | 원래 의미보다 다른 의미로 더 많이 쓰인다. '좋아하다,' '멋지다고 생각하다'로 최근에 많이 사용된다. 참고로 dig in은 '…을 먹다'라는 다른 의미가 된다. like보다 감성적인 느낌으로 좋아한다는 뉘앙스.

이렇게 쓰고!

1. I dig the lyrics. They hit deep.
이 노래 가사 너무 좋아. 진짜 와닿아.

2. I really dig this song, *"Golden."*
난 <Golden>이란 노래 완전 좋아.

이렇게 말한다!

A: How about this? Do you like my outfit today?
B: Yeah, I really dig your style.
A: 이거 어때? 오늘 내 옷 괜찮아?
B: 응, 너 스타일 진짜 마음에 들어.

131

Don't half-ass it

대충하지마, 적당히 하지마, 최선을 다해

| not half-ass | half-ass는 여기서 동사로 쓰이고 있으며 의미는 엉덩이(ass)의 반쪽(half)만 쓴다는 의미로 '대충하다,' '적당히 하다'라는 뜻이 된다. 이의 부정이니 "최선을 다해라"는 표현이 된다.

이렇게 쓰고!

1. I'm not gonna half-ass it this time.
난 이번에는 대충하지 않을거야.

2. Don't half-ass it. If you're gonna do it, do it right.
대충하지마. 네가 할거면 제대로 해.

이렇게 말한다!

A: You started your YouTube channel again?
B: Yeah, I'm not gonna half-ass it this time.
A: 유튜브 다시 시작했어?
B: 어, 이번엔 대충 안 할거야.

Couldn't have said it better myself

132

더 이상 말을 어떻게 해, 정말 딱 그 말이야

| I couldn't have said it better | '더 이상 더 잘 말할 수는 없을거야'라는 말. 부정+비교급은 강한 긍정으로 '정말야,' '더 이상 좋게 말할 수 없어'라는 의미. = Couldn't agree more = You said it.

이렇게 쓰고!

1. Exactly right. I couldn't have said it better.
바로 맞았어. 정말 그 말이 딱이야.

2. You're right. Couldn't have said it better myself.
네 말이 맞아. 정확히 바로 그 말이야.

이렇게 말한다!

A: Everyone needs to take a break now.

B: Couldn't have said it better myself.

A: 이제 모두들 좀 쉬어야 돼.
B: 완전 맞는 말이야.

FINNA

요즘 Gen Z 세대가 아주 좋아하는 약어로 가까운 때에 "곧 …하려고 하다," "막 …할 참이다"라는 뜻. **"fixing to" → "fixin' to" → "finna"**로 되었으며 be going to보다 캐주얼하다.

- **We finna eat out tonight.**
오늘밤 우리는 외식할거야.

- **Chris finna regret that decision.**
크리스는 그 결정을 곧 후회하게 될거야.

As if

133

그럴리가, 말도 안돼, 웃기지마

as if~ 원래, '…인 것처럼,' ' 마치 …인 듯이'라는 표현이지만, 비유적으로 주로 상대방의 말을 믿지 않거나, 혹은 비꼴 때 사용하는 문구가 되었다. "그럴리가," "웃기지마"로 알아둔다.

✎ 이렇게 쓰고!

1. **Chris called himself an influencer. As if.**
   크리스는 자기가 인플루언서래. 어이없지.

2. **She thinks she's the smartest in class. As if.**
   걘 자기가 반에서 제일 똑똑하대. 그럴리가.

💬 이렇게 말한다!

A: **He said he's gonna quit social media from today.**

B: **As if. He can't go a day without posting.**

   A: 걔가 오늘부터 SNS 끊겠대.
   B: 웃기지마. 하루도 못 버티잖아.

Stop giving me canned excuses

134

그런 뻔한 변명은 그만해

canned '통조림 캔에 든'이라는 말로 비유적으로 '진심없는,' '틀에 박힌,' '인위적인'이라는 의미로 자주 쓰인다. canned speech(외운 연설), canned response(자동응답). = fake = not genuine.

✎ 이렇게 쓰고!

1. **That excuse felt canned, not sincere.**
   그 변명은 진심이 아니라 형식적이었어.

2. **The customer service reply was totally canned.**
   고객센터 답변이 완전 진심이 없어.

💬 이렇게 말한다!

A: **Did he apologize to you for that?**

B: **Yeah, it sounded so canned.**

   A: 걔가 그 일로 너한테 사과했어?
   B: 응, 영혼없는 소리로 들렸어.

All in a day's work

일상적인 일이야, 별일 아냐

| **all in a day's work** | 하루 일과에 들어있는 모든 것이라는 뜻. 그래서 힘든 일, 놀라운 일, 혹은 대단한 일 등 모든 종류의 일이 일어난다고 하는 말이다. "일상적인 일이지," "늘 있는 일야."

135

이렇게 쓰고!

1. **I pulled an all-nighter again. All in a day's work.**
   나 또 밤샜어. 늘 있는 일이야.

2. **Late work, endless reports. All in a day's work.**
   야근이랑 끝없는 보고서. 다 일상의 일부야.

이렇게 말한다!

A: You fixed the app again? You're a lifesaver!
B: All in a day's work.

A: 앱을 또 고쳤다고? 넌 완전 구세주다!
B: 늘 있는 일이지 뭐.

1 year and counting

1년째 진행중야, 1년째 계속하고 있어

| **기간+and counting** | '…동안 계속 진행중이다'라는 말로 긍정적인 표현이다. 의미는 '…동안 진행중야,' '…동안 계속되고 있어'라는 뜻으로 사용된다. = on going = still going = still counting.

136

이렇게 쓰고!

1. **10 years and counting, and I still love my job.**
   10년째지만, 아직도 내 일을 좋아해.

2. **12 months and counting. Still no vacation.**
   12개월째야, 아직 휴가도 못 갔어.

이렇게 말한다!

A: You guys are still seeing each other?
B: Yup, 3 year and counting.

A: 너희들 아직 사귀고 있는거야?
B: 응, 벌써 3년째야.

137

I'm taking 'a treat myself day'

오늘은 나를 위한 하루를 보낼거야

treat myself day | '힘든 일을 끝내고 스스로에게 크게 보상하는 날,' treat day는 음식 등을 자신에게 주는 날, 그리고 self-care Sunday는 '휴식,' '명상' 등 자기를 돌보는 날이라는 뜻.

이렇게 쓰고!

1. You need a "treat yourself day" sometimes.
넌 가끔은 너를 위한 날이 필요해.

2. It's my treat myself day. No work allowed.
오늘은 나를 위한 날, 업무 금지.

이렇게 말한다!

A: What's up? You look extra happy today.

B: It's my treat myself day! I'm off to the sauna.

A: 무슨 일이야? 왜 이렇게 행복해 보여?

B: 오늘은 나를 위한 날이야! 사우나가는 중이야

138

Make it snappy!

서둘러!, 빨리해!

make it snappy | 상대방에게 '서둘러라,' '시간끌지 말고 얼른하라고,' "지체하지마'라고 할 때 쓰는 표현. = Move it = Step on it.

이렇게 쓰고!

1. We're late already. Make it snappy!
우리 이미 늦었어, 빨리 해!

2. Make it snappy. I'm double-parked. Thanks.
서둘러주세요. 불법주차해서요. 감사해요.

이렇게 말한다!

A: I'll send you an email with an attachment soon.

B: Make it snappy, the boss is waiting.

A: 곧 첨부파일 있는 이멜 보낼게.

B: 서둘러, 사장이 기다리고 있어.

139

Leave me out of it

이 일에서 난 좀 빼줘, 나 말려들게 하지마

leave sb out of it | '…을 …일에서 제외시키다,' '말려들게 하지 않다'라는 의미. 싸움, 논쟁 등의 상황에서 골치아픈 일에 끼고 싶지 않으니 '…을 빼달라고" 할 때 사용하면 된다. = don't drag sb into this.

이렇게 쓰고!

1. Leave me out of it. Not my problem.
나 좀 빼줘, 이건 내 문제가 아니잖아.

2. I'm not picking sides. Leave me out of it.
난 편들지 않을래. 나 좀 빼줘.

이렇게 말한다!

A: The boss is blaming you for the mistake.

B: Leave me out of it. It wasn't even my fault.

A: 사장이 네가 실수했다고 너를 비난해.
B: 난 좀 빼줘. 그건 내 잘못도 아니었잖아.

140

What's her face?

걔 이름이 뭐더라?, 걔 있잖아?

what's one's face? | 이 문장은 친한 사이에서 쓰는 표현으로 어떤 사람의 이름이 생각이 나지 않을 때나 혹은 이름을 알지만 굳이 언급하고 싶지 않을 때 하는 문장이다.

이렇게 쓰고!

1 I came across what's his face from editing.
편집부 그 남자 있잖아, 걔를 우연히 마주쳤어.

2. I saw what's her face at the cafe this morning.
오늘 아침 카페에서 그 여자 봤어.

이렇게 말한다!

A: Who helped you with the report?

B: What's her face? The intern with blond hair.

A: 누가 그 보고서작성 도와줬어?
B: 그 여자 있잖아? 금발의 인턴 말이야.

141 I just threw on some T-shirts and left

나 대충 아무 티나 걸쳐입고 나갔어

| **throw sth on** | 보통 옷이나, 신발, 바지, 모자 등을 빠르게 입다[신다]라는 뜻이다. 우리말로 '대충 걸쳐입다,' '빨리 챙겨입다'로 생각하면 된다. = toss on some clothes = slap something on.

이렇게 쓰고!

1. I'll throw on my shoes real quick.
신발 빨리 신고 갈게.

2. She just threw on whatever she found in her closet.
걔는 옷장에 있는거 아무거나 걸쳐 입었어.

이렇게 말한다!

A: What are you going to wear for the party?
B: Nothing fancy, just threw something on.
A: 파티에 뭐 입고 갈거야?
B: 별거 없어, 그냥 대충 입었어.

142 That's a good one!

그거 잘했다!, 그거 괜찮은데!

| **that's a good one** | 기본적으로 '그거 괜찮다,' '웃기다,' 그리고 발전하여 비꼬는 상황에서 '웃기시네,' 그리고 진심으로 상대방의 제안에 '멋진 말이다,' '정말 좋은 생각이다' 등으로 다양하게 쓰인다.

이렇게 쓰고!

1. That's a good one, but I've heard it before.
그거 재미있지만, 근데 전에 들은 적 있어.

2. That's a good one. I'll remember that one.
그거 좋은데, 기억해둬야겠어.

이렇게 말한다!

A: Let's take five and grab coffee.
B: That's a good one.
A: 잠깐 쉬고 커피 마시자.
B: 좋은 생각이야.

Let's not make this a thing

143

이걸로 분위기 흐리지 말자, 굳이 큰일로 만들지 말자

| **not make sth a thing** | 요즘 표현으로 '···로 요란떨지 않다,' 즉 '가볍게 넘어가다,' '굳이 큰 일로 만들지 않다,' '너무 진지하지 만들지 않다'로 생각하면 된다. = Don't overthink it = It's not that deep.

✏️ 이렇게 쓰고!

1. **It was fun, but let's not make this a thing.**
   재밌긴 했는데, 계속 그렇게 하진 말자.

2. **We dated just once. Let's not make this a thing.**
   우리 딱 한 번 데이트했어. 그걸로 끝내자.

💬 이렇게 말한다!

A: You kissed me out of nowhere!

B: Yeah, but let's not make this a thing.

   A: 너 갑자기 내게 키스했잖아!
   B: 그래, 하지만 이걸로 큰일 만들지 말자.

144

I'm trying to keep it together

난 마음을 다잡고 있어, 침착하려고 해

| keep it together | 행동이나 감정 등을 적절히 통제하고 잘 다스려서 '잘 유지하다,' '침착하게 행동하다,' '정신차리다'라는 뜻으로 사용된다. = Don't lose it = Keep your cool.

이렇게 쓰고!

1. **It's too hard, but I'm trying to keep it together.**
   너무 힘들지만 마음을 다잡고 버티고 있어.

2. **Claire told him to keep it together and stay focused.**
   클레어는 걔에게 침착하고 집중하라고 말했어.

이렇게 말한다!

A: **I'm freaking out about these test results.**
B: **Just take a deep breath and keep it together.**

A: 나 이 시험결과 때문에 안절부절이야.
B: 그냥 숨 깊게 고르고 마음 추스려.

145

Make it count

이번 기회를 날리지마, 이걸 제대로 해

| make it count | 요즘 아주 잘 나가는 표현. 격려나 동기부여를 할 때 긴요한 문구로 '이번 기회를 헛되게 하지 않다,' '이걸 제대로 하다,' '후회하지 않게 하다' 정도로 생각하면 된다.

이렇게 쓰고!

1. **You only live once, so make it count.**
   인생은 한 번뿐이야, 의미있게 살아.

2. **We've got 30 minutes left. Let's make it count.**
   30분 남았어. 마지막까지 제대로 하자.

이렇게 말한다!

A: **I don't know if I can do this job.**
B: **You can. Just make it count.**

A: 내가 이 일을 할 수 있을지 모르겠어.
B: 넌 할 수 있어. 그냥 제대로 해.

Can't beat that

146

짱이야, 완벽해

| **can't beat that** | 누구도 'that'을 능가할 수 없다라는 말로 "최고다"라는 의미가 된다. Can't top that과 비슷한 표현. 반면 일인칭 주어로 I can't beat that하면 반대로 "내가 못따라가겠다"라는 표현.

이렇게 쓰고!

1. That's a lot of money. I can't beat that.
정말 많은 돈이네. 내가 못따라가겠네.

2. You can't beat that! That's a great deal.
굉장하네! 잘 샀어.

이렇게 말한다!

A: I won the race. Can't beat that.

B: I know. You beat me easily.

A: 내가 이겼어. 이보다 더 좋을 수는 없지.
B: 알아. 날 쉽게 이겼지.

Get over yourself!

147

작작 좀 해라!, 주제파악 좀 해라!, 건방떨지마!

| **get over yourself** | 상대방이 필요이상으로 진지하게 행동하거나 잘난 척을 할 때 던질 수 있는 표현. 즉, 거만하게 행동하지마라라고 하는 것으로, 상대가 그리 대단하지 않음을 말하고 있다.

이렇게 쓰고!

1. Then get over yourself! Grow up!
그럼 애들처럼 행동하지 말고, 철 좀 들어!

2. Get over yourself. I was just trying to make you laugh!
건방떨지마. 난 그냥 너 웃기려고 한거야!

이렇게 말한다!

A: I think I must be the most handsome guy around.

B: Get over yourself. You're not a movie star.

A: 내가 주위에서 가장 멋지다고 생각해.
B: 주제파악 좀 해라. 영화배우도 아니면서.

He filled me in

걔가 알려줬어

148

| **fill sb in** | sb가 모르는 일이나 빠진 부분에 대한 '상세한 정보를 sb에게 알려주는' 것을 말한다. 알려주는 내용까지 말하려면 fill sb in on sth이라고 하면 된다.

이렇게 쓰고!

1. Wherever you're going, please fill me in.
어딜 가던지 내게 말해줘.

2. She filled me in on your situation.
걔가 네 상황에 대해 말해줬어.

이렇게 말한다!

A: Did you get information on the meeting you missed?
B: Yeah, I met with Doug. He filled me in.

A: 네가 참석 못 한 회의에 대한 정보얻었어?
B: 어, 더그를 만났는데, 걔가 알려줬어.

And that's that

149

이게 결론이야, 그게 다야

| **(~) that's that** | "이게 끝이다," "그걸로 끝이다," "이게 다야"라는 말로 이미 다 끝난 것으로 더 이상 바뀔 수 있는게 없다는 뉘앙스. 또한 That was that은 "일이 그렇게 된거다", "그렇게 끝난거야"라는 의미.

이렇게 쓰고!

1. I guess that's that. We're not going.
그걸로 끝이야. 우린 가지 않을거야.

2. That was that. I'd hit my humiliation limit.
그렇게 된거야. 쪽팔려 죽는 줄 알았어.

이렇게 말한다!

A: So you spent several years in Australia?
B: There you have it. I owned an import business there.

A: 호주에서 몇 년 있었다며?
B: 맞아. 거기서 수입업을 했었어.

You're still on that?

150

아직도 그 얘기야?

be still on that (+명사) '아직도 …에 있다' 혹은 '아직도 그 얘기다'라는 의미이고, 비슷하게 생긴 be still on for+시간이나 이벤트명사는 약속이 아직 '유효하다'라는 다른 의미가 된다.

✏️ 이렇게 쓰고!

1. You're still on that? Come on, hurry up a little.
너 아직도 그 상태야? 어서, 좀 서둘러.

2. You're still on that? Haven't you made any progress?
아직도 그 상태야? 왜 나아가지 못한거야?

💬 이렇게 말한다!

A: My songs aren't good enough for your restaurant?

B: OK, we're still on that.

A: 내 노래가 네 식당수준에 못미친다는 얘기지?
B: 좋아, 계속 얘기하자는거지

You're creeping me out

151

너 때문에 겁이 나, 너 때문에 기분이 나빠

creep sb out creep은 몰래 살금살금 다가온다는 말에서 'sb를 소름끼치게 하다,' '불쾌하게 하다'라는 의미로 발전했다. 주어자리에는 불쾌하게 하는 사람과 사물이 올 수 있다.

✏️ 이렇게 쓰고!

1. Why would the baby creep me out?
왜 난 애를 보면 겁나는걸까?

2. This whole thing creeps me out.
이 모든 것이 아주 기분을 안좋게 해.

💬 이렇게 말한다!

A: I like hanging out in cemeteries at night.

B: You're really starting to creep me out.

A: 난 밤에 묘지에서 노는 것을 좋아해.
B: 너 정말 겁나기 시작하네.

152

Someone is out to get you

누가 널 해칠거야

| **be out to get sb** | '나가서 …을 잡다'라는 말로 '…을 힘들게 하다,' '…을 괴롭히려고 노리다'라는 표현. 위 문장을 영어로 하면 "You better be careful because someone may try to hurt you"가 된다.

✏️ 이렇게 쓰고!

1. Someone is out to get you.
누가 널 해치려고 하고 있어.

2. He thought that somebody was out to get her.
걔는 누군가가 자기를 곤경에 빠트리고 있다고 생각했어.

💬 이렇게 말한다!

A: I keep finding threatening e-mails in my in-box.
B: It sounds like someone is out to get you. Be careful.
A: 날 협박하는 이멜이 계속 오고 있어.
B: 누가 널 해칠려는 것 같은데. 조심해.

153

The couple have had beef for years

그 커플은 몇 년째 사이가 안 좋아

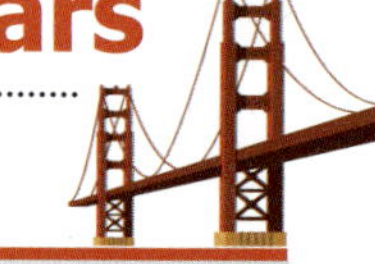

| **have[get] beef with sb** | '…와 불만이 있다,' '…와 다투다'라는 뜻으로 complain, quarrel과 같다. beef를 동사로 써서 beef with sb라고 쓰기도 한다.

✏️ 이렇게 쓰고!

1. Anybody got a beef with you?
누가 너한테 불만이 있대?

2. He had a beef with the co-workers.
걘 직장동료들과 사이가 안좋아.

💬 이렇게 말한다!

A: Do you still have beef with Chris?
B: Nope, we're cool now.
A: 너 아직도 크리스하고 사이가 안 좋아?
B: 아니, 지금은 괜찮아.

154 I just fired off an email to my boss

난 방금 사장에게 이멜을 빨리 보냈어

fire off sth 총을 쏘듯이 뭔가 빠르게 보내거나 즉흥적으로 말하거나 행동하다라는 의미. "빠르게 쏘아 보내다,' '내던지다,' '즉시 보내다' 혹은 욱해서 말할 때 사용하면 된다. fire away는 '질문공세를 하다.'

이렇게 쓰고!

1. **She fired off a text again before I could reply.**
   걔는 내가 답하기도 전에 문자를 또 보냈어.

2. **I fired off a reply as soon as I saw the DM.**
   DM을 보자마자 바로 답장을 보냈어.

이렇게 말한다!

A: Did you email the client about the new project yet?
B: Yeah, I fired it off first thing this morning.

   A: 고객한테 새로운 프로젝트에 대한 이메일을 보냈어?
   B: 어, 오늘 아침 일찍 보냈어.

NGL

요즘 채팅이나 댓글, SNS상에서 아주 자주 쓰는 약어로 풀어 쓰면 **Not Gonna Lie**, 즉 "솔직히 말하면," "솔직히 말해서"라는 뜻이다.

- **NGL, I didn't expect you to drop by.**
   솔직히, 네가 들를 줄은 몰랐어.

- **NGL, I was about to give up on you.**
   솔직히 너를 거의 포기할 뻔했어.

155 You can get a good bang for your buck

그만한 돈으로 꽤 괜찮을 걸 얻을 수 있어, 가성비가 좋아

| bang for one's buck | 이는 '지불한 돈에 대한 가치," '가성비'를 뜻하는 표현이다. 다시 말해 '그 돈을 내고 얻는게 많다'라는 뜻이다. = good value for money = totally worth it.

이렇게 쓰고!

1. I'm looking for more bang for our buck.
난 더 효율적인 결과를 원해.

2. That trip gave us the most bang for our buck.
그 여행은 진짜 돈값 제대로 했어.

이렇게 말한다!

A: That restaurant looks too expensive.
B: It is, but trust me, you'll get a big bang for your buck.
A: 저 레스토랑 너무 비싸 보여.
B: 맞아, 근데 믿어봐. 진짜 돈값 확실히 해.

156 We're still in the soft launch phase

우린 아직 연애 초기 단계야

| soft-launch | Gen Z 세대식 표현. 남녀간에 애인이라는 것을 살짝 공개하는 것, 그리고 회사가 제품을 살짝 공개하는 것을 말한다. soft launch photo는 그런 사진을 뜻한다. 반대는 hard launch.

이렇게 쓰고!

1. I saw a soft launch photo on her feed.
걔 피드에 올라온 연애 힌트 사진봤어.

2. He soft-launched his girlfriend on his story.
걔 인스타 스토리에서 여자친구 살짝 공개했어.

이렇게 말한다!

A: So you're soft-launching your girlfriend now?
B: Maybe. Just testing the waters.
A: 이제 여친 슬슬 공개하는거야?
B: 글쎄. 그냥 반응 좀 보는 중야.

157 Please loop me in next time

다음번엔 나도 껴줘

| **loop sb in** | sb를 원안에 포함시키다라는 말로, 어떤 상황이나 정보를 공유하다라는 뜻이 된다. 우리 말로 하자면 '…을 끼워주다,' '정보를 공유하다,' '최신 업데이트를 하다'라고 생각하면 된다.

이렇게 쓰고!

1. **Loop me in. I wanna stay updated.**
   나도 껴줘. 최신 정보를 알고 싶어.

2. **Loop me in when you start the project.**
   프로젝트 시작하면 나도 알려줘.

이렇게 말한다!

A: **We're setting up a new client meeting this Friday.**
B: **Cool, loop me in then.**

   A: 이번 금요일에 새 클라이언트와의 미팅을 잡을거야.
   B: 좋아, 그때 나도 껴줘.

158 He's feeling himself

걘 자신감이 넘쳐, 자기에 도취되어 있어

| **feel oneself** | 요즘 유행하는 표현으로 '자신의 능력과 매력에 푹 빠지다'라는 의미에서 "자신감이 넘쳐흐르다," "요즘 폼이 미쳤다," "자기 매력에 빠져 있다"라는 표현으로 쓰인다. = He's killing it.

이렇게 쓰고!

1. **She's feeling herself after getting her hair done.**
   걔는 머리를 손질받고 나서 자신감이 넘쳐났어.

2. **Angela posted 20 selfies. She's definitely feeling herself.**
   앤젤라가 셀카 20장을 올렸어. 완전 자기한테 도취했네.

이렇게 말한다!

A: **Chris has been posting gym pics all week.**
B: **Yeah, he's really feeling himself lately.**

   A: 크리스가 요즘 헬스장 사진 계속 올리더라.
   B: 그러게, 요즘 완전 자기 폼에 취했어.

I caught feelings

159

나 사랑에 빠졌어, 감정이 생겼어

catch feelings (for) 여기서 catch a cold(감기걸리다)처럼 의도치 않게 '…에 걸리다'라는 뜻. 그래서 catch feelings하게 되면 '좋아하게 되다,' '마음이 생겼다,' 사랑에 빠졌다'라는 의미로 쓰이게 된다.

✏️ 이렇게 쓰고!

1. I think I caught feelings for Chris.
나 크리스를 좋아하게 된 것 같아.

2. She caught feelings for her boss after a week.
걘 일주일 만에 사장에게 마음이 생겼대.

💬 이렇게 말한다!

A: Don't tell me you caught feelings for me again.

B: Maybe… I can't help it.

A: 나한테 또 감정이 생긴 건 아니지?
B: 아마도. 나도 어쩔 수 없어.

I'm down bad

160

완전히 사랑에 빠졌어

be down bad 현지슬랭으로 MZ세대가 너무 좋아하는 표현. 이성에게 완전히 빠져서 정신이 없는 상태를 말한다. = I caught feelings = I'm simping = I'm obsessed.

✏️ 이렇게 쓰고!

1. She's so gorgeous. I'm down bad.
걔 너무 멋지다, 나 완전 반했어.

2. I can't stop thinking about Chris. I'm down bad.
크리스 생각을 하지 않을 수 없어. 나 진짜 미쳤어.

💬 이렇게 말한다!

A: Mark, you emailed poems to Jessica?

B: I told you, I'm down bad.

A: 마크야, 제시카에게 이멜로 시를 보냈다고?
B: 말했잖아, 나 완전 사랑에 빠졌어.

161

He has a way with folks

걘 사람들을 잘 다루어

| **have[get] a way with sb[sth]** | '…을 다루는데 일가견이 있다,' '…을 잘 다루다'(be able to make people feel comfortable)라는 의미로 주로 상대방을 칭찬할 때 사용한다.

이렇게 쓰고!

1. You've got such a way with words.
너 정말 말솜씨가 엄청 뛰어나.

2. He's a good surgeon and he has a way with patients.
걔는 훌륭한 외과의사고 환자들을 잘 다루어.

이렇게 말한다!

A: Your clerk is very good with customers.
B: Mindy has a way with folks.

A: 점원이 고객들에게 아주 잘하네요.
B: 민디는 사람들을 잘 대해요.

162

True that

그거 맞아, 인정, 완전 공감

| **true that** | That's true를 젊은 세대들이 줄여 쓴 표현. "그건 사실이야," "맞는 말이야," 혹은 요즘 말투로 "완전공감," "인정"이라고 생각하면 된다. 요즘처럼 언어의 변화[진화]를 피부로 느끼는 세대는 없었을 것 같다.

이렇게 쓰고!

1. Money is everything. True that.
돈이 전부야. 맞는 말이야.

2. Life's unfair all the time. True that.
인생은 언제나 불공평해. 맞는 말이야.

이렇게 말한다!

A: She always speaks her mind to us.
B: True that. That's why we like her.

A: 걘 항상 우리에게 솔직하게 말해.
B: 맞아. 그래서 우리가 걔를 좋아하지

Facts

163

팩트야, 맞는 말야, 완전 인정

| **facts** | 간결함을 추구하는 언어의 극단성을 보여주는 표현. 상대방의 말에 100프로 공감하면서 던지는 말로 "진짜 맞는 말이야," "완전 인정," "팩트다"라고 생각하면 된다.

이렇게 쓰고!

1. **Good friends are hard to find. Facts.**
   좋은 친구는 찾기 힘들어. 맞는 말이야.

2. **Money can buy happiness and other things. Facts.**
   돈은 행복과 다른 것들도 살 수 없어. 완전 인정.

이렇게 말한다!

A: Most people just come and go.

B: Yeah. Good friends are hard to find. Facts.

A: 대부분의 사람들은 그냥 스쳐 지나가지.
B: 맞아. 진짜 친구는 찾기 힘들어. 팩트야.

That checks out

164

그 말 맞아, 그거 사실이야, 그거 말되네

| **check out** | 확인하고 검증하다라는 기본 구동사. 그렇게 확인하고 나면 다른 문제가 없다는 추론을 해서 만든 표현이다. "그거 사실로 확인됐어," "납득이 돼," "맞는 말이네"라는 뜻이다.

이렇게 쓰고!

1. **Her story checks out with what she told me.**
   걔가 한 말이 내게 한 말과 일치하네.

2. **If she's broke, that checks out. She spends like crazy.**
   걔가 돈 없다면 말이 되지. 걘 돈을 막 쓰잖아.

이렇게 말한다!

A: He said he didn't sleep for a whole week.

B: That checks out. Look at his face.

A: 걔 일주일내내 잠을 못 잤대.
B: 그 말 맞네. 걔 얼굴 봐라.

You're not wrong

165

네 말 틀린게 아냐, 맞는 말이야, 일리가 있네

| not be wrong | 이중부정이 된 표현이다. '네 말이 틀리지 않았다'라는 것으로 "맞아," "맞는 말이네," "부정은 못하겠네" 등으로 해석하면 된다. 부드럽게 동의하거나 부분적으로 인정할 때 쓴다.

✏️ 이렇게 쓰고!

1. You're not wrong, but you're not right either.
네가 틀린 것도 아니지만, 완전 맞는 것도 아니야.

2. You're not wrong. She does spend too much money.
네가 틀린 말 아니야. 걘 진짜 돈 많이 쓰긴 해.

💬 이렇게 말한다!

A: I think we need a long vacation.

B: You're not wrong. We're burned out.

A: 우리 좀 긴 휴가가 필요해.
B: 맞아, 우리는 완전히 번아웃됐어.

I feel that

공감돼, 나도 그런 느낌이야, 나도 그래

166

| **feel** | 원래 '느끼다'라는 말로 상대방의 말에 감정적으로 동의하거나 공감할 때 쓰는 표현이 되었다. 우리말로는 "나도 그렇게 느껴," "나도 이해돼," "나도 그래"라는 의미이다. = I can relate = True that.

이렇게 쓰고!

1. **This month's been way too long. I feel that.**
   이번 달 진짜 길다. 공감돼.

2. **There's no justice in the world. I feel that.**
   세상에 정의라는 건 없어. 나도 느껴.

이렇게 말한다!

A: I'm so drained this week.
B: I feel that. Let's go get some rest.
   A: 이번주 너무 지쳤어.
   B: 공감돼. 가서 좀 쉬자.

I failed hard on that test

난 그 시험에서 완전 폭망했어

167

| **fail hard** | 실패했지만 hard하게 했다는 말로, "완전히 망하다," "큰 실패를 하다," "크게 실수하다"라는 강조표현으로 많이 쓰인다. = flop = bomb.

이렇게 쓰고!

1. **The assistant manager failed hard at the presentation.**
   차장은 프레젠테이션에서 폭망했어.

2. **Chris failed hard to impress the boss.**
   크리스는 사장에게 인상주려다 완전 실패했어.

이렇게 말한다!

A: Did your app launch work out?
B: Nope, the server crashed. We failed hard.
   A: 니네 앱 런칭 잘 됐어?
   B: 아니, 서버 망가져서 완전 폭망했지.

168

Be my guest!

그럼요!, 물론이지!

| **be my guest** | '내 손님이다'라는 뜻으로 상대방의 요청에 흔쾌히 '그럼요,' '그렇게 해요,' '좋아 그렇게 해,' '마음껏 해'라는 친절한 표현이다. = Suit yourself = Knock yourself out = Go ahead.

이렇게 쓰고!

1. You wanna make love to this guy? Be my guest!
이 남자와 사랑을 나누고 싶다고? 그렇게 해!

2. Oh, yeah, yeah? Be my guest. Fall in love with her.
어, 그래? 그렇게 해봐. 걔랑 사랑에 빠져봐.

이렇게 말한다!

A: Can I ask you something personal?

B: Be my guest.

A: 개인적인거 물어봐도 돼?
B: 물론 해도 돼.

169

Major props to Chris for helping me

날 도와준 크리스에게 진짜 감사해

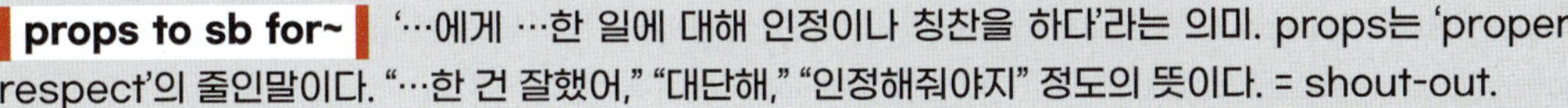

| **props to sb for~** | '…에게 …한 일에 대해 인정이나 칭찬을 하다'라는 의미. props는 'proper respect'의 줄인말이다. "…한 건 잘했어," "대단해," "인정해줘야지" 정도의 뜻이다. = shout-out.

이렇게 쓰고!

1. Props to my dad for always supporting me.
항상 나를 지지해준 아빠에게 존경을 보내.

2. Props to you for finishing the project on time.
제시간에 프로젝트 끝낸거 정말 잘했어.

이렇게 말한다!

A: Good one. That was an awesome presentation.

B: Thanks! Props to my team for the hard work.

A: 잘했어. 프레젠테이션 정말 멋졌어.
B: 고마워! 열심히 해준 팀 덕분이지.

170 We need some down time to recharge

우리는 재충전하려면 좀 쉬는 시간이 필요해

hit me 2가지 의미로 쓰인다. 첫째는 일을 멈추고 쉬면서 재충전의 기회로 삼는 것, 그리고 두번째는 기계 등이 멈추어서 작동을 하지 않은 시간을 말한다.

이렇게 쓰고!

1. **You should take some down time this weekend.**
   이번 주말엔 좀 쉬어라.

2. **The website had three hours of down time.**
   그 웹사이트가 3시간 동안 멈췄어.

이렇게 말한다!

A: What are you doing this weekend?
B: Just enjoying some down time. I need it badly.
   A: 이번 주말엔 뭐 해?
   B: 그냥 쉬려고. 난 휴식이 절실히 필요해.

I've said my piece

171 난 할 말은 다 했어

say one's piece '자기 의견을 말하다,' '하고 싶은 말을 다 하다,' '할 말은 하다'라는 뜻. 여기서 piece는 speech란 의미이다. '자기 몫의 할 말은 하다'라는 뉘앙스이다.

이렇게 쓰고!

1. **I've said my piece. Do whatever you want.**
   난 할 말은 다 했어. 이제 네 맘대로 해.

2. **He said his piece about the new rules.**
   걘 새 규칙들에 대한 자기 의견을 말했다.

이렇게 말한다!

A: You don't have to fight. Just say your piece.
B: Fine. But I need to be honest.
   A: 싸울 필요 없어. 그냥 네 할 말만 해.
   B: 좋아. 근데 솔직히 말할게.

172

They really threw me under the bus

책임을 내게 넘겼어, 나를 배신했어, 내게 떠넘겼어

| **throw sb under the bus** | "…을 버스 밑으로 던지다'라는 말로 일반적으로 자신의 이득을 지키기 위해 다른 사람에게 책임을 넘기거나 배신을 하는 것을 말한다. = sell out = dime out.

✏️ 이렇게 쓰고!

1. **Don't throw your family under the bus.**
   가족들을 배신하지마.

2. **She threw me under the bus during the meeting.**
   걘 회의 도중에 나를 배신했어.

💬 이렇게 말한다!

A: What happened with the meeting delay?

B: They totally threw me under the bus.

A: 미팅지연은 어쩌다 된거야?
B: 걔네가 다 나한테 뒤집어씌웠어.

173

I had a brain fart

순간적으로 멍해졌어, 깜빡했어, 머리가 하얘졌어

| **have a brain fart** | 갑자기 머리가 하얘지고 '순간적으로 멍해지다,' '깜빡하다,' '순간적으로 생각이 안나다,' 그리고 '순간 바보가 되다'와 같은 의미로 가벼운 실수를 했을 때 사용한다.

✏️ 이렇게 쓰고!

1. **It's no biggie. Just a brain fart moment.**
   별거아냐. 잠깐 멍했을 뿐이야.

2. **I had a brain fart and sent the wrong link.**
   멍해서 링크를 잘못 보냈어.

💬 이렇게 말한다!

A: Why did you say 2025 instead of 2026?

B: I had a brain fart. My bad.

A: 왜 2026인데 25년이라고 했어?
B: 순간 멍했어. 내 실수야.

174

Don't phone it in

대충하지마, 형식적으로 하지마, 맘없이 하지마

| phone it in | '전화를 통해 일하는 척하다'라는 뜻이지만 비유적으로 정신없이 혹은 열정없이 대강 일하는 것을 말한다. 위 문장은 "대충하지마," "건성으로 하지마," "형식적으로 하지마"라는 뜻.

이렇게 쓰고!

1. **Susan totally phoned it in at work today.**
   수잔은 오늘 회사에서 완전히 대충 일했어.

2. **Don't phone it in. Give it your best.**
   대충 일하지마. 최선을 다하라고.

이렇게 말한다!

A: You look tired. You gonna take a day off?

B: Nope. Can't phone it in before the deadline.

   A: 너 피곤해보여. 하루 쉴테야?
   B: 아니, 마감 전인데 대충할 순 없지.

175

Don't drag me into this

나를 끌어들이지마, 나까지 엮지마

| drag sb into sth | sb를 어떤 '논쟁이나 싸움 등에 끌어들이다,' '얽히게 하다'라는 의미의 표현이다. 위 문장은 그래서 "나 관여시키지마," "나까지 끼워 넣지마"라는 뜻이 된다.

이렇게 쓰고!

1. **Hey, guys. Don't drag me into your fight.**
   얘들아, 너희들 싸움에 나까지 얽히게 하지마.

2. **Don't drag me into something I didn't do.**
   내가 하지도 않은 일에 나를 엮지마.

이렇게 말한다!

A: All of us are responsible for this contract.

B: Nope. Don't drag me into your mistake.

   A: 이 계약건은 우리 모두의 책임이야.
   B: 아니, 네 실수에 나를 엮지마.

Miss me with that

176

그런 말 듣기 싫어, 그런 소리는 안통해

| **miss sb with~** | 요즘 젊은 세대들이 많이 쓰는 표현으로 상대방이 말같지 않은 소리를 하거나, 어처구니 없는 핑계를 댈 때 "그런 말 듣기 싫다," "그 얘긴 필요없어,"라는 뜻으로 사용된다.

이렇게 쓰고!

1. Miss me with that fake apology.
그런 가짜 사과 따위는 집어치워.

2. Miss me with that "it's not my fault" thing.
"내 잘못 아니야" 같은 소리는 집어치워.

이렇게 말한다!

A: Everyone's being dramatic about this.
B: Miss me with that drama. I'm already spaced out.

A: 다들 이 일 너무 유난 떠는거야.
B: 그런 유난 내게 들이대지마. 나 이미 정신이 나가있거든.

DIS

우리말화된 약어로 슬랭으로 "무시하다," "디스하다," "깍아내리다" 혹은 명사로 '그렇게 하는 것'이라는 뜻으로 쓰인다. **DISrespect**의 줄인 말로 DIS 혹은 DISS라고 표기한다.

• **Why you gotta dis me like that?**
왜 그렇게 나를 무시해?

• **Posting that was kind of a dis, NGL.**
그걸 올린 건 좀 디스였어, 솔직히.

177

That's solid

그거 괜찮다, 훌륭하다, 믿을만하다

be solid | '단단한'이라는 의미처럼 긍정적인 의미로 아이디어, 계획, 선택 등을 칭찬하면서 "그거 괜찮다," "멋지다," "훌륭하다"라고 말할 때 사용하면 된다. = Cool = Nice.

이렇게 쓰고!

1. **Your presentation was solid.**
   네 발표 좋았어.

2. **Their performance was solid tonight.**
   걔네들 오늘밤 공연은 정말 잘했어.

이렇게 말한다!

A: I'm planning on investing a bit in that startup.

B: That's solid. They're growing fast.

   A: 그 스타트업에 좀 투자해볼까 생각중이야.
   B: 괜찮은 생각이야. 걔네 요즘 성장 빠르잖아.

와! 이런 표현도 있구나
감탄하게 되는 표현!

You got me

난 모르겠는데, 내가 졌어, 알아들었지?(의문문의 경우)

001

| **You got me** | "모르겠다,"(I don't know), "내가 졌다"라는 뜻으로 쓰이는 경우이다. You got me there(내가 그 부분은 솔직히 인정하마)이라고 써도 된다.

✏️ 이렇게 쓰고!

1. You got me. It's been there a few days.
모르겠는데요. 며칠 됐어요.

2. Hey, Jack! Do it right now! You got me?
지금 당장 그걸 해! 알았어?

💬 이렇게 말한다!

A: Which singer is singing this song?
B: You got me. I've never heard it before.

A: 이 노래 누가 불러?
B: 몰라. 처음 들어봐.

Fill in the blanks

빈칸을 채우시오, 네가 맞춰봐,
결론이 어떻게 되는지 감을 잡아봐

002

| **fill in the blanks** | 시험문제에서 많이 보고 듣던 표현. '빈칸을 채우다'라는 뜻. 각종 양식에 있는 공란을 채운다, 그리고 비유적으로는 '알려[설명해] 주다," 의문문으로 쓰이면 "상상력을 발휘해서 이해하라"라는 뜻.

✏️ 이렇게 쓰고!

1. Can you fill in the blanks for me?
날 위해 빠진 부분 좀 채워줄래?

2. You're trying to fill in the blanks?
알아 맞춰볼래?

💬 이렇게 말한다!

A: Why are Chris and Jill getting a divorce?
B: Did you see Jill's new boyfriend? Come on, fill in the blanks.

A: 크리스와 질이 왜 이혼한대?
B: 질의 새 남친 봤어? 자, 감잡아봐.

I got a thing about this

003

난 이게 무척이나 좋아

| get a thing about[for]~ | '특별히 관심을 갖고 있다'는 의미. 다시 말해서 무척 좋아하거나 집착하거나 꺼려하는 것을 다 말할 수 있다. 즉 긍정적 혹은 부정적 의미로도 쓰인다.

✏️ 이렇게 쓰고!

1. You really have a thing about old movies, don't you?
너 결혼식 무척이나 좋아하지, 그지 않아?

2. He's got a thing about people touching his body.
걘 자기 몸에 손대는 걸 아주 싫어해.

💬 이렇게 말한다!

A: Every time I see you, you talk about *League of Legends*.
B: Yeah, it's true. I got a thing about this game.
A: 너 볼 때마다, 너 리그 오브 레전드 얘기하더라.
B: 나 이 게임을 엄청 좋아해.

You lost me

004

못 알아듣겠는데

| You lost me~ | 상대방이 갑자기 난이도 높은 이야기, 혹은 납득하기 어려운 이야기를 한 경우에 "(지금까진 당신 말을 이해했는데) 방금 한 말은 무슨 말인지 모르겠다," 그러니 "다시 말해달라"는 뜻으로 쓰는 표현.

✏️ 이렇게 쓰고!

1. You lost me at the start of your speech.
네 연설 처음부터 무슨 말인지 못알아들었어.

2. You lost me there. Why do you think he is smart?
그 부분을 이해못하겠어요. 왜 그 사람이 똑똑하다고 생각하죠?

💬 이렇게 말한다!

A: Do you understand your assignment?
B: No, I'm sorry, you lost me.
A: 자네가 할 일이 뭔지 이해가 되나?
B: 아뇨, 죄송합니다. 모르겠어요.

005

She's gonna mooch off us

걔는 우리에게 빌붙어살거야

| **mooch off (sb)** | '남에게 돈도 안주고 빌붙어 살다,' '빈대붙어 얻어먹다'라는 의미. 가볍게 영어로 풀어쓰자면 get things from sb without paying or giving anything back라는 의미이다. = sponge off.

✏️ 이렇게 쓰고!

1. I've already mooched dinner off you guys.
난 이미 너희들로부터 저녁 빈대붙었잖아.

2. She's gonna stay here and mooch off us forever?
걘 영원히 여기 남아 우리한테 빌붙어산다는거야?

💬 이렇게 말한다!

A: Why don't you want her to stay with us?
B: She's going to mooch off us.

A: 걔가 우리와 함께 남는 걸 원치 않아?
B: 걔는 우리에게 빌붙어 살거야.

006

What gives?

무슨 일 있어?

| **What gives?** | 안좋은 표정을 하고 있는 상대방에게 "무슨 안좋은 일이라도 있어?"(Explain what is happening), "왜 그래?"라고 물어보는 표현. = What's going on?, What's the matter?

✏️ 이렇게 쓰고!

1. I've been waiting for you for 30 minutes. What gives?
난 널 30분이나 기다렸어. 무슨 일이야?

2. So, what gives? I thought you were a good kisser.
오늘 왜 이래? 난 네가 키스잘하는 줄 알았는데.

💬 이렇게 말한다!

A: What gives? Are you planning to move?
B: Yeah, I think I'll rent an apartment elsewhere.

A: 무슨 일 있어? 이사할거야?
B: 어, 다른 곳에 아파트 세를 얻을까 해.

You'll step up to the plate

007

네가 잘 해낼거야

| **step up to the plate** | 야구에서 나온 표현으로, 타석(home plate)에 들어서다라는 말은 비유적으로 '책임질 순간에 나서서 행동하다,' '중요한 순간에 책임감 있게 도전을 받아들이다'라는 뜻이 된다.

이렇게 쓰고!

1. She needs to step up to the plate now.
이제는 걔가 책임지고 나설 때야.

2. Let's step up to the plate and finish this.
우리가 나서서 이걸 끝내자.

이렇게 말한다!

A: I'm nervous about the presentation.
B: Don't worry. You'll step up to the plate.

A: 프레젠테이션 때문에 긴장돼.
B: 걱정마. 네가 잘 해낼거야.

He wiped the floor with her

008

걘 그녀를 끽소리 못하게 만들었어

| **wipe the floor with sb** | 'sb를 완전히 참패시키다,' '깔아뭉개다,' '압도하다'라는 의미. 우리말 표현에서도 짐작할 수 있듯이 조금은 쎈 표현으로 어떤 게임이나 경쟁 등에서 압승했을 때 사용하면 된다.

이렇게 쓰고!

1. We pretty much wiped the floor with them.
우리는 걔네들을 완전히 참패시켰어.

2. Great job. We pretty much wiped the floor with them.
잘했어. 우린 걔네들을 완전히 압도했어.

이렇게 말한다!

A: Did Lora win the race she ran against Bob?
B: No, Bob wiped the floor with her.

A: 밥에 맞서서 달렸던 경주에서 로라가 이겼어?
B: 아니, 밥이 완승했어.

009

I'll boil it down for you

간단히 얘기할게, 요점만 얘기할게

| boil down | '끓여서 줄이다.' 이처럼 핵심만 남는 모습에서 연상되듯 '핵심[결론]은 …이다,' '결국 …로 귀착[요약]이 되다'라는 의미로 쓰인다. = In a nutshell.

이렇게 쓰고!

1. This is the report. I'll boil it down for you.
이게 보고서인데 내가 간단히 요점만 얘기할게.

2. I'll boil it down for you if you have time to listen.
들을 시간이 있다면 내가 간단히 얘기할게.

이렇게 말한다!

A: Can you explain this math problem?
B: Sure, I can. I'll boil it down for you.

A: 이 수학문제를 설명할 수 있어?
B: 물론이지. 간단히 설명해줄게.

010

I totally spaced

정신이 딴 데 가 있었나 봐

| space (out) | '피곤하거나 지쳐 멍하니 있는 상태'를 말한다. 머리가 하얘지거나 정신[넋]이 나간 모습, 즉 멍때리는 것을 연상하면 된다. You seem spaced out 또한 "너 정신나간 것 같구나"라는 의미.

이렇게 쓰고!

1. I'm sorry, I totally spaced.
미안해, 정신이 완전히 나가 있어서 말이야.

2. Shit! I totally spaced. I forgot to buy her a present.
젠장헐! 정신이 완전히 나갔네. 걔 선물 사주는 걸 잊었어.

이렇게 말한다!

A: Why couldn't you answer his questions?
B: I got nervous and I totally spaced out.

A: 왜 걔의 질문에 답을 못한거야?
B: 초조해서 정신이 나가 있었어.

I pulled a fast one on her

011

내가 걔한테 사기쳤어

pull a fast one on sb '…을 속이다,' '사기치다,' '등치다'라는 의미. 여기서 fast one은 '빠른 눈속임 같은 행동'을 말해서 전반적으로 표현의 뉘앙스는 '교묘하게 속여 사기치다'가 된다.

이렇게 쓰고!

1. She thinks she can get one over on everyone.
갠 누구든 속일 수 있다고 생각해.

2. He pulled a fast one on the old lady and stole her money.
걔는 노부인한테 사기쳐서 돈을 훔쳐갔어.

이렇게 말한다!

A: How did you get Sue to give you $500?

B: I pulled a fast one on her. I told her it was for charity.

A: 어떻게 수한테서 500 달러를 받아낸거야?

B: 내가 돌려먹었지. 자선단체에 낼거라고 했어.

012 Don't give me that!

그런 말마!, 정말 시치미떼기야!

| **don't give me that** | 상대방이 거짓말하거나 말도 안되는 변명을 할 때 "그런 말마!," "정말 시치미떼기야!" 라고 화를 내면서 하는 표현. 직역하면 그런 말이나 거짓말, 핑계를 내게 주지 말라는 의미다.

이렇게 쓰고!

1. Don't give me that. You had time to text others.
그런 소리하지마. 다른 사람한텐 문자 잘 보내더만.

2. Don't give me that. You were trying to protect yourself.
말도 안되는 소리마. 넌 널 보호하려는 거잖아.

이렇게 말한다!

A: I'm just tired, okay?
B: Don't give me that. You're avoiding me.
A: 그냥 피곤한거야, 알겠지?
B: 그런 핑계 대지마. 넌 날 피하는거야.

013 It stinks

젠장, 영 아니야

| **sth stinks** | 원래 아주 고약한 냄새(bad smell)가 난다는 말로 sth stinks하게 되면 냄새가 지독하거나 혹은 비유적으로 sth이 '영 아니다,' '심하다'라는 의미가 된다.

이렇게 쓰고!

1. Service here always stinks.
여기 서비스는 늘상 엉망야.

2. Let's call a spade a spade, this party stinks.
솔직히 말하자고, 이 파티는 영 아냐.

이렇게 말한다!

A: How do you like the apartment building you moved to?
B: It stinks. It's noisy and the neighbors are rude.
A: 이사간 아파트 어때?
B: 으악야. 시끄럽고 이웃들도 무례해.

That's a downer

김빠지네, 실망스럽네, 암울해

014

| **downer** | '진정제,' '흥을 깨는 것,' 혹은 '기분을 울적하게 하는 것'(something that is depressing)이라는 단어. 즉 위 문장을 달리 표현하자면 "That made me feel unhappy."

이렇게 쓰고!

1. What a downer!
야, 참 실망이네!

2. Tony was a real downer last night.
지난 밤 토니는 너무 실망스러웠어.

이렇게 말한다!

A: My father said we have to move to another city.
B: That's a downer. You'll miss your friends.
A: 아버지가 다른 도시로 이사해야 한다고 하셨어.
B: 실망스럽네. 네 친구들을 다 그리워하게 될거야.

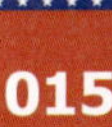

Shove it

집어치워, 그만둬

015

| **shove it** | 무례한 표현으로 상대방에게서 도움 등이 필요없다고 말을 끝내는 문장이다. '집어치워,' '그만둬'(No way, forget about it)에 해당하며 Shove it up your ass나 Stick it이라고 해도 된다.

이렇게 쓰고!

1. She told her ex-boyfriend to shove it.
걔는 전 남친보고 꺼지라고 말했어.

2. If you want more from me, you can shove it.
내게서 뭘 더 원한다면 꿈깨라고.

이렇게 말한다!

A: If you want to remain here, you have to take a pay cut.
B: You can take this job and shove it!
A: 여기 남고 싶으면 급여삭감을 받아들여야 돼.
B: 너나 다녀라, 말도 안되는 소리말고!

Why did it come to this?

어쩌다 이 지경에 이르렀어?

come to this '이 지경에 이르다,' '이런 상황이 되다'로 Why did it come to this?하게 되면 뭔가 부정적이고 바람직하지 않은 일이 일어난 후에, 그 원인이나 이유를 물어보는 문장이다.

✏️ 이렇게 쓰고!

1. Why dit it come to this? What is the point?
어쩌다 이렇게 된거야? 말하려는 요점이 뭐야?

2. Why did it come to this? Does it have to be so hard?
어쩌다 이렇게 된거야? 이렇게 힘들어야 되는거야?

💬 이렇게 말한다!

A: There is nothing we can do to stop the war.
B: War is so terrible. Why did it come to this?

A: 전쟁을 막기 위해 우리가 할 수 있는 일이 없어.
B: 전쟁은 끔찍해. 어떡하다 이 지경에 이르렀냐?

It is what it is

어쩌겠어

It is what it is 살다보면 힘든 일도, 원하지 않을 일도 "받아들여야지", "방법이 없지"라는 표현이다. 영어로 풀어쓰면 "Sometimes things happen in life that we can't control." = Shit happens.

✏️ 이렇게 쓰고!

1. She didn't apologize, but it is what it is.
걔가 사과는 안 했지만, 뭐 어쩌겠어.

2. Sometimes life is unfair. It is what it is.
가끔 인생이 불공평해. 어쩔 수 없지.

💬 이렇게 말한다!

A: Everything went wrong today.
B: It is what it is.

A: 오늘 진짜 뭐든 다 꼬였어.
B: 뭐, 어쩌겠어.

You do you

018

너 하고 싶은대로 해

| **you do you** | 요즘 잘 나가는 표현으로 상대방의 선택이나 스타일을 존중할 때 쓰는 말이다. 약간은 캐주얼하고 친근한 뉘앙스. "네가 하고 싶은대로 하다," "남 신경쓰지 말고 너대로 살다"라는 의미.

 **이렇게 쓰고!**

1. I wouldn't wear that, but you do you.
나는 그거 안 입겠지만, 너는 너 하고 싶은 대로 해.

2. If you want to quit your job and travel, you do you.
네가 직장을 그만두고 여행 가고 싶다면, 네 마음대로 해.

이렇게 말한다!

A: I'm thinking about starting a YouTube channel.

B: Sounds great. You do you!

A: 유튜브 채널 시작해볼까 해.

B: 좋아 보이네. 너 하고 싶은 대로 해!

Look who's got game

019

너 정말 잘하네

| **have got game** | '…을 잘하다'라는 의미. 누군가 잘 하리라고 예상을 못했는데 잘하는 경우에 할 수 있는 표현, "와, 얘봐라, 잘하네," "실력있네," "은근히 잘하네." = "Wow, you are really good at that."

 **이렇게 쓰고!**

1. Are you telling me you've got game?
네가 능력이 있다고 말하는거야?

2. Oh yeah, we'll find out if he has got game.
오 그래, 우리는 걔가 능력이 있는지 알아낼거야.

이렇게 말한다!

A: You did very well. Look who's got game!

B: Yeah, I've been practicing a lot to get better.

A: 정말 잘했어. 너 정말 잘하는데!

B: 그래, 더 잘하도록 연습을 많이 했어.

You crushed it!

너 완전 잘했어!

| **crush it** | 젊은 에너지가 넘치는 생기발랄한 표현이다. "너 완전 잘했어!," "너 압도적으로 해냈어!," "너 진짜 대박냈어!"라는 뜻으로 You nailed it보다 핫한 표현이다. crush+일반명사로도 쓰인다.

이렇게 쓰고!

1. You crushed it today.
오늘 완전 대박냈어.

2. He crushed it in the interview.
걘 인터뷰에서 제대로 해냈어.

이렇게 말한다!

A: I think I did pretty well on the exam.

B: Pretty well? You crushed it!

A: 시험 꽤 잘 본 것 같아.
B: 꽤 잘? 너 아예 대박냈다고!

Done and done!

문제해결!, 끝났어!

| **Done and done** | 캐주얼하게 많이 쓰는 표현으로 "완료!," "해냈다!," "문제 해결!," "끝났어!"라는 뜻이다. 상대방의 명령을 받거나 요청을 수행했을 때, 또는 내가 스스로 무언가를 마쳤을 때 쓸 수 있는 표현이다.

이렇게 쓰고!

1. I submitted the report. Done and done.
보고서 제출했어. 끝!

2. Need someone to cover your shift? Done and done.
네 근무 대신할 사람 필요하다고? 내가 해줄게.

이렇게 말한다!

A: Can you upload the files today?

B: Done and done.

A: 오늘 파일 업로드해줄 수 있어?
B: 이미 했어. 끝!

022

You got that from me

나 닮아서 그래, 나한테서 들은거잖아

| **have got that from sb** | '그거를 …에게서 배우다, 혹은 '그거 …닮아서 그래'라는 의미로 상대의 성격·습관·말투·재능 등을 보고 할 수 있는 말. 또한 어떤 정보[사실]은 '…로부터 받다,' 즉 '…에게서 들은거다'라는 뜻.

이렇게 쓰고!

1. **She's stubborn. She got that from me.**
   그녀 고집 센 거. 나 닮았지.

2. **You got that idea from me, didn't you?**
   그 아이디어 나한테서 얻은 거잖아, 맞지?

이렇게 말한다!

A: **I heard she's moving out.**

B: **You got that from me. Don't spread it.**

   A: 걔 이사 간다던데.
   B: 그거 내가 말해준 거잖아, 퍼뜨리지마.

023

They're really bonding

걔네들 무척 친해, 친해지고 있어

be bonding '유대관계가 좋다,' '잘 지내다'라는 뜻이며 bonding하면 '긴밀한 유대관계,' '친한 사이'를 말한다. 또한 male bonding하면 '남자들끼리 의기투합'을 뜻한다.

✏️ 이렇게 쓰고!

1. **I'm glad you're bonding with your grandparents.**
   네가 조부모님들과 좋게 지내서 기뻐.
2. **We were totally bonding as soon as we met each other.**
   우린 서로 만나자 마자 아주 가까워졌어.

💬 이렇게 말한다!

A: Your son and my son are becoming friends.
B: I see that. They're really bonding together.

   A: 네 아들과 내 아들이 친구가 됐어.
   B: 알아. 무척 친해.

024

I'm craving coffee

커피가 너무 마시고 싶어

crave '간절히 원하다,' '몹시 땡기다'라는 동사이다. 단순히 want한다는게 아니라 온 몸으로 갈망하다는 뉘앙스. 위 문장은 "커피가 너무 땡겨," "커피가 간절해" 강조하려면 I've got a craving for ~라고 한다.

✏️ 이렇게 쓰고!

1. **I craving ramen last night.**
   어젯밤 라면이 너무 먹고 싶었어.
2. **I've got a craving for some spicy food.**
   매운게 정말 먹고 싶어 죽겠어.

💬 이렇게 말한다!

A: What do you want to eat?
B: I've got a craving for burgers.

   A: 뭐 먹고 싶어?
   B: 버거 땡겨.

025 — I feel you

네 맘 이해해, 나도 그 기분 알아, 완전 공감해

feel sb 감성세대여서 그러나 feel를 이용한 표현들이 많이 있다. 직역하면 '너를 느껴'이지만, 실제로는 상대방의 처지나 감정에 깊이 공감할 때 사용한다.

이렇게 쓰고!

1. **I feel you. Been there, done that.**
   그맘 나도 알아. 나도 겪어 봤어..

2. **I feel you. Funerals always suck.**
   그 맘 이해해. 장례식은 언제나 힘들지.

이렇게 말한다!

A: **I haven't had a day off in months.**

B: **The boss is so mean. I feel you. Same here.**

   A: 몇 달째 하루도 쉬지 못했어.
   B: 사장이 진짜 심해. 그 맘 알아. 나도 그래.

026 — Need some me time

나 만의 시간이 필요해, 혼자 있고 싶어

me time 요즘 영어로 힐링을 강조하는 시대에 뜨고 있는 표현이다. 남을 신경쓰지 않고 '나 자신에게만 집중하는 시간'을 뜻한다. 쉬면서 생각하고 충전하는 그런 시간이다.

이렇게 쓰고!

1. **I'm staying home this weekend for some me time.**
   이번주는 집에서 나만의 시간 좀 보낼거야.

2. **Everyone needs some me time every now and then.**
   누구나 가끔은 혼자만의 시간이 필요해.

이렇게 말한다!

A: **How come you're not answering any calls. Some problem?**

B: **Nah, just taking some me time.**

   A: 왜 전화를 안받아? 무슨 문제 있어?
   B: 아니, 그냥 나만의 시간을 좀 보내는 중이야.

027

You had me at hello

난 첫눈에 반했어, 첨부터 널 좋아했어

| have sb at hello | 직역하면 헬로라고 인사할 때 넌 나를 가졌다라는 의미로, 의역하자면 '처음 인사할 때 이미 너한테 마음을 뺏겼어'라는 사랑고백멘트이다. "그때부터 이미 맘이 갔다"로 생각하면 된다.

이렇게 쓰고!

1. You had me at "I brought pizza."
"피자 가져왔어"라는 말에 이미 반했지.

2. You had me at the way you looked at me.
날 바라보던 그 눈빛에서 이미 반했어.

이렇게 말한다!

A: I knew you were the one since the first date.
B: Wow. You had me at hello.

A: 처음 데이트할 때부터 네가 내 운명인 걸 알았어.
B: 와, 난 처음 인사할 때 이미 너한테 넘어갔지.

028

That's fire

진짜 멋져, 너무 좋아, 죽인다, 대박이야

| sb[sth] be fire | 여기서 fire는 '불이다'에서 발전하여 '너무 핫하다' 그리고 더 나아가 '엄청 좋다'라는 뜻으로 쓰인다. "완전 짱이다"라는 의미로 Gen Z가 특히 많이 쓰는 표현이다. 주어가 사람이 될 수도 있다.

이렇게 쓰고!

1. Your makeup today is fire.
오늘 네 화장 완전 예뻐.

2. Those pictures you posted are fire.
네가 올린 사진들 정말 짱이다.

이렇게 말한다!

A: Did you see her dance video on YouTube?
B: Yeah, it was straight fire!

A: 유튜브에서 걔 댄스영상 봤어?
B: 봤지, 진짜 대박이었어!

029

Stop flexing your new car

새 차 그만 자랑 좀 해

| **flex sth** | 원래 flex는 '근육을 자랑하다'라는 뜻이었지만 요즘에는 자신이 갖고 있는 부와 재산 그리고 외모 등을 '자랑하다,' '뽐내다'라는 의미로 많이 쓰인다.

이렇게 쓰고!

1. Stop flexing your designer clothes.
네 명품 옷 자랑 좀 그만해.

2. She keeps flexing her Maldives pics.
걔는 계속해서 몰디브 여행사진 자랑해.

이렇게 말한다!

A: I posted twenty pics of my new car today.
B: Dude, stop flexing your new car!

A: 오늘 내 새 차사진 벌써 20장이나 올렸어.
B: 야, 새 차 자랑 그만해라!

030

I stan Taylor Swift

난 테일러 스위프트를 정말 좋아해

| **stan sb** | 원래 '너무 집착하는 팬'을 뜻했지만 지금은 긍정의 의미로, 단순한 fan을 넘어선 '열성팬'을 의미하며, 또한 동사로 '…을 정말 좋아하다,' '…의 찐팬이다'라 쓰인다. SNS에서 자주 볼 수 있는 단어이다.

이렇게 쓰고!

1. I'm such a Taylor Swift stan.
난 완전 테일러 스위프트 찐팬이야.

2. Once you stan Taylor Swift, there's no going back.
한 번 테일러 팬이 되면, 돌아갈 수 없어

이렇게 말한다!

A: Who's your favorite singer?
B: Taylor Swift, obviously. I stan her so hard.

A: 제일 좋아하는 가수는 누구야?
B: 당연히 테일러 스위프트지. 난 완전 찐팬이야!

031

It sent me

그 말 듣고 빵 터졌어, 너무 웃겨서 정신이 나갔어

| **sent me** | '나를 보냈다'라는 말에서 출발하여, 상대방의 말이나, 어떤 상황에서 '너무 웃겨 혼이 나갔다'라는 뉘앙스로 쓰이는 Gen Z식 표현이다. = I'm dead = I'm weak = That killed me = I can't even.

📝 이렇게 쓰고!

1. That dad joke sent me!

그 아재개그 때문에 내가 빵 터졌어!

2. His reaction sent me. I couldn't stop laughing.

걔 반응 때문에 빵 터졌어. 웃음을 멈출 수가 없었어.

💬 이렇게 말한다!

A: Did you see her face when I said that?

B: Yeah, her reaction sent me. I couldn't stop laughing.

A: 내가 그 말 할 때 걔 얼굴봤어?

B: 어, 걔 반응보고 내가 빵 터졌어. 웃음을 멈출 수가 없었어.

032

He slayed the presentation

걘 프레젠테이션을 완벽하게 해냈어

| **slay sth** | 요즘세대영어는 좀 부정적인 단어를 긍정적으로 쓰는 경향이 있다. slay는 원래 '죽이다'라는 의미이지만 목적어를 사물로 받아, '완벽하게 해내다,' '멋지게 해내다,' '찢었다' 등의 의미로 많이 쓰인다.

📝 이렇게 쓰고!

1. I slayed my finals yesterday.

나 어제 기말고사 완전 잘 봤어.

2. You slayed that speech on the future of AI.

인공지능의 미래에 대한 네 연설 진짜 잘했어.

💬 이렇게 말한다!

A: You really slayed the audience today.

B: Thanks, I came to slay!

A: 넌 오늘 청중들을 완전히 휘어잡았어.

B: 고마워! 오늘은 찢으러 왔거든!

033

Come on, spill the tea!

야, 어서 사실을 말해봐!

| **spill the tea (with/about~)** | '차를 쏟다'라는 의미에서 발전하여 재미있는 얘기나, 가쉽, 비밀 등의 "소문을 말하다," "뒷얘기를 알려주다," 혹은 "진실을 밝히다"라는 Gen Z세대 표현이다.

이렇게 쓰고!

1. **She loves to spill the tea about neighbors.**
   걔는 이웃사람들 얘기하는거 너무 좋아해.

2. **We were just spilling the tea about the manager.**
   우리 방금 매니저 뒷얘기하고 있었어.

이렇게 말한다!

A: **I saw Chris with a hot girl last night.**

B: **What're you waiting for? Spill the tea already!**

   A: 나 어젯밤에 크리스가 야한 여자와 있는거 봤어.

   B: 뭘 기다려? 이제 얼른 다 털어놔!

034

That gave me life

그 때문에 활력이 생겼어

| **give (sb) life** | '주어가 sb를 완전히 기운나게 하다,' '살맛나게 하다,' '활력을 주다'라는 의미로 너무 멋지거나 감동적이어서 내가 살아났다, 힐링이 됐다라는 뜻으로 사용된다. = That lifted me up.

🖍 이렇게 쓰고!

1. That Idol concert gave me life!
그 아이돌 콘서트가 날 정말 기운나게 해줬어!

2. This Starbucks morning coffee always gives me life.
이 스타벅스 아침 커피는 언제나처럼 내 활력소야.

💬 이렇게 말한다!

A: That Ejae performance yesterday was insane!
B: You said it. It gave me life!

A: 이재의 어제 공연 정말 미쳤어!
B: 맞는 말이야. 그 덕에 활력이 생겼어.

035

Be so for real?

진짜로 말해봐, 장난치지마, 진심이야?, 진짜야?

| **be for real** | '진심이다,' '사실이다'라는 말로 주로 상대방이 말도 안되는 얘기, 거짓말을 할 때 사용하는 표현이다. so를 붙여 be so for real하면 강조형이 된다. 완전히 요즘 세대 표현이다.

🖍 이렇게 쓰고!

1. You think you can date Chris? Be so for real?
네가 크리스와 사귈 수 있다고 생각해? 말도 안 돼.

2. Be so for real, that designer bag costs $10,000?
정말이야? 그 명품 가방이 만 달러라고?

💬 이렇게 말한다!

A: I think I saw Taylor Swift at the mall near my house.
B: Be so for real right now!

A: 나 집근처에 있는 쇼핑몰에서 테일러 스위프트를 본 것 같아.
B: 진짜야 지금?

036

I'm too zonked to go out tonight

너무 지쳐서 오늘밤 외출 못해

| **zonked** | 이 단어는 '너무 피곤한,' '녹초가 된'이라는 뜻이다. 즉, '너무 피곤해서 완전히 녹초가 된 상태'를 연상하면 된다. = exhausted = wiped out = drained = dead tired.

이렇게 쓰고!

1. I'm zonked from all those meetings this week.
이번주 회의들 때문에 완전 녹초됐어.

2. I'd love to join you, but I'm zonked. Maybe tomorrow?
같이 하고 싶지만 내가 너무 지쳤어. 내일은 어때?

이렇게 말한다!

A: Are you coming to Tom's dinner party tonight?
B: Nah, I'm too zonked to go out tonight.

A: 오늘 톰의 저녁 파티에 올거야?
B: 아냐, 오늘 너무 피곤해서 못가겠어.

037

That hit the spot

딱 좋아, 딱 내가 원하는거야, 완전히 만족해

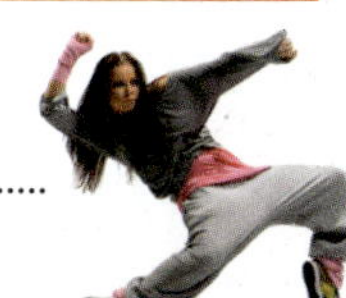

| **hit the spot** | 주로 커피나 식사 등이 자기 원하는 맛일 때 또는 뭔가 만족스러운 상황일 때 사용하는 표현으로 "딱 좋아," "바로 이거지," "완전 만족해"라는 의미이다. = That revived me = That gave me life.

이렇게 쓰고!

1. That coffee you made really hit the spot.
네가 만든 그 커피 딱 원하던 맛이었어.

2. A coffee break after lunch really hit the spot.
점심후에 커피타임이 진짜 내가 원하던거였어.

이렇게 말한다!

A: You seem very happy after lunch.
B: Yeah, that pizza hit the spot.

A: 점심 먹고 기분이 매우 좋아 보여.
B: 어, 그 피자가 진짜 딱이었어.

038

You give off such good vibes!

너한테 좋은 에너지가 느꼈져!,
넌 사람을 기분좋게 하는 에너지가 있어!

give off good vibes good vibes는 요즘세대가 무척 좋아하는 표현으로 '좋은 기운,' '긍정적인 에너지,' 혹은 '따뜻한 느낌'을 말한다. 이런 것을 give off(발산하다)라는 표현이다. 칭찬하는 문장이다.

이렇게 쓰고!

1. She **gives off such good vibes** whenever she smiles.
   걘 웃을 때마다 좋은 기운이 퍼져.

2. Every time I see you, you **give off such good vibes!**
   너를 볼 때마다 좋은 기운이 느껴져!

이렇게 말한다!

A: It's always so comfortable when you're around.
B: You **give off such good vibes**, too!

   A: 너하고 있으면 항상 편해.
   B: 너도 좋은 기운을 주잖아!

039

I can't even

헐 말이 안나오네, 이건 뭐야, 와 진짜 대박

I can't even 전형적인 Gen Z세대 표현. 너무 놀랍거나 어이없거나, 혹은 너무 귀엽고 감동적일 때 '말문이 막힌다'는 뉘앙스로 쓴다. 줄여서 I can't, 혹은 I literally can't라고 강조할 수 있다.

이렇게 쓰고!

1. Just a moment. **I can't even** right now!
   잠깐만. 너무 지금 웃겨 말이 안나와!

2. **I can't even** deal with this drama thing.
   이 드라마 같은 상황이 감당이 안 돼.

이렇게 말한다!

A: He proposed in the middle of the baseball game!
B: **I can't even** right now!

   A: 걔가 야구경기 도중에 프로포즈했대!
   B: 헐, 미쳤다, 진짜!

040 You sound a little salty about it

너 좀 삐진 것 같아, 너 그거 때문에 화난 것 같아

| salty about~ | '짜다'라는 발전하여 '감정적으로 짜증이 난,' '서운한,' '질투하는,' 혹은 '삐진'이라는 의미로 사용된다. 좀 비꼬는 뉘앙스가 깔려 있다.

이렇게 쓰고!

1. **Don't be so salty, it's just a computer game.**
   그렇게 삐지지마, 그건 그냥 컴퓨터 게임일 뿐이야.

2. **You don't have to get salty about the breakup.**
   헤어졌다고 그렇게 짜증낼 필요는 없잖아.

이렇게 말한다!

A: I can't believe Chris got the promotion instead of me.
B: You sound a little salty about it.
   A: 나 대신 크리스가 승진했다니 믿기지 않아.
   B: 너 그거 때문에 좀 삐진 것 같아.

041 He's got serious main character energy today

오늘 완전히 주인공 분위기나, 오늘 걔 진짜 주연느낌이 나

| main character energy | Gen Z 세대가 자주 사용하는 표현으로 '존재감 뿜뿜,' '주인공 같은 기운'이라는 뜻으로 SNS에서 많이 쓰인다. 주인공처럼 '자신감'과 '존재감'을 뽐내고 있다는 뉘앙스이다.

이렇게 쓰고!

1. **He's living his life with main character energy.**
   걘 인생을 주인공처럼 살고 있어.

2. **The way she walked in the office? Main character energy.**
   그녀가 사무실에 들어오는 모습? 완전 주인공 포스가 났어.

이렇게 말한다!

A: Why is everyone staring at me?
B: You've got main character energy, obviously.
   A: 왜 다들 나만 쳐다봐?
   B: 넌 확실하게 주인공 포스가 나서.

042 You gave a killer presentation!

너 프레젠테이션 끝내줬어!, 진짜 최고였어!

killer | 뭔가 멋진 것을 보고 '죽여준다'라고 말하듯, 영어에서도 kill(er)은 뭔가 멋졌을 때 칭찬하는 표현으로 쓰인다. killer는 '죽이는,' '끝내주는,' '대박인' 정도로 생각하면 된다. = nailed = crushed.

이렇게 쓰고!

1. Vicky's wearing killer makeup tonight.
비키의 오늘밤 화장은 진짜 대박이다.

2. You made a killer first impression on everyone.
너 모두에게 첫인상 끝내줬어.

이렇게 말한다!

A: I just closed my first contract with Google.
B: No way, that's killer work!
A: 나 구글하고 첫 계약 따냈어.
B: 말도 안돼? 진짜 잘했다!

043 I'm built different

난 남들하고 좀 달라, 난 클래스가 달라, 난 급이 달라

be built different | 다르게 만들어졌다는 말로, 스스로 자뻑하는 사람들이 스스로에 도취되어서 즐겨 쓰는 표현이다. "난 다른 사람들과는 급이 달라," "난 좀 달라"라는 의미이다. = I'm not like the others.

이렇게 쓰고!

1. Woke up at 6 a.m. to jog. I'm built different.
새벽 6시에 나와서 조깅해. 난 좀 다르지.

2. You finished the report already? You're built different!
벌써 보고서 끝냈다고? 넌 진짜 남다르다!

이렇게 말한다!

A: How did you do that so fast?
B: What can I say? I'm built different.
A: 어떻게 그렇게 빨리 했어?
B: 뭐 어쩌겠어. 난 좀 다르거든.

044

That question came out of left field

그 질문은 예상하지 못했어, 뜬금없었어

come out of left field | 야구에서 유래한 표현. '왼쪽 외야에서 갑자기 날아온 공처럼 예상못한 방향에서 오다'라는 것으로 "뜻밖이다," "예상하지 못하다," 혹은 "엉뚱하다"라는 의미.

이렇게 쓰고!

1. His apology came out of left field.
개의 사과는 너무 뜬금없었어.

2. Our breakup came out of left field for the parents.
우리의 이별은 부모님들에게는 너무 갑작스러웠어.

이렇게 말한다!

A: Karen! When are you getting married?
B: Whoa, that came out of left field.

A: 카렌! 너 언제 결혼할거야?
B: 와… 뜬금없이 그건 왜 물어봐?

MZ Talk! SMH

인터넷상의 채팅이나 댓글에서 자주 볼 수 있는 리액션 약어로 **Shaking My Head**의 약어이다. 실망감을 표출하는 것으로 "어이없다," "한심하다"라는 의미이다.

- **Just SMH and moving on.**
  그냥 어이없어서 넘어간다.

- **He forgot his password again. SMH.**
  걘 또 비밀번호 까먹었대. 어이없네.

You crack me up

045

너 때문에 웃겼어, 너 때문에 빵 터졌어

crack sb up 주어가 너무 재밌는 말을 하거나 해서 웃길 때 '너무 웃긴다'라고 말할 때 사용하는 표현이다. "너 진짜 웃겨," "너 때문 빵 터졌다" 정도로 이해하면 된다.

이렇게 쓰고!

1. Chris! You crack me up every time we talk.
크리스! 너랑 얘기할 때마다 웃음이 터져.

2. That YouTube Shorts video you linked me cracked me up.
네가 보내준 그 유튜브 숏츠 영상 보고 완전 빵 터졌어.

이렇게 말한다!

A: Did you see that deep fake video I sent you?

B: Yeah, it cracked me up!
A: 내가 보낸 딥페이크 영상 봤어?
B: 봤지! 완전 빵 터졌어!

Let's bounce

046

이제 가자, 나가자

bounce '튕기다'라는 동사이지만 요즘 영어에서는 '자리를 뜨고 나가다,' '이동하다'라는 의미로 쓰인다. 위 문장은 "이제 우리 슬슬 나가자" 정도로 이해하면 된다. = Let's dip = Let's head out.

이렇게 쓰고!

1. It's getting dark. Let's bounce home.
어두어지니까 우리 어서 집에 가자.

2. The movie's over. Wanna bounce or stay a bit longer with me?
영화 끝났는데, 갈래 아니면 나랑 좀 더 있을래?

이렇게 말한다!

A: We've been waiting for her to get here.

B: Forget it, let's bounce.
A: 우린 걔가 오기를 한 시간째 기다리고 있어.
B: 이제 됐어, 그냥 가자.

047

Can't relate

나랑 공감안돼, 나 그런 적 없어, 내 얘기는 아냐

| **can't relate** | 요즘세대 영어의 대표적인 표현. '공감안돼,' '나랑은 달라,' '그런 경험없어'라는 의미. 원래는 I can't relate to that이지만 앞뒤 잘라라서 그냥 Can't relate라고 한다. = So relatable.

이렇게 쓰고!

1. Tracy said she gets at 4 a.m. every day. Can't relate.
크레이시는 매일 새벽 4시에 일어난대. 난 절대 못 해.

2. Guess what? He said he doesn't like coffee. Can't relate.
저말이야. 걔는 커피를 싫어한대. 난 이해가 안돼.

이렇게 말한다!

A: You know what? Rachel said she doesn't like coffee.

B: Can't relate. Coffee gives life.

A: 있잖아? 레이첼은 커피를 싫어한대.
B: 공감 안돼. 커피로 활력을 얻는데 말야.

048

I'm jonesing to go on a trip

여행가고 싶어 죽겠어

| **be jonesing for+N[to+V]** | '…하고 싶어 미치겠다'라는 표현이다. '…를 간절히 원하다,' '갈망하다,' '너무 …을 하고 싶다'라는 뜻으로 사용된다. = be dying to = be itching to = could use.

이렇게 쓰고!

1. I'm jonesing for some pizza today.
난 오늘 피자가 너무 땡겨.

2. They're jonesing to go camping this weekend.
걔네 이번 주말에 캠핑가고 싶어 죽겠대.

이렇게 말한다!

A: What's your plan this weekend?

B: I'm jonesing to get some rest at home.

A: 이번 주말에 뭐 할거야?
B: 집에서 푹 쉬고 싶어 죽겠어.

Don't hype it up too much

049

너무 기대하지마, 너무 호들갑 떨지마

hype up sth | hype은 '과장광고[관심]'이라는 뜻으로 hype up하게 되면 '…을 과대포장하다,' '너무 호들갑 떨다,' 그리고 '너무 띄우지 않다'라는 의미로 사용된다. = Don't get your hopes up.

이렇게 쓰고!

1. Linda likes to hype up every little thing.
린다는 사소한 것도 너무 과장해서 말해.

2. It's just a small family party, don't hype it up too much.
그냥 가족끼리 하는 작은 파티야, 너무 기대하지마.

이렇게 말한다!

A: I heard that grocery store is the best in town!
B: Don't hype it up too much.

A: 그 식료품점이 이 동네에서 최고라던데!
B: 너무 기대하지마.

His new song was a flop

050

걔 신곡은 완전 망했어, 흥행에 실패했어

be a flop | flop은 '실패작,' '완전 망한 것,' 즉 '폭망'을 뜻하는 단어이다. 주로 노래, 영화, 공연이나 혹은 제품 등이 대중의 관심을 못받고 실패할 때 자주 사용한다. "망했다," "실패했다." 반대는 be a hit.

이렇게 쓰고!

1. The new product was a flop with customers.
그 신제품은 소비자들로부터 외면당했어.

2. The new Eva Green movie was a flop at the box office.
에바그린이 나오는 신작 영화는 흥행에서 완전 폭망했어.

이렇게 말한다!

A: Everyone thinks it will be a hit and hyped it up.
B: I know, but it totally flopped.

A: 그게 대박날거라고 생각하고 엄청 띄워잖아.
B: 맞아, 근데 완전 폭망했지.

That's a dope idea!

051

그거 진짜 멋진 아이디어야, 완전 대박야!

| **be a dope+N** | dope는 원래 '마약'이란 뜻이지만 요즘 영어에서는 '멋진,' '끝내주는,' '대박인,' 그리고 '짱인'이라는 긍정적인 감탄의 표현으로 자주 사용된다. = be cool = be awesome.

이렇게 쓰고!

1. That's a dope way to promote your new product.
그건 네 신제품 홍보하기 딱 좋은 방법이야.

2. That's a really dope plan. Let's make it happen right now.
그거 완전 좋은 계획이다. 바로 실행하자.

이렇게 말한다!

A: Let's make an app that teaches American slang used now.
B: That's a dope idea.

A: 요즘 쓰이는 미국슬랭을 가르치는 앱 만들어보자.
B: 그거 진짜 멋진 아이디어다.

That party was so Gucci!

052

그 파티 정말 최고였어!, 완전히 대박였어!

| **be Gucci** | 누구나 아는 명품브랜드이지만 요즘 Gen Z세대들은 이 단어를 '완벽한,' '최고인,' '멋진,' '완전히 좋은'이라는 의미로 사용한다. = cool = awesome = lit = dope = fire.

이렇게 쓰고!

1. The trip to New York was so Gucci.
뉴욕 여행 완전 좋았어.

2. The K-pop concert in Japan was totally Gucci.
일본에서 열린 K-pop 콘서트 완전 대박줬어.

이렇게 말한다!

A: How was the farewell party last night?
B: It was so Gucci! Everyone had so much fun.

A: 어젯밤 송별회파티 어땠어?
B: 완전 최고였어! 다들 정말로 즐거워했어.

053

Don't leave me on read

내 메시지 읽고 무시하지마, 읽씹하지마

leave sb on read | 완전 SNS 표현으로 상대방이 보낸 메시지를 읽었지만 읽기만 하고 답을 하지 않는 경우 보낸 사람이 열받아 하는 말이다. "읽고 무시하지마,' '읽씹하지마'라는 내용이다.

✏️ 이렇게 쓰고!

1. **You can't just leave me on read like that.**
   그렇게 읽고 무시하면 안 되지.

2. **What's wrong with you? You always leave me on read.**
   너 왜그래? 항상 내가 보낸 걸 읽씹하는거야.

💬 이렇게 말한다!

A: You left me on read for two days! What happened?
B: Oops, my bad. I was super busy.

   A: 이틀동안 내 문자 읽씹했잖아! 무슨 일이야?
   B: 아, 미안! 정말 바빴어.

054

He ghosted me after moving away

걘 이사간 후에 잠수탔어

ghost sb | 본래 '유령'이라는 단어이지만, 유령은 보이지 않는다는 점에서 요즘에는 '잠수타다,' '사라지다,' 그리고 '연락을 끊다'라는 의미로 자주 쓰인다.

✏️ 이렇게 쓰고!

1. **Emily ghosted me after our first date.**
   에밀리는 첫번째 데이트 후에 잠수탔어.

2. **He totally ghosted his coworkers after the demotion.**
   걘 좌천된 후에 회사 동료들이랑도 완전 연락 끊었어.

💬 이렇게 말한다!

A: Have you heard from Chris since last month?
B: Nope. He totally ghosted me.

   A: 지난달 이후로 크리스로부터 연락 받았어?
   B: 아니, 걔 완전히 잠수탔어.

That party was lit!

055

그 파티 완전 대박였어!, 완전 미쳤어!

| **be lit** | 요즘 세대들이 아주 좋아하는 표현. lit은 light의 과거형으로 '불켜진'이라는 의미이지만 비유적으로 "대박인,' '미친,' '끝내주는'이라는 뜻으로 사용된다. = be fire = be dope = be insane = be Gucci.

이렇게 쓰고!

1. **The shorts about the little puppies were lit!**
   강아지들 나온 숏츠영상은 완전 꿀잼이었어!

2. **The vibe at the dinner party was lit all night long.**
   디너 파티 분위기가 밤새 끝내줬어.

이렇게 말한다!

A: Did you watch those puppy shorts on YouTube?

B: Yeah, they were so lit!

   A: 유튜브에 강아지 쇼츠 봤어?
   B: 응, 완전 대박이었어!

056

I got the ick

나 정 떨어졌어, 갑자기 싫어졌어

get the ick (for~) 주로 인간관계나 연인사이에서 상대방의 행동이나 말투 때문에 갑자기 비호감을 변하다라는 뜻으로 쓰인다. 우리말로 하자면 "갑자기 정 떨어지다," " 갑자기 싫어지다," 그리고 "확깨다"가 된다.

✏️ 이렇게 쓰고!

1. **I got the ick when he chewed with his mouth open.**
   난 걔가 소리내서 먹는거 보고 순간 정이 떨어졌어.

2. **I used to like him, but now I got the ick for him.**
   예전엔 걔를 좋았는데 이제 걔한테서 정 떨어졌어.

💬 이렇게 말한다!

A: He called me "babe" at the first date.

B: I'd get the ick too.

   A: 첫 데이트 때부터 나를 "자기야"라 불렀어.
   B: 나라도 정 떨어졌겠다.

057

I'm down for that

나도 찬성이야, 나도 할래

be down (for~/to+V) 역시 별론 안좋은 의미로 쓰이던 down이 여기서는 "괜찮다," '나도 할게," "나도 참여할게"라는 찬성과 동조의 표현이 된다. = I'm in = Sounds good to me.

✏️ 이렇게 쓰고!

1. **I'm down to grab some Starbucks coffee.**
   스타벅스 커피마시러 가는거 아주 좋아.

2. **You wanna go camping this weekend? I'm down!**
   이번 주말에 캠핑갈래? 나도 갈게!

💬 이렇게 말한다!

A: Let's hit the grocery with dad tonight.

B: Okay. I'm down for that!

   A: 오늘밤 아빠하고 같이 장보러 가자.
   B: 좋아. 나도 찬성이야!

058

I'm a simp for her smile

걔 미소에 난 녹아버려, 걔의 미소에 완전히 약해

| simp | 명사 및 동사로 쓰이는 단어. Gen Z세대가 좋아하는 표현으로 '누군가에게 빠져서 헌신하는 약한 사람'을 뜻한다. 긍정적인 의미로 "…에 약해," "…에 녹아버려" 정도 알아두면 된다. = be obsessed with.

🖍 이렇게 쓰고!

1. Chris is a simp for his wife's round, full-moon face.
크리스는 보름달같이 둥근 아내의 동그란 얼굴에 완전 약해.

2. I'm watching Netflix, and I simp for K-drama actors.
나 넷플릭스 보고 있는데, K드라마 배우들한테 완전 빠졌어.

💬 이렇게 말한다!

A: You always talk about her smile day and night.

B: Can't help it. I'm a simp for it.
A: 너 밤낮 가리지 않고 맨날 걔 미소 얘기하더라.
B: 어쩔 수 없지. 나 그 미소에 약하거든

059

He's so him

그 사람 다워, 완전히 걔 스타일이야, 진짜 그 사람이네

| be so him[her/us] | 상대방이 어떤 행동이나 말을 했을 때, 평소의 상대방 다웠을 때 할 수 있는 표현으로 우리말로 하자면 "역시 걔답다," "그럴 줄 알았어," 혹은 "완전히 자기 답네"로 해석하면 된다.

🖍 이렇게 쓰고!

1. Chris is so him. Drinking iced coffee even in winter.
역시 크리스답다. 겨울에도 아이스커피 마신다니까.

2. Spilled coffee on the T-shirt again? This is us!
또 티셔츠에 커피를 흘렸어? 이게 우리지 뭐!

💬 이렇게 말한다!

A: He ordered iced Americano again in the snow.

B: He's so him.
A: 걘 눈이 오는데도 또 아이스아메리카노를 시켰어.
B: 완전 걔답다.

060

Dude, read the room!

야, 분위기 좀 파악해라!

| read the room | 직역하면 '방을 읽다'로 비유적으로는 '분위기를 읽다,' '상황을 파악하다,' 즉 사람들의 반응이나 분위기를 알아채는 것을 뜻한다.

✏️ 이렇게 쓰고!

1. You really can't read the room, can you?
너 분위기 파악 진짜 못하네, 그렇지?

2. Clara, read the room. this isn't the time to joke.
클라라, 분위기 파악 좀 해, 지금 농담할 때 아니야.

💬 이렇게 말한다!

A: I told a sick joke during the funeral.

B: Dude, you really can't read the room, can you?
A: 장례식장에서 선넘는 조크를 했어.
B: 이자야, 진짜 너 눈치 없다, 그렇지?

061

No cap, she texted me first

정말이야, 걔가 먼저 문자보냈어

| no cap | 미국 Gen Z세대가 정말로 자주 쓰는 표현이다. 여기서 'cap'은 '거짓말,' '뻥'이란 의미로 No cap하게 되면 "거짓말아냐," "진짜야," "진심이야"라는 의미가 된다. Stop capping은 "뻥치지마."

✏️ 이렇게 쓰고!

1. That movie was awesome, no cap.
그 영화 진짜 대박이었어, 뻥 안치고.

2. My wife's the smartest person I know, no cap.
내 아내는 내가 아는 사람 중에 제일 똑똑해, 진짜야.

💬 이렇게 말한다!

A: You think Chris has a major crush on you?

B: No cap, she texted me first.
A: 크리스가 너한테 완전히 빠졌다고 생각해?
B: 진짜야, 먼저 문자를 보냈어.

062

I've got receipts

나한테 증거있어, 다 캡처해놨어

| **have got receipts** | 단순히 '영수증'을 갖고 있다는게 아니라 비유적으로 온라인에서 내 말이 사실임을 증명할 증거자료인 메시지, 문자, 사진, 그리고 각종 캡처사진 등을 갖고 있다고 주장하는 문장이다.

이렇게 쓰고!

1. I've got receipts. Don't try to deny it.
  내게 증거가 있어. 부정하려고 하지마.

2. I didn't make this up. I've got receipts.
  난 이걸 꾸며대지 않았어. 나한테 증거가 있어.

이렇게 말한다!

A: Nobody believes you about what happened.
B: Then I'll show you the receipts!
  A: 아무도 네가 한 말 안믿어.
  B: 그럼 증거 보여줄게!

063

Let's turn up tonight!

오늘밤 신나게 놀자!, 오늘밤 분위기 내자!

| **turn up** | '소리를 키우다,' '등장하다'라는 평범한 의미였지만 여기서 발전하여 '신나게 놀다,' 분위기 올리다,' '미친듯 즐기다'라는 뜻으로 사용된다. = party hard = get hyped = go wild = get lit.

이렇게 쓰고!

1. The party really turned up after the DJ came.
  DJ가 오고 나서 파티 분위기 완전 달아올랐어.

2. Let's turn up tonight and forget the job!
  오늘밤 일 생각하지말고 신나게 놀자!

이렇게 말한다!

A: It's Friday already! What's the plan?
B: We're gonna turn up at the club all night!
  A: 벌써 금요일이다! 뭐할거야?
  B: 밤새 클럽에서 신나게 놀거야!

064

I'm torn

고민돼, 갈등돼

| be torn (between~) | 찢다라는 동사 tear의 과거분사로 비유적으로 "마음이 찢어진," "결정을 못하겠다," "고민된다"라는 의미. 두가지 사이에서 마음이 결정을 못내리고 찢어지는 듯한 모습을 연상하면 된다.

✏️ 이렇게 쓰고!

1. **I'm torn, but I think I'll go with my gut.**
   아직 고민되지만, 그냥 직감대로 할래.

2. **I'm torn! Don't make me choose!**
   고민된다니까! 선택하게 하지마!

💬 이렇게 말한다!

A: **So, London or Chicago for vacation?**

B: **I'm torn between them.**

   A: 휴가는 런던으로 갈까 시카고로 갈까?
   B: 두 곳 사이에서 고민돼.

065

You ate

너 완벽했어, 네가 씹어먹었어

| you ate (with~) | eat은 Gen Z세대 사이에서는 아주 칭찬할 때 사용하는 단어로 "너 완전 잘했다," "쩔었어," "네가 씹어먹었다," "너 완벽했어." 강조하려면 You ate and left no crumbs(다 해먹다).

✏️ 이렇게 쓰고!

1. **I know, they ate and left no crumbs.**
   알아, 걔네들 완전 씹어 먹었어.

2. **You really ate that role in the new series.**
   그 새 드라마에서 네 역할 진짜 대박였어.

💬 이렇게 말한다!

A: **I tried a new makeup style today. How about that?**

B: **Girl, you ate. Slay!**

   A: 오늘 새로운 메이크업 해봤어. 어때?
   B: 야, 완전 찢었다. 대박 예뻐!

Just chilling

066

그냥 쉬고 있어

just chilling | 캐주얼한 표현으로 아무 일도 안하고 그냥 편히 쉬고 있다는 의미의 간결한 문장이다. "그냥 쉬는 중이야," "별일 없어," "편하게 쉬고 있어"라는 뜻이다. = Just relaxing = Hanging out.

이렇게 쓰고!

1. I love to chill on weekends.
주말마다 그냥 편하게 쉬는게 좋아.

2. Betty's outside, just chilling with her dog.
베티는 밖에서 강아지하고 그냥 놀고 있어.

이렇게 말한다!

A: You got anything special planned for tonight?
B: Nah, just chilling.

A: 오늘밤 특별한 계획 있어?
B: 아니, 그냥 쉬는 중이야.

I don't want to lead you on

067

널 오해하게 만들고 싶지 않아, 헛된 희망을 주고 싶지 않아

| **lead sb on** | 아주 많이 쓰이는 요즘영어로 '…에게 헛된 희망을 주다,' '착각하게 만들다,' '헛된 희망을 주다'라는 의미로 주로 인간관계나 연인사이에서 주로 쓰인다. = string sb along.

🖍 이렇게 쓰고!

1. **Don't lead him on if you don't like him.**
   관심 없으면 괜히 희망 주지마.

2. **I don't want to lead you on. I just see you as a friend.**
   널 오해하게 만들고 싶지 않아. 난 널 그냥 친구로만 봐.

💬 이렇게 말한다!

A: She kept saying she liked me, but then dated Chris.

B: He totally led you on.

   A: 걔 나 좋아한다고 해놓고는 크리스랑 사귀더라.
   B: 완전 희망고문했잖아.

She is no different

068

걔도 다를게 없어, 걔도 똑같아

| **be no different (from)** | 글자 그대로 '다른지 않다,' 즉 '주어도 다를게 없다,' '주어도 똑같다,' '주어도 예외는 아냐'라는 뜻이다. = She's the same = She's just like everyone else.

🖍 이렇게 쓰고!

1. **He thinks she's a genius, but she's no different.**
   걔는 그녀가 특별하다고 생각하지만, 사실 다를 바 없어.

2. **She plays tough, but she's no different inside.**
   그녀는 강한 척하지만 속은 다르지 않아.

💬 이렇게 말한다!

A: Everyone keeps saying Chris is awesome.

B: Come on, he's no different from the others.

   A: 다들 크리스가 최고래.
   B: 에이, 다른 애들이랑 다르게 없지.

069

I'm gagged

너무 놀라 말이 안나와, 완전 충격이야

be gagged │ 상대방의 말이나 다른 상황에 "완전히 충격을 받다," "너무 놀리 말이 안나오다," "입이 떡 벌어지다"라는 의미로 Gen Z세대가 무척 많이 쓰는 젊은 표현이다. = I'm shook.

이렇게 쓰고!

1. **I'm gagged. I didn't see that coming.**
   너무 놀라 입이 다물어지지 않아. 저럴 줄 몰랐아.

2. **The ending of that drama left me gagged.**
   저 드라마 결말이 너무 충격적이어서 말이 안 나왔어.

이렇게 말한다!

A: **Did you see Taylor's guest singers at the concert?**

B: **I'm gagged. I did not expect that!**

   A: 테일러 콘서트에 나온 게스트가수들 봤어?
   B: 완전 충격이야. 전혀 예상 못했어!

070

He's a keeper

걘 괜찮은 사람이야, 놓치면 안될 사람이야

be a keeper │ 원래는 '보관하는 사람이다,' '지키는 사람이다'이지만 요즘 세대들을 약간 발전시켜 관계를 계속 유지할 만큼 가치가 있는 사람, 즉 "놓치면 안되는 사람이다," "괜찮은 사람이다"라는 뜻으로 사용된다.

이렇게 쓰고!

1. **Nick is great at cooking. He's a keeper.**
   닉은 요리를 아주 잘해. 진짜 놓치면 안 될 남자야.

2. **She stayed up all night helping me. She's a keeper.**
   걘 밤새 날 도와줬어. 완전 괜찮은 사람이야.

이렇게 말한다!

A: **Chris cooked dinner for you and then did the laundry?**

B: **Wow, he's a keeper.**

   A: 크리스가 저녁도 해주고 빨래까지 했다고?
   B: 와, 진짜 놓치면 안 될 남자네.

071

Don't tempt me

나 유혹하지마, 그러다 진짜 한다

| **not tempt me (to~)** | 상대방이 뭔가 좀 황당한 제안을 할 때, 이건 아니다 싶으면서도 하고 싶은 마음이 조금 들 때 사용할 수 있는 표현이다. "나 유혹하지마," "그러지마, 나 진짜 할 수도 있어"라는 의미이다.

✏️ 이렇게 쓰고!

1. **Don't tempt me to skip school today.**
   오늘 학교 빼먹으라고 유혹하지마.

2. **Don't tempt me with cookies. I'm on a diet!**
   초콜릿으로 나 유혹하지마. 나 다이어트 중이야!

💬 이렇게 말한다!

A: **Let's just ditch work and go to the karaoke.**
B: **Don't tempt me. I might actually do it.**

   A: 우리 그냥 일 빼먹고 노래방에 가자.
   B: 유혹하지마. 진짜 갈 수도 있어.

072

Couldn't be me

나라면 절대 저리지 않아, 그건 내 스탈이 아냐, 나 같진 않아

| **couldn't be me** | 요즘 세대들이 SNS 등에서 자주 사용하는 표현으로 상대방의 말이나 행동에 공감하지 못할 때 사용하는 문장이다. "나 같은 그러지 않을게다"라는 말이다. = This ain't me = Not me.

✏️ 이렇게 쓰고!

1. **You paid $1,000 for a basketball ticket? Couldn't be me.**
   농구경기 티켓에 1,000달러 썼다고? 나 같으면 안 해.

2. **She wants her ex back again? Couldn't be me.**
   또 전 남친하고 사귀고 싶다고? 난 절대 안 그래.

💬 이렇게 말한다!

A: **He drove ten hours just to see her.**
B: **Couldn't be me.**

   A: 걜 보겠다고 10시간 운전했다고?
   B: 나 같으면 절대 그렇게 안해.

073

You need to touch grass

현실에서 좀 살아, 세상밖 공기 좀 마셔라

| **touch grass** | 인터넷, 게임과 SNS에 빠져서 방콕하는 사람들에게 던지는 말. '풀을 만지다'라는 뜻으로, online은 잠시 접고 offline의 세계를 느껴보라는 의미이다. = get some fresh air = log off a bit.

이렇게 쓰고!

1. Peter, you seriously need to **touch grass**.
   피터, 너 정말 현실세계에 좀 살아봐야 돼.

2. You need to **touch grass**. You've been online all day.
   세상공기 좀 마시라고. 너 하루 종일 온라인이잖아.

이렇게 말한다!

A: I've been watching K-pop for 10 hours straight.
B: You need to **touch grass**.

　A: 나 10시간째 K-pop 영상 보고 있어.
　B: 야, 현실 좀 살아라.

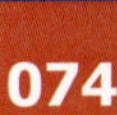

074

That's a downer

분위기깨네, 기분 잡치네, 기분 다운되네

| **be a downer** | 여기서 downer는 '기분을 다운시키는 것, 사람'을 뜻한다. 그래서 뭔가 분위기나 기분을 가라앉게 만드는 일이 생겼을 때 할 수 있는 말이다. "분위기 정말 깨네," "김새네," "실망이다" 정도.

이렇게 쓰고!

1. The movie's ending was such **a downer**.
   영화 결말이 너무 실망였어.

2. Talking about work on leave? That's **a downer**.
   휴가 중에 일 얘기한다고? 분위기 깨네.

이렇게 말한다!

A: I'm sorry but I have to work this weekend again.
B: **Big downer.**

　A: 미안하지마, 이번 주말에도 일해야 돼.
　B: 완전 김샜네.

075 He's nice, but kind of basic

걘 착하지만, 좀 평범해

| **be basic** | '기본적'이라는 의미에서 나아가 '단조로운,' '개성없는,' 즉 겉보기에는 착해 보이지만, 자세히 보면 아주 흔하고 매력이 없는 사람이나 스타일을 지칭한다.

이렇게 쓰고!

1. **She always goes to Starbucks. So basic.**
   걘 스타벅스만 가. 완전 단조로와.

2. **The Instagram feeds she posts are so basic.**
   걔가 올리는 인스타 피드들은 완전 흔한 스타일이야.

이렇게 말한다!

A: What do you think of Chris?
B: He looks nerdy, but kind of basic.

A: 크리스 어떻게 생각해?
B: 공부벌레 같은데, 좀 개성이 없어.

076 That's not gonna fly

그건 안될 것 같아, 그건 통하지 않을 것 같아

| **not gonna fly** | 비유적으로 '승인이나 동의를 받지 못하다'라는 뜻. fly는 '성공하다,' '받아들여지다'라로, 즉 상대방의 제안, 계획 등이 '통하지 않을 것이다,' '받아들여지지 않을 것이다'라는 의미이다.

이렇게 쓰고!

1. **Your excuse isn't gonna fly with the boss.**
   네 그 변명, 사장에게는 안 통할거야.

2. **Telling him you forgot again? That's not gonna fly.**
   또 잊었다고 말한다고? 그건 통하지 않을 걸.

이렇게 말한다!

A: Let's tell the teacher the dog ate our homework.
B: That's not gonna fly with him.

A: 선생님에게 개가 숙제를 먹었다고 하자.
B: 선생님한테는 안 통할걸.

077 She hard carried the whole project

걔가 그 프로젝트를 혼자 다 했어

| **hard carry** | 원래는 e-sports에서 나온 말로, '팀을 혼자 이끌다,' '다른 사람들보다 잘해 승리를 이끌다'라는 뜻이다. 비유적으로 실력과 책임감으로 무장해 "혼자 다해서 성공하다," "혼자 이끌다"가 된다.

이렇게 쓰고!

1. She hard carried the team during contests.
대회 동안 걔가 팀을 완전히 이끌었어.

2. Our captain hard carried the whole game.
우리 주장 덕분에 경기에서 이겼어.

이렇게 말한다!

A: The group chat was dying, but Sarah came in with memes.
B: Yeah, she hard carried the mood.

A: 단톡방 완전 죽어 있었는데 사라가 밈 올려서 살렸어.
B: 맞아, 걔가 분위기 완전 살렸지.

078

She had a major glow up after college

걘 대학졸업하고 완전히 달라졌어

| **glow up** | 외모, 스타일 그리고 자신감 등이 예전보다 훨씬 좋아졌다는 명사 및 동사이다. 그래서 have a major glow up하게 되면 "완전히 달라졌어," "엄청나게 업그레이드 됐다"라는 의미로 쓰인다.

이렇게 쓰고!

1. Her glow up over the winter was insane.
걘 겨울동안 완전 미쳤다, 완전 달라졌어.

2. She had a glow up after getting a new job.
걘 새 직장 들어가고나서 완전히 달라졌어.

이렇게 말한다!

A: Is that really Chris? He looks so different!

B: Yup, total glow up.

A: 저게 진짜 크리스야? 완전 달라졌는데?
B: 맞아, 완전 변신했지.

079

Your cooking always slaps

네 요리는 언제나 짱이야

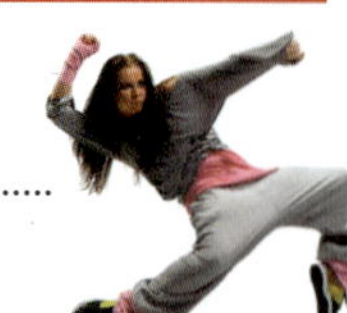

| **slap** | 원래 '때리다'이지만 요즘 세대들은 특히 영상이나 음악, 맛, 그리고 분위기가 '엄청 좋다,' '강렬하다,' '짱이다'라고 칭찬할 때 많이 쓰인다. = That hits = That goes hard = That's fire = That's bussin'.

이렇게 쓰고!

1. This song still slaps after all these years.
몇 년이 지나도 이 노래는 여전히 최고야.

2. This Starbucks coffee slaps in the morning.
이 스타벅스 커피, 아침에 마시면 진짜 끝내줘.

이렇게 말한다!

A: I can't stop laughing at that video on YouTube.

B: Same, it slaps every single time.

A: 그 유튜브 영상 보면서 계속 웃게 돼.
B: 나도. 볼 때마다 터져.

080

You got me good

너한테 완전히 속았네, 제대로 한방 먹었어

| **get sb good (with)** | 상대방에게 완전히 속거나, 당했을 때 농담조로 던지는 표현이다. "장난이나 속임수에 제대로 …을 속이다,' '완전히 …를 놀라게 하다'라는 의미. You got me(당했네)의 강조형이다.

✏️ 이렇게 쓰고!

1. Wow, you really got me good this time.
와, 이번엔 너한테 진짜 제대로 당했다.

2. She got me good. I totally believed her story.
걔가 나 완전 속였어. 걔 말을 진짜 믿었거든.

💬 이렇게 말한다!

A: Did you really think the boss is dead!
B: Wait, what?! You got me good!

A: 사장이 진짜 죽었다고 믿은거야?
B: 잠깐, 뭐라고?! 완전 속았잖아!

081

Let him cook

걔가 하게 놔둬, 지금 완전히 잘하고 있어

| **let sb cook** | 누군가 잘하고 있을 때 혹은 뭔가 대박칠 것 같은 분위기에서 sb가 하는 것을 방해하지 말고 지켜보라는 표현이다. "걔가 하게 놔둬," "건드리지 말고 그냥 두자" 정도로 해석하면 된다.

✏️ 이렇게 쓰고!

1. Let him cook, it's getting interesting.
놔둬봐, 점점 흥미로와지는데.

2. Let him cook. He's plotting something.
걔 좀 두고보자. 뭔가 꾸미는 중이야.

💬 이렇게 말한다!

A: Why's Chris still talking about his history?
B: Let him cook, it's getting interesting.

A: 왜 크리스 계속 옛날얘기를 하는거야?
B: 좀 놔둬, 점점 흥미로워지고 있어.

082

You're expired

너 한물갔어

be expired 요즘영어에서 자주 쓰이는 표현. be expired는 '유효기간이 지났다'라는 말로 여기에서 파생하여 "너 이제 한물갔다," "너 예전같지 않아," "넌 끝났어"라는 의미로 사용된다. = You're washed.

이렇게 쓰고!

1. You're expired. Stop using old expressions.
넌 한물갔어. 그 옛날 표현 좀 그만 써.

2. You're so expired. Grandma vibes only.
너 완전 구식이야. 할머니 필이 나.

이렇게 말한다!

A: I still listen to 1990s boy bands.

B: You're expired, but respect.

A: 나 아직도 1990년대 보이밴드 들어.
B: 넌 구식이야, 그래도 인정은 해.

083

You killed it

너 완전 잘했어, 끝내줬어

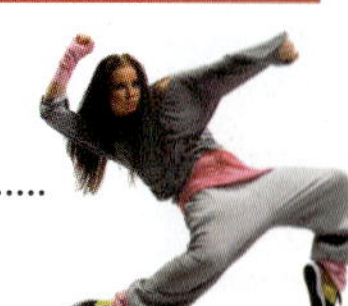

kill it '넌 그걸 죽이다'이지만 실제로는 상대방이 뭔가 아주 잘해냈을 때 칭찬하는 표현으로 "너 완전 잘했어," "끝내줬어," "대박였어"라는 의미로 쓰인다. = You nailed it = You crushed it = You slayed.

이렇게 쓰고!

1. You killed it with that dress.
너 그 드레스 완전 멋졌어.

2. You killed it at your presentation today.
오늘 프레젠테이션에서 완전 잘했어.

이렇게 말한다!

A: I was nervous about the job interview.

B: No worries. You killed it.

A: 면접본게 너무 떨렸어.
B: 걱정마, 완전 잘했어.

084

Things go south

상황이 악화되다, 상황이 나빠지다

| **go south** | '남쪽으로 가다'이지만 실제로는 "일이 잘못되다," "상황이 악화되다," "망하다"라는 의미이다. 처음에는 괜찮았는데 점점 나빠지거나 일이 엉망이 될 때 사용하는 표현이다. = Things go wrong.

이렇게 쓰고!

1. **The deal went south at the last minute.**
   마지막 순간에 거래가 틀어졌어.

2. **Our trip to Busan went south after the car broke down.**
   차가 고장 나면서 부산여행이 엉망이 됐어.

이렇게 말한다!

A: **I thought their marriage was solid.**
B: **Yeah, but things went south lately.**
   A: 걔네들 부부 사이 좋다고 생각했는데.
   B: 맞아, 근데 요즘 관계가 안 좋아졌대.

085

This ain't it

이건 아냐, 이건 별로야

| **this ain't it** | 요즘 젊은 세대 표현으로 "이건 아냐," "이건 별로야," "이건 내가 원하는게 아냐," 그리고 "이건 맘에 안들어"라고 불만을 말할 때 사용하면 된다. = That's not it = This doesn't hit right.

이렇게 쓰고!

1. **I appreciate your support, but this ain't it.**
   도와줘서 고맙지만, 이건 좀 아니야.

2. **Everyone hyped it up, but this movie ain't it.**
   다들 좋다고 하더니, 이 영화 별로야.

이렇게 말한다!

A: **What do you think of my haircut?**
B: **Sorry, but this ain't it.**
   A: 내 머리 자른거 어때?
   B: 미안하지만 이건 좀 아니야.

086 It's giving main character energy

완전 주인공 느낌이야

| **It's giving sth** | 요즘 Gen Z세대가 애용하는 표현으로 '…하는 느낌을 준다,' '딱 …컨셉이야' 정도로 이해하면 된다. sth 자리에 다양한 문구를 넣어 문장을 만들어본다.

✏️ 이렇게 쓰고!

1. It's giving luxury resort vibes.
완전 럭셔리 리조트 분위기야.

2. It's giving I don't care vibes.
"난 신경 안 써"라는 느낌 팍 나.

💬 이렇게 말한다!

A: How do I look for my first date?
B: It's giving confident and classy.

A: 나 첫 데이트 룩 어때?
B: 당당하고 세련된 느낌이야.

087 Now back to the grind

일상으로 돌아가자, 다시 일해야지

| **grind** | '힘든 일,' '지루하지만 먹고 살기 위해서는 반복적으로 해야 하는 일'이란 의미이다. 결국 휴가나 휴일을 다 보내고 다시 일상으로 돌아가면서 "다시 일해야지," "다시 일상으로 가자"라는 뉘앙스의 표현이다.

✏️ 이렇게 쓰고!

1. Had a great weekend, now back to the grind.
주말은 정말 즐겁게 보냈어, 이제 다시 일해야지.

2. Year-end holidays are over. Now back to the grind.
연말 휴일이 다 끝났네. 이제 다시 일상으로 돌아가야지.

💬 이렇게 말한다!

A: How was your vacation in Jeju?
B: Amazing! But now it's back to the grind.

A: 제주도 여행 어땠어?
B: 최고였지! 근데 이제 다시 일상으로 복귀야.

088 She's got serious clout on Instagram

걘 인스타그램에서 엄청난 인플루언서야

| **have got serious clout on~** | 유튜브나 인스타그램 혹은 틱톡에서 엄청난 파워, 즉 인플루언서라는 말이다. "…에서 잘 나가다," "…에서 인기 폭발이다" 정도로 생각하면 된다.

이렇게 쓰고!

1. I've got serious clout on social media.
난 SNS 전반에서 영향력이 대단해.

2. You've got serious clout on YouTube lately.
넌 요즘 유튜브에서 완전 잘 나가네.

이렇게 말한다!

A: Dude, your Shorts video hit two million views!
B: I guess I got some serious clout on YouTube now.
A: 야, 너 숏츠 영상 조회수가 이백만이 넘었대!
B: 나 이제 유튜브에서 좀 떴지.

BTW

유명한 부사구인 **By The Way**를 약어로 만든 경우. 의미는 동일하게 "그런데," "그런데 말이야," "참고로"라는 뜻이다. 주로 화제를 바꾸거나 새론 사실을 덧붙일 때 쓰면 된다.

- **btw, I changed my schedule.**
그런데 나 일정 바꿨어.

- **btw, are you free this weekend?**
그런데 이번 주말 시간 돼?

089 I'm so amped for the concert tonight!

오늘밤 콘서트 공연으로 완전 신났어!

| be so amped for~ | amped는 amplified에서 파생된 슬랭으로 '엄청 신난,' '기대에 찬,' '에너지가 넘치는'이라는 의미로 사용된다. = I'm so hyped = I'm pumped = I'm so excited.

이렇게 쓰고!

1. **I'm amped for the weekend trip to Tokyo!**
   도쿄 주말 여행이 완전 기대돼!

2. **He's super amped to start his new job in New York.**
   걘 뉴욕 새 직장을 시작하게 되어 완전 신났어.

이렇게 말한다!

A: Big game tonight, huh?

B: I'm so amped! Can't wait to beat the other team.

   A: 오늘 큰 경기잖아, 그렇지?
   B: 완전 신났어! 상대팀 꼭 이길거야.

090 I'm sold

설득됐어, 맘에 들어

| be sold | '팔렸다'라는 말이지만 요즘 영어에서는 "완전히 설득되다," "이제 믿었어," "그거 할래"라는 의미로 쓰인다. 누군가의 제안이나 설명 등을 듣고 확신이 생겼을 때 사용하면 된다. = You got me.

이렇게 쓰고!

1. **You don't have to try to convince me. I'm sold.**
   더 설득하려 할 필요없어. 이미 마음 정했어.

2. **I was not sure about that at first, but now I'm sold.**
   처음엔 잘 몰랐는데, 이제는 확신이 생겼어.

이렇게 말한다!

A: You didn't want to watch that drama before.

B: Yeah, I was not sure about that at first, but now I'm sold.

   A: 전에 그 드라마 보기 싫다고 했잖아.
   B: 맞아, 근데 이제는 완전 빠졌어.

091

Buzz off!

꺼져! 저리가!

| **buzz off** | 아주 직설적이고 강한 톤이기 때문에 친한 사이에서 쓸 수 있다. 상대가 계속 귀찮게 하거나, 방해하고 잔소리할 때 화를 내면서 던질 수 있는 표현이다. = Get lost! = Go away!

✏️ 이렇게 쓰고!

1. **Buzz off, I have a lot on my plate.**
   꺼져, 지금 할 일이 너무 많아.

2. **He told me to buzz off when I asked for money.**
   내가 돈 좀 도와달라고 했더니 나더러 꺼지래.

💬 이렇게 말한다!

A: Hey, can I borrow some money again?

B: Buzz off! Not again!

   A: 야, 돈 또 좀 빌릴 수 있을까?
   B: 저리 가! 또 그 얘기야?

092

Her cooking always be bussin'

걔 요리는 진짜 끝내줘, 너무 맛있어

| **be bussin'** | Gen Z식 영어로 음식이나, 아니면 다른 어떤 멋진 것, 완벽한 것을 말할 때, "진짜 끝내줘," "완전 대박이야," 그리고 "너무 맛있다"라는 의미 등으로 사용된다. "진짜 맛있거나 최고의 상태를 말한다."

✏️ 이렇게 쓰고!

1. **I told you the vibes here be bussin'.**
   내가 뭐랬어? 여기 분위기 완전 좋지.

2. **That new pizza was bussin', no cap.**
   새로 출시된 피자 진짜 맛있었어, 진짜야.

💬 이렇게 말한다!

A: How's your dad's cooking tonight?

B: As always, bussin'.

   A: 오늘밤 네 아빠 음식 어땠어?
   B: 늘 그렇듯, 끝내줬지.

093   You're acting kinda boujee today

너 오늘 좀 있어 보이네, 평소보다 고급스럽게 구네

| act boujee | boujee는 bourgeois에서 나온 말로 요즘 영어에서는 '고급을 좋아하거나, 부자처럼 행동하는 사람'을 뜻한다. 한마디로 '허세와 사치스런 태도'를 말한다. = snatched = slaying.

이렇게 쓰고!

1. **You're acting kinda boujee with that new designer bag.**
   새 명품가방 메고 오늘 좀 고급스럽게 구네.

2. **My friends call me boujee 'cause I love fancy restaurants.**
   친구들이 나보고 있어보인대, 고급 레스토랑 좋아하거든.

이렇게 말한다!

A: You ordered caviar?

B: Yeah, I'm acting kinda boujee for you tonight.

    A: 캐비어 주문했어?

    B: 응, 오늘은 너를 위해 좀 사치스럽게 굴어볼까 해서.

094   I know zilch about cars

난 차에 대해 아무것도 몰라

| know zilch about~ | zilch는 zero, nothing을 의미하는 단어로 '…에 대해 아무것도 모르다,' '전혀 아는게 없다'라는 의미의 표현이다. = I know nothing about~ = I have no clue about~.

이렇게 쓰고!

1. **Wendy knows zilch about fashion.**
   웬디는 패션 감각이 전혀 없어.

2. **My dad knows zilch about social media.**
   우리 아빠는 SNS에 대해 전혀 모르셔.

이렇게 말한다!

A: You should check the engine light.

B: I know zilch about cars. I'll just call a mechanic.

    A: 엔진 경고등 확인해 봐.

    B: 나 차는 완전 몰라서 그냥 정비사 부를래.

095

Her jokes are kinda cringe

걔 조크는 좀 오글거려

| cringe | 본래 '몸을 움츠리다,' '오글거리다,' '민망해서 몸이 굳다'라는 단어로 특히 Gen Z세대는 "오글거려," "민망해," "쪽팔려"라는 의미로 자주 쓴다. 특이한 점은 동사 및 형용사로 쓰인다는 점이다.

✎ 이렇게 쓰고!

1. This couple is cute but kinda cringe.
그 커플 귀엽긴 한데 좀 오글거려.

2. Watching my old Instagram makes me cringe.
내 옛날 인스타그램 보면 진짜 민망해.

💬 이렇게 말한다!

A: Look at my old selfies from 2017.
B: That's pure cringe!
A: 2017년에 찍은 내 셀카 봐봐.
B: 와, 완전 오글거려!

096

She's so extra about her birthday

걘 자기 생일에 너무 나대

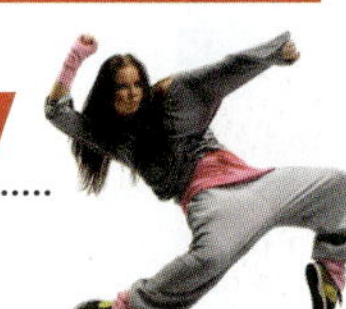

| be extra about | 원래 '추가의'라는 의미지만 Gen Z세대들은 이 단어를 '오버하는,' '유난떠는,' '너무 나대는'이라는 의미로 사용한다. 필요이상으로 행동하는 사람들 묘사할 때 쓰면 된다. = dramatic.

✎ 이렇게 쓰고!

1. My mom always gets extra when guests come over.
우리 엄마는 손님 올 때면 항상 유난을 떨어.

2. You bought flowers and a ring? You're extra!
꽃에 반지까지 샀다고? 완전 오버야!

💬 이렇게 말한다!

A: Did you go to her birthday party?
B: Yeah, it was so extra, like a wedding!
A: 걔 생일파티에 갔어?
B: 어, 완전 결혼식 수준이던데!

097

I'm dipping

나 간다

| **dip** | '살짝 담그다'라는 동사지만 요즘 세대는 '떠나다,' '슬쩍 빠져나가다,' '사라지다,' 그리고 명사로 옷 등 패션이 '멋지다'라고 할 때 사용한다.

이렇게 쓰고!

1. **Let's dip before the traffic gets worse.**
   차가 더 막히기 전에 나가자.

2. **We should dip from this boring party.**
   이 지루한 파티에서 슬쩍 빠지자.

이렇게 말한다!

A: You sure you're not staying for dessert?
B: Nah, I'm gonna dip.
   A: 정말 디저트 안 먹고 갈거야?
   B: 아냐, 이제 슬슬 가야지.

098

Her smile just hits different

걔 미소에는 뭔가 와닿는게 있어

| **hit different** | Gen Z세대들은 이 표현을 '뭔가 다르게 좋다,' '뭔가 와닿다,' '유난히 좋다'라는 의미로 사용한다. 평소에도 좋지만 오늘 유난히 좋다고 생각될 때 이 표현을 사용하면 된다. = hit me hard.

이렇게 쓰고!

1. **This song hits different after the hard breakup.**
   힘든 이별을 겪고 나니 이 노래기 진짜 다르게 와닿아.

2. **Watching that movie again hit different now that I'm older.**
   나이 먹고 다시 보니까 그 영화가 다르게 느껴졌어.

이렇게 말한다!

A: I know you've heard this song a hundred times.
B: Yeah, but it hits different tonight.
   A: 내가 알기로 너 이 노래 백 번은 들었잖아.
   B: 알아, 근데 오늘은 뭔가 다르게 들려.

099

Don't throw shade at me

은근히 까지마, 슬쩍 비꼬지마

throw shade at sb 역시 Gen Z식 영어로 '…을 은근히 깍아내리다,' '빈정거리다,' '돌려서 디스하다' 라는 의미하다. 대놓고 욕하기 보다는 은근히 비꼬거나 까는 것을 뜻한다. = talk smack = clap back.

이렇게 쓰고!

1. She's throwing shade at her ex on Instagram.
  걔는 인스타에서 전 남친 계속 은근히 깐다.

2. He throws shade so smoothly, you barely notice.
  걔는 너무 자연스럽게 빈정대서 눈치도 못 챌 정도야.

이렇게 말한다!

A: Don't know why, but he's throwing shade at me lately.

B: Yeah, he's been acting weird.
  A: 이유는 모르겠지만 요즘 걔 나를 은근히 비꼬아.
  B: 맞아, 걔 요즘 행동이 이상해.

100 He's got serious drip

걔 정말 간지난다, 패션 미쳤다

| **have got drip** | drip은 '물방울,' '떨어짐'을 뜻하지만 젊은 세대들은 특히 옷차림이나 패션 등에 관한 "간지나는,' '멋진 패션인'이라는 의미로 즐겨 사용한다. '멋진 사람'이라는 뜻으로도 사용된다.

이렇게 쓰고!

1. She's always flexing her drip on Instagram.
걔 인스타에서 맨날 옷 자랑해.

2. You see Chris? He's got crazy drip today.
크리스 봤어? 오늘 패션 미쳤어.

이렇게 말한다!

A: Whoa, Jenny, you look sharp today!
B: Thanks, had to bring the drip for the party.

A: 와, 제니, 오늘 완전 멋있다!
B: 고마워, 파티니까 좀 꾸며봤지.

101 I'm running on empty

이젠 완전히 지쳤어, 기운 하나도 없어, 정신력으로만 버티는 중야

| **run on empty** | 글자 그대로, '연료가 빈 상태로 달리다'로 비유적으로 너무 지쳐 에너지가 고갈되어 "기운이 다 떨어졌지만 억지로 버티고 있다"라는 의미로 쓰인다. "힘이 다 빠졌어," "방전상태야."

이렇게 쓰고!

1. I feel like I'm running on empty these days.
나 요즘 완전 방전된 느낌이야.

2. We're all running on empty to meet the deadline.
마감 맞추려고 우린 다 기운이 빠졌어.

이렇게 말한다!

A: You look drained. Are you okay?
B: Barely. I'm running on empty.

A: 너 지쳐보여. 괜찮아?
B: 겨우 버티고 있어. 완전 방전상태야.

That's my jam

102

내가 진짜 좋아하는 노래야, 내 스타일이야

jam 원래 '노래,' '음악'이란 뜻으로 사용되었는데, 요즘에는 의미가 확장되어 "내가 좋아하는 것,' '내 취향'이라는 뜻으로 사용하게 되었다. 분야는 노래뿐만 아니라, 음식, 영화, 사람, 활동 등에서 다 쓰인다.

이렇게 쓰고!

1. **Pizza and Netflix on a Friday night? That's my jam.**
   금요일 밤엔 피자랑 넷플릭스지! 내 스타일이야.

2. **That new Taylor Swift track? That's my jam!**
   테일러 스위프트 신곡? 그거 완전 내 노래야!

이렇게 말한다!

A: We're gonna have tacos tonight.
B: Great! That's my jam.

   A: 오늘 저녁에 타코 먹을거야.
   B: 좋지! 내 최애 음식이야.

I'm dead

103

너무 웃겨서 죽겠어, 진짜 빵 터졌어

be dead '잘못을 저지르고 나 큰일났다'라고 쓰이기도 하지만, 젊은 세대들 사이에서는 '너무 웃겨서 죽 겠다'라고 할 때 사용한다. "진짜 개웃겨," "나 빵 터졌어"라는 의미. I'm dead from laughing의 줄인 말.

이렇게 쓰고!

1. **When Tina tried to sing high notes. I'm dead.**
   티나가 고음 부를 때 진짜 터졌어.

2. **You called your boss "dad"? I'm dead.**
   사장을 "아빠"라고 불렀다고? 나 진짜 죽겠다.

이렇게 말한다!

A: I slipped in front of everyone at lunch.
B: Stop, I'm dead!

   A: 점심시간에 사람들 앞에서 미끄러졌어.
   B: 그만해. 웃겨 죽겠어.

104

He asked me to come over for Netflix and chill

걘 내게 넷플릭스 보면서 쉬자고 했어

Netflix and chill | 10년 전에는 단순히 '넷플릭스보면서 쉰다'라는 의미로 받아들였지만, 언어는 진화하는거라, 요즘에는 집에서 데이트하거나 그 이상을 한다라는 좀 야한 의미로 쓰이고 있다.

이렇게 쓰고!

1. She knew what he meant by Netflix and chill.
걘 "넷플릭스 앤 칠?라는 말의 진짜 뜻을 알고 있었어.

2. "Netflix and chill?" is not always about Netflix.
"넷플릭스 앤 칠?"은 진짜 넷플릭스 얘기가 아닐 때가 많아.

이렇게 말한다!

A: Chris said "Netflix and chill." Should I go?
B: Girl, that's not about Netflix!
A: 크리스가 넷플릭스 보자고 하던데, 갈까?
B: 야, 그건 넷플릭스 보자는 얘기가 아니야!

105

I can't place her

누군지 감이 안와, 낯은 익은데 누군지 모르겠어

not place sb | place는 동사로 'sb가 누구인지 어디서 봤는지 기억하다'라는 뜻. 부정문으로 can't place sb하게 되면 "보긴 봤는데 누군지 기억이 안나다," "어디서 봤는지 모르겠다"란 의미.

이렇게 쓰고!

1. I can't place where we met before.
우리가 어디서 만났는지 기억이 안 나.

2. I can't place her, but she looks familiar to me.
걔 낯이 익은데 어디서 봤는지 모르겠어.

이렇게 말한다!

A: Do you know that guy over there?
B: I can't place him, but I think we've met.
A: 저기 저 남자 알아?
B: 어디서 본 거 같긴 한데, 기억이 안 나.

106 You knocked it!

넌 완전히 해냈어!, 너 진짜 잘했다!

knock it 이 표현은 원래 knock it out of the park(홈런을 치다)의 줄인 표현으로 비유적으로 "완벽하게 성공하다,' '진짜 해내다,' '너 제대로 했다,' 혹은 '진짜 대박쳤다'라는 의미로 쓰인다.

✏️ **이렇게 쓰고!**

1. **Great job, Chris! We knocked it this quarter.**
   크리스, 아주 잘했어! 이번 분기 완전 성공이야.

2. **She really knocked it with that performance last night.**
   걘 지난밤 공연 진짜 끝내줬어.

💬 **이렇게 말한다!**

A: I think I did okay in the interview yesterday.
B: I heard you knocked it!

   A: 어제 면접 그냥 괜찮게 본거 같아.
   B: 완전 대박쳤다고 들었어!

107 I'm lowkey excited for the weekend

난 주말이 살짝 기대돼

lowkey 요즘 세대들이 쓰는 슬랭으로 감정을 살짝 드러낼 때 쓰는 단어로 "살짝," "은근히," "겉으로는 아닌 척하지만 속으로는 진짜"라는 뜻으로 활발히 사용된다. 부사로 사용되면 반대는 highkey(대놓고).

✏️ **이렇게 쓰고!**

1. **He's lowkey obsessed with Jennifer.**
   걔 은근히 제니퍼한테 꽂혔어.

2. **She was lowkey angry, but didn't show it.**
   걔 은근히 화났는데 티는 안 냈어.

💬 **이렇게 말한다!**

A: That movie was so boring.
B: Nah, I lowkey liked it.

   A: 그 영화 진짜 지루하던데.
   B: 아니, 난 은근히 좋았어.

I fear

108

불길한 예감이 들어, 큰일 난 것 같아

I fear 원래 I fear that S+V의 패턴으로 쓰였지만, 편리함을 추구하는 젊은 세대는 I fear만으로 "이건 망했네," "인정할 수밖에 없네," '슬프지만 사실이다," "안될 것 같아'라는 의미로 사용한다.

✏️ 이렇게 쓰고!

1. **What an idiot! I forgot to save my file. I fear.**
   바보같으니라고! 파일 저장 안했어. 망했다.

2. **I've become addicted to Starbucks coffee, I fear.**
   나 스타벅스 커피에 중독된 듯. 큰일이야.

💬 이렇게 말한다!

A: **Do you think she'll text back?**
B: **I fear not.**

   A: 걔 답장 문자를 할까?
   B: 아닐 것 같아.

That's a given

109

그건 당연하지, 말할 것도 없어, 누가봐도 확실해

be a given given은 '기정사실,' '확정된거,' 그리고 '당연한 사실'을 뜻한다. 그래서 위 문장은 "그건 이미 정해진 일이다," "의심할 여지가 없다"라는 의미로 사용된다.

✏️ 이렇게 쓰고!

1. **Teamwork is so important. That's a given.**
   팀워크가 중요하다는 건 너무 당연한거야.

2. **Hard work always pays off. That's a given.**
   열심히 하면 항상 보상을 받아. 그건 당연한 일이지.

💬 이렇게 말한다!

A: **Do you think she'll come to my wedding?**
B: **Of course, that's a given.**

   A: 걔 내 결혼식에 올까?
   B: 당연하지, 그건 말할 것도 없지.

Live your soft life

편하게 살아

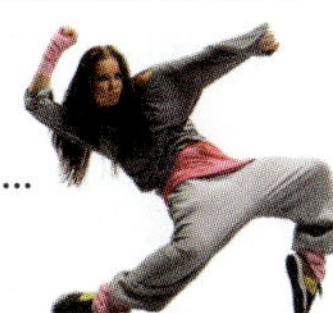

| **soft life** | 2020년대 초 SNS에서 해시태크로 유명세를 탄 표현으로 "편하게 살기," "여유로운 삶," "스트레스없는 삶" 등을 의미하게 되었다. 반대는 hard life, hustle life.

이렇게 쓰고!

1. He quit his job to start his soft life.
걘 직장을 그만두고 편안한 삶을 시작했어.

2. Living the soft life means putting yourself first.
편안한 삶이란 자신을 먼저 돌보는 삶이야.

이렇게 말한다!

A: You've been traveling a lot lately!
B: Yeah, I've decided to live the soft life.
A: 너 요즘 여행 자주 다니더라!
B: 응, 이제 여유롭게 살기로 했어.

111

I'm screaming

너무 웃겨서 미치겠어, 진짜 말도 안돼

| **scream** | 소리를 지르다이지만 Gen Z세대들은 어떤 놀랍거나 웃긴 상황에서 "너무 웃겨 미치겠어," "진짜 말도 안돼," "너무 충격이다"라는 의미로 사용하고 있다. = I'm dead = I can't = I'm gagged.

✏️ 이렇게 쓰고!

1. **You didn't tell me that! I'm screaming!**
   너 그거 왜 이제 말해! 헐 말도 안돼!

2. **You named your dog "Rachel"? I'm screaming.**
   너 강아지 이름이 레이첼라고 졌어?? 미쳤다.

💬 이렇게 말한다!

A: You sent that text to the wrong person?

B: I know. I'm screaming.

   A: 그 문자 잘못 보냈다고?!
   B: 알아. 나 진짜 멘붕이야.

112

Say less

바로 이해했어, 더 말안해도 돼, 바로 할게

| **say less** | '더 말하지 말다'라는 뜻으로 상대방이 부탁이나 제안을 했을 때, "더 말안해도 돼," "이해했어," "바로 할게," "됐어, 알았어"라는 뉘앙스로 사용하면 된다. = Got it = On it = Say no more.

✏️ 이렇게 쓰고!

1. **You know I got you. Say less.**
   내가 있잖아. 말 안 해도 알지.

2. **Party at your place tonight? Say less!**
   오늘 네 집에서 파티라고? 바로 간다!

💬 이렇게 말한다!

A: We're going for drinks tonight. You in?

B: Say less!

   A: 오늘밤 술 한잔하러 갈 건데, 올래?
   B: 알았어!

113

I'm toast

나 완전 끝났어, 망했어, 큰일났어

| **be toast** | 구운 빵처럼 완전히 끝장난 상태를 비유적으로 표현한 것이다. "난 완전 망했어," "끝났어," "죽었어," "큰일났어," '나 죽었다'라는 의미로 사용한다. = I'm screwed = I'm doomed = I messed up.

이렇게 쓰고!

1. If my boss finds out I was late again, I'm toast.
사장이 내가 또 지각한거 알면 나 진짜 끝이야.

2. I forgot my wife's birthday. I'm toast.
아내 생일을 까먹었어. 나 죽었지 뭐.

이렇게 말한다!

A: Did you tell the boss you'd finish the report today?
B: Yeah... and I haven't even started. I'm toast.
A: 오늘까지 보고서 끝내겠다고 사장에게 말했어?
B: 응… 근데 아직 시작도 안 했어. 나 망했다.

114

Same difference

그게 그거야

| **same difference** | 두가지를 보고 '겉이 조금 달라 보여도 실은 같다'라는 뉘앙스. 대부분 농담이나 빈정, 혹은 말싸움에서 사용된다. "거기서 거기다," "그거 그거잖아," 결국 마찬가지야," "다 똑같아"라는 뜻.

이렇게 쓰고!

1. Teacher or mentor. Same difference.
선생이든 멘토든, 어차피 같은 의미야.

2. Whether we go today or tomorrow. Same difference.
오늘 가나 내일 가나, 그게 그거지.

이렇게 말한다!

A: It's not a lie, it's just bending the truth.
B: Same difference.
A: 그건 거짓말이 아니라 살짝 돌려 말한거야.
B: 그게 그거지 뭐.

115

I'm unwell

몸이 안좋아, 컨디션이 별로야

| **be unwell** | 오래된 표현이지만 요즘 세대들이 꺼내서 "몸이 안좋아," "기분이 좀 안좋아," "아파"라는 의미로 SNS 등에서 사용하고 있다. "멘탈이 나갔어," "상태가 안좋아"라는 뜻. = I'm not feeling well.

이렇게 쓰고!

1. That ending broke me. I'm unwell.
그 결말 보고 멘탈 터졌어. 나 지금 상태 안 좋아.

2. The sushi didn't sit well with me. I'm unwell.
초밥이 좀 몸에 안 맞았나 봐, 속이 안 좋아.

이렇게 말한다!

A: You look drained.
B: Yeah. I'm emotionally unwell these days.
A: 너 완전 지쳐 보인다.
B: 응. 요즘 정신적으로 너무 힘들어.

116

I've got brain rot

뇌가 썩었어, 그 생각밖에 안나, 완전 그거에 빠졌어

| **have got brain rot (over/about~)** | '…로 뇌가 썩었다'라는 말로 SNS나 드라마, 게임 등에 지나치게 몰입하거나 중독된 상태를 말한다. 조금은 자조적인 표현이다. = live rent-free in one's head.

이렇게 쓰고!

1. Currently suffering from K-drama brain rot.
요즘 K드라마에 뇌 썩었음.

2. I stayed up till 4 a.m. scrolling Shorts. Brain rot.
새벽 3시까지 숏츠보다가 정신 나갔어.

이렇게 말한다!

A: Still talking about that Han game?
B: Yup. I've got brain rot, can't stop.
A: 아직도 한게임 얘기해?
B: 응. 뇌가 썩었어. 멈출 수가 없어.

117

That was a legendary clapback

전설의 사이다 반격였어, 완전 핵사이다 답변였어

| clapback | "되받아치기,' '반격,' '응수'라는 단어로, 특히 말싸움이나 댓글 등에서 상대의 공격을 받고 '재치있고 강렬하게 되받아치는 것'을 말한다. "한방 먹였네. 완전 명언급 반격" 정도로 생각한다.

✏️ 이렇게 쓰고!

1. That line was a legendary clapback moment.

그 대사는 진짜 전설적인 반격 장면이었어.

2. Did you see that interview? What a legendary clapback!

그 인터뷰 봤어? 완전 레전드 반격이었지!

💬 이렇게 말한다!

A: Did you hear what he said to his ex?

B: Yeah, that was a legendary clapback.

A: 걔가 전여친한테 한 말 들었어?

B: 어, 진짜 전설급 반격이었어.

118

He's all about the cream

걘 돈밖에 몰라

| cream | 슬랭으로 '돈'을 나타내는 단어이다. 우리말로 하자면 "걘 돈이면 다야," "돈밖에 모르는 인간이야," "돈에 미쳤어" 정도로 생각하면 된다. = He's money-driven = Cash rules everything.

✏️ 이렇게 쓰고!

1. The company's motto? All about the cream.

그 회사의 모토? 돈이 전부지.

2. She dates rich old men only. She's all about the cream.

걘 늙은 부자 남자만 만나, 돈이 전부야.

💬 이렇게 말한다!

A: He only hangs out with rich influencers.

B: Yeah, he's all about the cream.

A: 걔는 부자 인플루언서들이랑만 어울려.

B: 그러니까, 돈이 전부지.

119

That movie line is so iconic

그 영화대사는 레전드 급이야

iconic '전설적인,' '상징적인,' '잊을 수 없을 만큼 멋진'이라는 의미에서 출발하여 어떤 장면이나 모습, 대사 등이 "너무 인상적인," "잊을 수 없는," "대표적인"이라는 의미로 사용된다.

이렇게 쓰고!

1. **The Friends couch scene? Absolutely iconic.**
   <프렌즈> 소파 장면? 진짜 레전드지.

2. **Michael Jackson's Super Bowl performance was iconic.**
   마이클 잭슨의 슈퍼볼 공연은 전설 그 자체.

이렇게 말한다!

A: That scene from the movie <Tehran> gave me chills.

B: I know, so iconic.

   A: <테헤란>의 그 장면 소름 돋았어.
   B: 그니까, 진짜 전설이야.

120

This party is gnarly!

이 파티 완전 짱이야!, 이 파티 정말 죽인다!

gnarly '험한,' '거친'이라는 형용사로 요즘 슬랭에서는 "대박이다," "엄청나다," "완전 쩐다"라는 의미로 주로 서핑, 스케이드보드 등의 문화에서 많이 쓰인다. = sick = dope = fire = lit = wild.

이렇게 쓰고!

1. **That movie was gnarly! I loved it.**
   그 영화 진짜 대박이야! 너무 좋았어.

2. **The snowstorm last night was gnarly.**
   어젯밤 눈보라 진짜 엄청났어.

이렇게 말한다!

A: Wow! The concert was insane last night!

B: Yeah, totally gnarly!

   A: 와, 어젯밤 콘서트 완전 미쳤다!
   B: 맞아, 진짜 대박!

121  Your makeup is snatched!

네 화장 진짜 완벽해!, 네 화장 찢었다!

snatched 머리, 의상, 몸매 등 스타일 전반에 걸쳐서 "완벽하게 꾸며진," "퍼펙트한," "너무 잘 어울린," "세련된"이란 의미로 사용된다. Gen Z세대의 칭찬표현 중 하나이다. = on point = slayed = fire.

이렇게 쓰고!

1. **You look snatched and confident.**
   너 완전 세련되고 자신감 넘쳐 보여.

2. **The makeup artist snatched her face!**
   메이크업 아티스트가 걔 얼굴을 완전 살려놨어!

이렇게 말한다!

A: You look so glam tonight!

B: Thanks! Makeup artist really snatched my face.

   A: 오늘 완전히 화려하고 예뻐!

   B: 고마워! 메이크업 아티스트가 얼굴 완전 살려놨어.

MZ Talk! BFF

이제는 인터넷뿐만 아니라, 일상에서도 많이 쓰이는 약어로 "절친," "평생 친구"를 말한다. 풀어 쓰면 **Best Friends Forever**이다.

- **Hanging out with my BFF tonight.**
   오늘 밤 절친이랑 놀아.

- **I can't imagine life without my BFF.**
   절친 없는 인생은 상상도 안 돼.

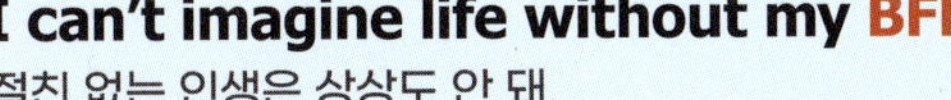

122

It's not that deep

그렇게 심각한 일 아냐, 별일아냐

| deep | 여기서 글자 그대로 '깊게'라는 뜻으로, 상대방이 별 일 아닌 것으로 머리를 싸매고 고민을 할 때 조언하는 문장으로 "그렇게 심각한 일 아냐," "별거 아냐," "너무 깊게 생각하지마"라는 의미이다.

이렇게 쓰고!

1. **Don't overthink it, it's not that deep.**
   너무 생각하지마, 별거 아니야.

2. **Dude, chill out. It's not that deep.**
   진정해, 친구야. 그렇게 심각한 일 아냐.

이렇게 말한다!

A: You think she meant something by that comment?

B: Nah, it's not that deep.

   A: 걔 그 말에 뭔가 의미 담은거 아닐까?
   B: 아니야, 너무 깊게 생각하지마.

123

I'm obsessed

나 완전 빠졌어, 너무 좋아

| be obsessed | 원래 ~with+명사의 형태가 맞지만 요즘 세대는 그냥 I'm obsessed만으로 "나 완전 빠졌어," "너무 좋아," "진짜 중독됐어"라는 의미로 사용한다. 특히 사람, 노래, 드라마, 음식 등에 빠진 걸 말한다.

이렇게 쓰고!

1. **I'm obsessed. Can't stop thinking about it.**
   나 완전히 중독됐어. 계속 그 생각이 나.

2. **She's obsessed with that cafe vibe.**
   걔는 그 카페 분위기를 너무 좋아해.

이렇게 말한다!

A: You've been playing that song, *<Ave Maira>* all day.

B: I know, I'm obsessed.

   A: 너 하루 종일 <아베 마리아>란 노래를 계속 틀잖아.
   B: 알아, 완전 빠졌어.

That tracks

124

그말이 맞아, 이해 돼, 말되네, 그럴 만하네

| **that tracks** | track은 '흔적을 따라가다'라는 말이지만 요즘 영어에서는 '그게 논리적으로 맞아 떨어진다,' '앞뒤가 맞는다'라는 의미로 확장되었다. 그래서 위 문장은 "그 말 맞아," "말되네"라고 생각하면 된다.

이렇게 쓰고!

1. He failed the test again? Yeah, that tracks.
걔 시험 또 망쳤다고? 그럴만하지.

2. You said she ghosted you again? That tracks.
걔가 또 잠수 탔다고? 그럴 만하네.

이렇게 말한다!

A: Jennifer didn't show up for the meeting again.

B: That tracks. She never takes it seriously.

A: 제니퍼가 또 회의에 안왔어.

B: 말되네. 원래 진지하게 생각 안하잖아.

We're going for it

125

우리 한번 해보자

| **go for it** | 이미 한번 나온 표현으로 '포기하지 말고 시도하다,' '적극적으로 나서다'로 위 문장처럼 쓰이면 어떤 결의나 의지를 표명하는 것으로 "우리 한번 해보자," "우리 간다"라는 의미이다.

이렇게 쓰고!

1. It's dangerous, but we're going for it.
위험하지만, 우리 한번 해보자.

2. Everyone's afraid, but we're going for it anyway.
다들 두려워하지만 그래도 우리는 해본다.

이렇게 말한다!

A: The weather's so bad, should we cancel?

B: Nah. We're going for it.

A: 날씨 너무 나쁜데, 취소할까?

B: 아니. 그냥 강행하자.

126

We're kind of a thing

우리 썸 타, 우리 거의 사귀는 사이야

| **a thing** | 요즘 영어에서는 남녀 둘 사이에 로맨틱하거나 특별한 관계가 있다는 의미로 사용되는 단어이다. 공식적이지는 않지만, 특별한 감정이 연결되어 있는 미묘한 상황을 말한다. = We're seeing each other.

✏️ 이렇게 쓰고!

1. I guess we're a thing now.
이제 우리 사귀는거 맞나 봐.

2. My parents think we're a thing, but we're just friends.
부모님은 우리가 썸타는 줄 아는데, 그냥 친구사이야.

💬 이렇게 말한다!

A: I saw you two holding hands and kissing!

B: Okay, fine. We're a thing.
A: 너희 둘 손잡고 키스하는거 봤어!
B: 아 알았어. 우리 사귀어.

127

You're way off base

완전히 틀렸어

| **off base** | 야구에서 유래된 표현. 베이스에서 떨어져 있다는 것은 아웃상황. 그래서 "생각이 틀렸다," "완전 잘못 짚었다," "완전 틀렸어"라는 비유적 의미로까지 확장되어 사용되고 있다. way는 강조부사.

✏️ 이렇게 쓰고!

1. She's way off base thinking I'm poor.
내가 가난하다고 걔가 생각하다니 완전 오해했네.

2. If you think Chris likes you, you're way off base.
크리스가 널 좋아한다고 생각하면 완전 오해야.

💬 이렇게 말한다!

A: You're quitting because of the boss?

B: You're way off base. This has nothing to do with him.
A: 너 사장 때문에 그만두는거야?
B: 완전 착각이야. 사장과 상관없어.

128

I don't excel at that

그건 내가 잘하지 못해

| excel at~ | '…을 아주 잘하다,' '뛰어나게 잘하다'라는 의미에서 위 문장은 "그건 내 강점이 아냐," "그건 잘 못해"라는 부드러운 표현이다. = I'm bad at that.

이렇게 쓰고!

1. **To be honest, I don't excel at cooking.**
   솔직히 말해서 요리는 잘 못해.

2. **I don't excel at this job, but I'm improving.**
   난 이 일을 잘 못하지만 점점 나아지고 있어.

이렇게 말한다!

A: **Why didn't you volunteer for the presentation?**
B: **You know, I don't excel at public speaking.**

   A: 왜 프레젠테이션에 지원 안 했어?
   B: 알잖아, 사람들 앞에서 말하는거 내가 좀 약하잖아.

129

You're so cheesy

넌 정말 오글거려, 넌 너무 진부해

| cheesy | 형용사로 '치즈맛이 나는'이라는 의미이지만 비유적으로 감정을 상대방이 너무 과하게 표현할 때 사용한다. "넌 너무 느끼해," "넌 넘 오글거려," "너무 뻔해"라는 의미. = cringy = sappy = extra.

이렇게 쓰고!

1. **Chris is so cheesy when he talks about love.**
   크리스가 사랑 얘기할 땐 진짜 느끼해.

2. **His DM was so cheesy. Couldn't stop laughing.**
   걔 DM이 너무 느끼해서 웃음을 멈출 수가 없었어.

이렇게 말한다!

A: **You're the love of my life.**
B: **You're so cheesy!**

   A: 넌 내 인생의 사랑이야.
   B: 아, 너무 오글거려!

130

That's a stretch

그건 억지야

| **stretch** | '몸을 스트레치하는 것'을 뜻하지만 여기서 출발하여 논리적으로 너무 나간 주장이나 억지, 추측을 말할 때 사용한다. 위 문장은 "그건 좀 오버다," "그건 억지야." "그건 좀 나갔다"라는 말이다.

이렇게 쓰고!

1. It's a stretch to blame my wife for everything.
모든 걸 내 아내 탓으로 돌리는 건 억지야.

2. Calling that idol a world star is a stretch.
그 아이돌 가수를 월드스타라고 부르는 건 좀 무리야.

이렇게 말한다!

A: Chris said hi to me. I think he likes me.
B: That's a stretch.

A: 크리스가 나한테 인사했어. 나 좋아하나 봐.
B: 그건 좀 무리네.

131

Can't catch a break

되는 일이 하나도 없네, 운이 이렇게도 없나

| **catch a break** | '잠깐의 행운을 잡다'라는 말로 can't catch a break하면 "잠깐의 행운도 잡지 못하다," 즉 "계속 운이 안따르다," "일이 안풀린다," "되는 일이 하나도 없다"라는 뜻으로 사용된다.

이렇게 쓰고!

1. My computer broke down again. Can't catch a break!
내 컴퓨터가 또 고장났어. 진짜 되는 일이 없네!

2. He's been trying so hard, but he can't catch a break.
걔 진짜 열심히 하는데, 운이 안 따라줘.

이렇게 말한다!

A: First the power went out, now the Wi-Fi's dead.
B: Can't catch a break today!

A: 전기 나가더니 이번엔 와이파이도 죽었어.
B: 오늘 진짜 재수없네!

That cafe is my go-to

132

나 저 카페 단골이야

go-to+명사 | '늘 가는 곳이다'이란 뜻에서 파생되어, "가장 믿을 만한 사람, 장소, 제품"을 말할 때 사용한다. 우리말로는 "나의 최애~," "내 단골이야," "내가 믿는 선택이야," "내가 늘 쓰는거야"라는 의미이다.

✏️ 이렇게 쓰고!

1. **Netflix is my go-to when I have time.**
   시간날 때는 넷플릭스지.

2. **This Mentors app is my go-to for learning English.**
   영어 공부할 땐 이 멘토스 앱이지.

💬 이렇게 말한다!

A: You must watch a lot of movies.

B: Yeah, Netflix is my go-to on weekends.

   A: 너 영화 진짜 많이 보나 봐.
   B: 주말엔 넷플릭스 보는게 최고지.

133

She's sending mixed signals

걔가 헷갈리게 하고 있어

mixed signals | '서로 모순된 신호'라는 의미에서 시작해서 동사 send와 함께 쓰이면 "혼란스런 신호를 보내다," "헷갈리게 굴다," "애매하게 행동하다"라는 표현이 된다. = lead sb on = be on the fence.

이렇게 쓰고!

1. I don't get her. She keeps sending mixed signals.
걔를 모르겠어. 계속 애매하게 굴잖아.

2. Mixed signals are the worst. Just say what you mean!
헷갈리게구는게 최악이야. 그냥 솔직히 말해!

이렇게 말한다!

A: Chris said he doesn't like me, but keeps calling me.
B: Yeah, he's sending mixed signals.

A: 크리스는 날 안 좋아한다면서 계속 전화해.
B: 어, 그거 완전 헷갈리게 구는거야.

134

That hit me hard

그건 진짜 충격였어, 너무 가슴에 와닿았어

hit sb hard | hit은 '충격을 주다'라는 뜻으로 위 문장처럼 쓰이면 어떤 사건이나 말 등이 마음을 세게 때렸다, 즉 감정적으로 큰 영향을 끼치다라는 의미가 된다. "그게 맘에 크게 와 닿았다," "진짜 충격야"라는 뜻.

이렇게 쓰고!

1. When I heard the news, it hit me hard.
그 소식을 들었을 때, 정말 큰 충격이었어.

2. When he wanted to break up with me, it really hit me hard.
걔가 나하고 헤어지는 걸 원한다고 했을 때, 진짜 충격이었어.

이렇게 말한다!

A: Losing my best friend hit me hard.
B: I can't imagine. I'm so sorry.

A: 제일 친한 친구를 잃은게 너무 힘들었어.
B: 상상도 못 하겠어. 정말 안타깝다.

135

It's the attitude for me

그 태도가 완전 마음에 들어

| It's ~ for me | 요즘 SNS에서 많이 쓰이는 표현으로 주로 칭찬할 때, 웃긴 포인트를 강조할 때 그리고 가볍게 놀릴 때 쓴다. "난 …가 제일 좋아," "…가 핵심이야," "…때문에 웃겨"로 생각하면 된다.

✏️ 이렇게 쓰고!

1. It's the smile for me.
미소가 제일 매력적이야.

2. It's the hairstyle for me.
머리 스타일이 진짜 포인트야.

💬 이렇게 말한다!

A: Why do you like Chris so much?

B: It's the smile for me.
A: 왜 그렇게 크리스가 좋아?
B: 그 미소 때문이야.

136

Just connect the dots

말안해도 알잖아

| connect the dots | 원래 있던 표현이나 Gen Z세대가 점들을 연결해봐 "그럼, 말 안해도 알잖아"라는 약간 비꼬는 말투로 자주 쓰는 표현이다. = fill in the blanks = do the math.

✏️ 이렇게 쓰고!

1. People online quickly connected the dots.
사람들은 온라인상에서 그것을 바로 눈치를 챘어.

2. I don't explain it, but Chris connected the dots.
설명을 안했는데도, 크리스는 바로 알아차렸어.

💬 이렇게 말한다!

A: Is Chris seeing someone else?

B: New photos, late nights. Just connect the dots.
A: 크리스가 다른 사람과 사귀고 있어?
B: 새로운 사잔, 늦은 밤들. 맞춰봐, 답나오지.

That's a switch

137

그거 좀 의외네, 그거 놀랍네

switch '전환,' '반전'을 뜻하는 단어이지만 요즘 That's a switch하게 되면 뭔가 기존과 다르게 상황이 전개될 때 "그건 좀 의외네," "그건 좀 다르네," "그건 좀 반전이네"라는 의미로 쓰인다.

이렇게 쓰고!

1. She wasn't late today? That's a switch.
걔가 늦지 않았다고? 그건 반전이네.

2. She didn't complain at all? That's a switch.
걔가 불평 하나도 안 했다고? 그건 신기하네.

이렇게 말한다!

A: I cleaned the whole house this morning.
B: That's a switch! You never do that!

A: 오늘 아침에 집 청소 다 했어.
B: 그건 의외네! 평소엔 절대 안하잖아!

I'm crying

138

너무 웃겨, 너무 어이없어

I'm crying 진짜 우는게 아니라 "너무 웃겨서 울겠네," "감동해서 울겠네," "어이없어 눈물난다"라는 의미로 요즘 SNS에서 무척 많이 쓰이는 표현이다.

이렇게 쓰고!

1. I'm crying, this puppy is too cute!
이 강아지 너무 귀여워서 미치겠어!

2. I'm crying. She forgot our anniversary again.
걔가 우리 기념일을 또 잊었대. 나 진짜 울겠네.

이렇게 말한다!

A: She actually said that to his boss.
B: I'm crying. That's so bold.

A: 걔가 진짜로 그 말을 사장에게 했대.
B: 나 진짜 웃겨서 울겠어. 대담하네.

I'm all over the place

139

정신이 없어, 집중이 안돼

| be all over the place | '여기저기 흩어져 있다'는 말에서 발전하여 생각이나 감정, 그리고 상황이 정돈되지 않고 혼란스러운 상태를 말한다. "요즘 정신이 하나도 없어," "정리도 안되고 혼란스러워."

이렇게 쓰고!

1. **My schedule's all over the place this week.**
   이번주 내 일정이 완전 엉망이야.
2. **I've been all over the place since the breakup.**
   이별 후로 완전 정신이 하나도 없어.

이렇게 말한다!

A: **You forgot your bag and your credit cards?**
B: **Yeah, I'm all over the place lately.**

   A: 가방이랑 신용카드를 다 잊었버렸다고?
   B: 응, 요즘 완전 정신이 없어.

Tone it down

140

좀 자제해, 진정해

| tone down | 강도나 세기를 낮춘다는 말로 상대방의 반응이나 행동과 말투 등이 너무 심할 때 "좀 자제해," "진정 좀 해," "좀 톤을 낮춰'라는 의미로 사용하면 된다. = Chill out = Calm down.

이렇게 쓰고!

1. **Can you tone it down? We're in a library.**
   조용히 좀 해줄래? 여기 도서관이야.
2. **Chris needs to tone it down with the gym selfies.**
   크리스는 헬스 셀카 좀 자제해야 해야 돼.

이렇게 말한다!

A: **You don't have to yell to prove your point.**
B: **Okay. I'll tone it down.**

   A: 네 말을 입증하려고 소리칠 필요는 없어.
   B: 알았어, 좀 누그러뜨릴게.

141

That's not it

그 얘기 아니야, 그건 틀렸어

that's not it '그게 아니다'라는 뜻으로 뭔가 틀렸을 때, 실망했을 때, 상대말이 틀렸을 때 할 수 있는 문장. 우리말로는 "그건 아냐," "그건 틀렸어," "그건 내가 말한게 아냐"라는 의미가 된다. = That's not the point.

✏️ 이렇게 쓰고!

1. That's not it. You've got the wrong idea.
아니야. 네가 오해했어.

2. That's not it. I'm just tired, not angry.
그게 아니야. 화난게 아니라 피곤한거야.

💬 이렇게 말한다!

A: I thought you hated Tony.

B: That's not it. I just don't trust him.

A: 난 네가 토니를 싫어하는 줄 알았는데?
B: 아니야. 그냥 믿음이 안 갈 뿐이야

142

I was shook when I heard the news

그 소식듣고 충격에 빠졌어

shook shake의 과거형이지만 요즘에는 감정적으로 충격받아 멘탈이 흔들리다라는 뜻으로 사용한다. 그래서 I was shook하면 "진짜 충격였어," "멘붕왔어," "완전 소름돋았어"라는 의미에 해당한다.

✏️ 이렇게 쓰고!

1. I was shook when she told me the truth.
걔가 진실을 말했을 때 진짜 놀랐어.

2. When he said he's getting married, I was shook.
걔가 결혼한다는 말 듣고 놀랐어.

💬 이렇게 말한다!

A: Did you hear Chris quit his job a moment ago?

B: What?! I'm shook.

A: 크리스가 조금전에 회사를 그만뒀대.
B: 뭐라고?! 완전 충격이야.

143   Good call. Let's play it safe

잘했어. 안전하게 가자

good call | '좋은 판단이나 선택'을 말하는 표현. 요즘에는 상대방의 결정이나 판단이 현명했다고 칭찬할 때 혹은 동의하면서 자주 쓰이는 표현이다. "잘한 결정야," "현명한 판단야," "잘 생각했어."

✏️ 이렇게 쓰고!

1. **You decided not to text your ex? Good call.**
   전 여친에게 문자안보내기로 했다고? 잘한 결정야.

2. **Stayed home instead of going out. Good call.**
   오늘 나가지 않기로 한 건 진짜 잘한 결정야.

💬 이렇게 말한다!

A: I brought extra water just in case.

B: Good call. It's super hot today.

    A: 혹시 몰라서 물 더 챙겼어.
    B: 잘했네. 오늘 엄청 덥잖아.

TL;DR

인터넷 약어로 긴 글의 앞이나 끝에 솔직한 리액션을 할 때 긴요한 약어이다. **Too Long: Didn't Read**를 줄인 것이다. "요약하면" 혹은 "너무 길어서 안읽음"이다.

- **That post was too long. TL;DR?**
  글이 너무 길어. 요약해 줘.

- **TL;DR: We're moving the deadline.**
  요약: 마감일이 변경됨.

That part

144

그 부분 완전 공감야, 그게 핵심야, 그게 포인트야

that part 표현이라고 하기에 무색하게 짧은 문장. 상대방이 말을 할 때 가장 공감되는 부분이 있을 때 강조하거나 동의할 때 하는 말이다. "그말 진짜 맞아," "그게 핵심이야," "그 부분 완전 인정."

✏️ 이렇게 쓰고!

1. **Healing takes time. That part.**
   힐링에는 시간이 필요하다. 완전 공감.

2. **He said, 'Work smarter, not harder.' That part.**
   "열심히보다 똑똑하게 일하라." 그게 핵심야.

💬 이렇게 말한다!

A: Sam told me, "You can't make everyone happy."

B: That part. Facts.

A: 샘이 내게 말했어. "모두를 만족시킬 순 없다"고.
B: 그 말이 진짜야.

Fake it till you make it

145

될 때까지 된 척해라, 자신없어도 일단 행동해

fake it till you make it 상대방에게 동기부여를 할 때 쓰면 좋은 표현이다. 지금 성공하지 못해서 자신감이 없지만, 자신있는 사람처럼 행동하면 정말 자신감이 생긴다는 뉘앙스의 문장이다.

✏️ 이렇게 쓰고!

1. **Fake it till you make it. You'll be great.**
   자신없어도 일단 행동해. 너 아주 좋아질거야.

2. **Just fake it till you make it. They say confidence grows.**
   일단 자신 있는 척부터 해. 진짜 자신감이 생긴다고 하잖아.

💬 이렇게 말한다!

A: I can't do this. I'm not ready for this.

B: Yes, you can. Fake it till you make it.

A: 나 못 하겠어. 나 이거 할 준비 안 됐어.
B: 할 수 있어. 일단 된 척부터 해봐.

146

Hold that thought

잠깐만, 멈춰봐

hold that thought | '그 생각을 잡고 있어'라는 말이지만 실제로는 상대방이 하려는 말을 잠시 멈추게 할 때 사용한다. "그 얘기 잠깐만," "그거 잠시 멈춰봐," "그 얘긴 좀 이따 하자"라는 의미이다.

✏️ 이렇게 쓰고!

1. Hold that thought. I need to take this call.
그 말 잠깐 멈춰봐, 이 전화는 받아야 돼.

2. Hold that thought, I need to check something.
그 생각 잠깐만, 뭐 좀 확인해야 돼.

💬 이렇게 말한다!

A: I've got a brilliant idea!
B: Hold that thought. Let me write it down.
A: 기막힌 아이디어가 있어!
B: 잠깐, 그 생각 적어둘게.

147

You're him

너 진짜 대단해, 넌 진짜 주인공이야

you're him[her] | 통성명하는게 아니라 상대방이 엄청나게 성공을 이루었을 때 "너 진짜 레전드야," "너 진짜 대단하다," "네가 진짜 주인공이야"라는 느낌으로 하는 말이다.

✏️ 이렇게 쓰고!

1. You're him. Don't ever doubt it.
넌 진짜 대단해. 절대 의심하지마.

2. You're him for real. That was insane.
진짜 넌 대단해. 방금 그건 미쳤어.

💬 이렇게 말한다!

A: Did you see how she handled that situation?
B: Yeah, she's her.
A: 걔가 그 상황 대처하는 거 봤어?
B: 봤지, 걘 진짜 레전드야.

Got you good!

완전히 속았지!, 딱 걸렸네!

| **got you good** | 상대방이나 누군가를 놀라게 하거나 장난을 성공적으로 쳤을 때 쓰는 표현으로 "완전 제대로 걸렸네!," "크게 속았지!," "딱 걸렸네!"라는 의미로 쓰인다. 여기서 good은 '완전히'란 뜻.

이렇게 쓰고!

1. You really fell for it. I got you good!
진짜 넘어갔네. 너 완전 속았다!

2. You looked so confused. Got you good!
너 헷갈리지. 완전 놀랬지!

이렇게 말한다!

A: You said you were quitting today.
B: Just kidding. Got you good!
A: 너 오늘 그만둔다며.
B: 장난이었어. 완전 속았지?

I'm cooked

완전히 뻗었어, 기진맥진이야, 난 끝났어

| **be cooked** | 요즘세대 의미로는 신체적으로 너무 피곤해서 녹초가 된 상태를 말하거나, 아니면 정신적으로 한계에 다다랐을 때 하는 말이다. "완전 뻗었어," "넘 피곤해 아무것도 못하겠어." = I'm beat = I'm wiped out.

이렇게 쓰고!

1. I'm cooked. Haven't slept in three days.
완전 녹초가 됐어. 3일간 잠을 못잤어.

2. Worked a double shift today. I'm cooked.
오늘 두 배로 근무했더니 완전 녹초가 됐어.

이렇게 말한다!

A: You okay? You seem toast.
B: I'm cooked. Work killed me today.
A: 괜찮아? 완전 지쳐 보이는데.
B: 진짜 피곤해. 오늘 일 때문에 완전 녹초야.

150

Let's get it!

한번 해보자!, 시작하자!

let's get it 친구들끼리, 아니면 혼잣말로 무언가 해보겠다고 도전하는 멘트이다. 아주 힘이 넘치고 자신감을 심어주는 표현이다. = Bring it on = We got this = Game on.

✏️ 이렇게 쓰고!

1. No fear, no limits. Let's get it!
두려움 없이, 한계 없이. 한번 해보자!

2. We trained for this moment. Let's get it!
이 순간을 위해 연습했잖아. 가자!

💬 이렇게 말한다!

A: You ready for the big presentation?

B: Let's get it!

A: 큰 프레젠테이션 준비됐어?
B: 한번 해보자!

151

Your vibes today? On point

오늘 분위기? 완전 완벽해

on point 요즘 세들이 자주 쓰는 슬랭. on point는 '정확한 지점에 있다'라는 뜻이지만 비유적으로 뭔가 완벽하고 멋질 때 칭찬하면서 쓰는 표현이다. "완전 잘 됐네," "딱이야," "완벽해," "죽인다."

✏️ 이렇게 쓰고!

1. That presentation was on point.
그 발표 완벽했어.

2. Your English pronunciation is on point.
네 영어 발음 완전 좋아.

💬 이렇게 말한다!

A: That speech was so inspiring to the audience.

B: Yeah, every word was on point.

A: 그 연설 청중들에게 진짜 감동적이었어.
B: 맞아, 한마디 한마디 완벽했어.

152 You'll get ratio'd if you post that

그거 올리면 욕먹을거야, 반응 안좋을거야

| **get ratio'd** | SNS에서 유래된 표현. ratio'd는 사람들이 글에 반대하거나 비난을 해서 비율이 깨진 상태를 말한다. "그거 올리면 폭망할거야," "그거 올리면 비난 폭주할거야" 정도로 생각하면 된다.

이렇게 쓰고!

1. He **got ratio'd** so hard for that feed.
   걔 그 피드 때문에 완전 욕먹었어.

2. That comment's so bad you'll **get ratio'd** for sure.
   그 댓글은 너무 별로여서 엄청 욕먹을거야.

이렇게 말한다!

A: He thought people would agree with him on that.

B: Nope. He **got ratio'd** instantly.

A: 사람들이 자기 말에 동의할 줄 알았대.
B: 천만에. 바로 욕먹었지.

153 Real talk, you need to take a break

진심으로 말해서, 넌 휴식을 취해야 해

| **real talk** | 요즘 슬랭으로 대화중 뭔가 솔직한 이야기를 꺼낼 때 앞서서 던지는 표현이다. "진심으로 말해서," "솔직히 말하자면," "현실적으로 말하면"이라는 뜻이다. = To be real with you = No cap = For real.

이렇게 쓰고!

1. **Real talk,** I need to start taking care of myself.
   진심으로, 이제 나 자신 좀 챙겨야겠어.

2. **Real talk,** 2026 is gonna be my year.
   진심으로, 2026년은 내 해가 될거야,

이렇게 말한다!

A: You think Chris really likes me?

B: **Real talk,** I don't think so.

A: 크리스가 진짜 나 좋아하는 것 같아?
B: 솔직히 말해서, 아닌 것 같아.

154 You're living in his head rent-free

걔는 네 생각만 하고 있어, 네가 걔 머릿속에 살고 있어

rent-free │ 위트가 보이는 표현. rent-free는 '월세나 렌트료를 내지 않는,' 즉 '무상으로'라는 뜻이다. 즉 "네가 노력할 필요없이 넌 …사람의 머릿속에 산다"로 누군가가 집착할 때 쓰는 표현이다.

이렇게 쓰고!

1. Exactly, and you're still living rent-free.
바로 그거야, 그리고 걘 너한테 집착하고 있네.

2. He keeps talking about you. Rent-free!
걔 맨날 너 얘기하더라, 완전 집착이야.

이렇게 말한다!

A: Nick keeps posting about me.
B: You're living in his head rent-free.
A: 닉이 자꾸 내 얘기 올려.
B: 걔 머릿속에는 너만 있는 것 같아.

155 She deserves that award, periodt!

걘 그 상을 받을 자격이 있어, 끝!

periodt 오자 아님. 원래 쓰던 Period(끝)이라는 단어에 't'를 붙여 더 단호한 느낌을 준다. 자신의 생각이 너무 확실해서 더는 논쟁의 여지가 없다는 이야기. "이제 정답이야," "더 이상 말할 필요 없음."

이렇게 쓰고!

1. He messed up big time, periodt.
걔 완전 망쳤어. 끝.

2. I did what I had to do, periodt.
내가 해야 할 걸 했어. 더 할 말 없음.

이렇게 말한다!

A: You think you deserve that promotion?
B: I worked my ass off for it, periodt.
A: 너 승진할 자격 있다고 생각해?
B: 나 죽어라 일했거든. 끝.

156 What a lousy excuse!

그게 무슨 변명이냐!, 정말 한심한 변명이네!

lousy '형편없는,' '질 나쁜'이라는 의미로 lousy excuse하게 되면 "말도 안되는 변명," "설득력 없는 나쁜 핑계"라는 뜻이 된다. 위 문장은 "그게 말이 되냐?," "엉터리 같은 얘기는 마," "그런 핑계대지마."

이렇게 쓰고!

1. You call that an explanation? Lousy excuse.
그걸 설명이라고 하냐? 말도 안되는 변명이잖아.

2. A lousy excuse won't get you out of this.
그런 형편없는 변명으로는 빠져나갈 수 없어.

이렇게 말한다!

A: I couldn't finish the project because I was too tired.
B: Lousy excuse. We're all tired.
A: 너무 피곤해서 프로젝트 못 끝냈어.
B: 한심한 변명이네. 우리 모두 피곤하거든.

157

I'm so pumped!

완전 신났어!, 엄청 기대돼!, 정말 들떠 있어!

| **pumped (to~)** | '펌프질하다'에서 '에너지가 솟구치다'라는 말. 다시 말해서 "에너지 넘치고, 흥분되고, 신나는" 상태를 의미할 때 사용한다. = I'm hyped = I'm psyched = I'm amped.

이렇게 쓰고!

1. **I'm pumped to start this new project!**
   이 신규 프로젝트 시작할 생각에 신나!

2. **I'm pumped about my new job in New York.**
   뉴욕의 새 직장은 진짜 신나!

이렇게 말한다!

A: How do you feel about your first acting?

B: I'm pumped and ready!

   A: 첫 연기 어때, 긴장돼?
   B: 완전 신나! 준비됐어!

158

That's sick!

진짜 대박이다!, 완전 멋지다!, 끝내준다!

| **sick** | 아픈이라는 의미와는 전혀 다르게 사용된다. 슬랭으로 "정말 멋지다," "미쳤다," "놀랍다"라는 감탄의 표현으로 자주 사용된다. 긍정, 부정의미로 다 사용된다.

이렇게 쓰고!

1. **You got front-row seats? That's sick!**
   앞줄 좌석으로 2개 샀다고? 끝내준다!

2. **That trick you did was sick!**
   방금 그 묘기 진짜 미쳤다!

이렇게 말한다!

A: I just hit 2 million views on YouTube!

B: That's sick! Congrats!

   A: 유튜브 조회수 2백만 찍었어!
   B: 와, 대박이야! 축하해!

159

She really showed up at the party

그 파티에서 걔는 완전 존재감 뿜뿜했어

show up '나타나다,' '오다'이지만 요즘 세대들은 이를 확장해서 '멋지게 해내다,' '빛나다,' 또는 상대방보다 잘하다, 그리고 '진심을 다하다,' SNS에서는 '꾸준히하다'라는 다양한 의미로 사용된다.

이렇게 쓰고!

1. **Just show up today, even if you're tired.**
   피곤해도 오늘 그냥 해보자.

2. **He totally showed her up in front of everyone.**
   걔는 모두 앞에서 그녀를 완전 무색하게 만들었어.

이렇게 말한다!

A: I'm too tired to study.
B: Just show up and do a little bit.

   A: 나 너무 피곤해서 공부못해.
   B: 그냥 꾸준히 하자, 조금이라도 해봐.

160

Let's just wing it

그냥 즉흥적으로 하자

wing it '사전 준비없이 즉흥적으로 하다,' '준비없이 하다,' '대충하다,' '그냥 되는대로 하다'라는 빈출 표현이다. = play it by ear = go with the flow.

이렇게 쓰고!

1. **I totally winged the presentation.**
   난 프레젠테이션을 완전 즉흥으로 했어.

2. **We didn't practice, but we'll wing it.**
   우리는 연습은 안 했지만 그냥 해볼게.

이렇게 말한다!

A: We don't have a plan for tonight.
B: That's fine. Let's just wing it.

   A: 우리는 오늘밤 계획없어.
   B: 괜찮아. 그냥 되는 대로 하자.

161 **She came through with that outfit!**

걘 정말 옷을 잘 입었어!

| **come through** | '지나가다,' '약속을 지키다'외에 Gen Z세대는 '멋지게 해내다,' '대박이다,' 혹은 '…을 위해 기대이상으로 도와주다,' '힘든 걸 이겨내다'는 다양한 의미로 사용하고 있다.

이렇게 쓰고!

1. **Ejae came through with the vocals.**
   이재는 노래로 씹어먹었어.

2. **You really came through with that outfit!**
   너 옷 진짜 잘 입었어!

이렇게 말한다!

A: **I thought you couldn't make it!**
B: **You know me, I always come through.**
   A: 난 네가 못 올 줄 알았어!
   B: 나 알잖아, 나는 늘 해내지.

162 **It finally clicked why she was upset**

걔가 왜 화났는지 이제 이해가 돼

| **click** | 원래는 '클릭하다,' '잘 맞다'이지만 요즘에는 사람사이에 '잘 통하다,' '케미가 있다' 그리고 SNS 등에서는 "That click," "It clicked"의 형태로 "공감되다," "통했다"라는 의미로 다양하게 쓰인다.

이렇게 쓰고!

1. **I didn't click with that new coworker.**
   새로운 직장 동료와 잘 맞지 않았어.

2. **We just clicked the moment we met.**
   우리는 처음 만났을 때부터 완전 통했어.

이렇게 말한다!

A: **Something about this plan doesn't click.**
B: **Yeah, something feels off.**
   A: 이 계획 뭔가 안 맞는 것 같아.
   B: 맞아, 뭔가 느낌이 이상해.

163

I feel off

컨디션이 좀 그래

feel off | '기분이 이상하다' 그리고 요즘에는 '컨티션이 안좋다,' '기분이 찜찜하다,' '집중이 안되다,' 마지막으로 SNS상에서 '멘탈이 흔들리다,' '분위기가 다운돼있다'라는 다양한 의미로 사용된다.

이렇게 쓰고!

1. **I feel off today. Maybe I'm catching the flu.**
   오늘 컨디션 안 좋아. 독감에 걸린 것 같아.

2. **Can't explain it, but everything feels off lately.**
   설명은 안 되는데 요즘 모든게 좀 이상해.

이렇게 말한다!

A: What's with you? You're not yourself today.
B: Yeah, something feels off.
   A: 왜그래? 오늘 평소랑 다르네.
   B: 응, 뭔가 좀 이상해.

164

I got one over on her

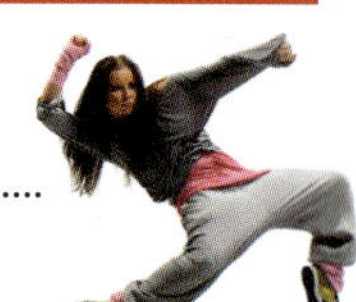

내가 걔를 한방 먹였어, 살짝 속였어

get one over on sb | 빈출표현으로 'sb를 속이다,' '골탕먹이다,' '한 수 앞서다,' 그리고 '이기다'라는 의미로 사용된다. 진지하게 속이거나 사기치는게 아니라 가볍게 혹은 장난스럽게 먹였다라는 뉘앙스이다.

이렇게 쓰고!

1. **Chris likes getting one over on people.**
   크리스는 사람들 골탕 먹이는 걸 좋아해.

2. **I can't believe you got one over on her like that!**
   네가 그렇게 교묘하게 그녀를 속였다니 대박이야!

이렇게 말한다!

A: She didn't notice the sick joke at all.
B: Guess you got one over on her!
   A: 걔는 짓궂은 농담을 눈치 전혀 못챘어.
   B: 네가 제대로 한 방 먹였네!

165 He raved about you

걘 너를 극찬했어

| **rave about sb[sth]** | '…을 엄청 좋게 말하다,' '…을 극찬하다,' '엄청 칭찬하다' 등 거의 모두 아낌없이 칭찬을 할 때 사용하는 표현이다. = go on and on about = gush over = hype up.

✏️ 이렇게 쓰고!

1. The boss raved about you after the presentation.
사장은 프레젠테이션 끝나고 너 칭찬을 엄청 했어.

2. Chris, everyone's been raving about your poetry book.
크리스, 모두가 네 시집을 칭찬 중이야.

💬 이렇게 말한다!

A: What did your boss say about my idea?
B: He raved about you.
A: 상사가 내 아이디어에 뭐라셨어?
B: 너 칭찬 엄청 했어.

자주 쓰이는 인터넷 약어로 뭔가 솔직히 터놓고 이야기할 때 사용하는 약어이다. **to be honest**의 첫 글자로 만든 약어. "솔직히 말하자면," "솔직히 말해서"라는 뜻.

• **tbh, you did better than I expected.**
솔직히 네가 생각보다 잘했어.

• **tbh, I forgot about your birthday completely.**
솔직히 네 생일 완전히 잊고 있었어.

Speak your mind

166

터놓고 말해, 솔직히 말해

speak one's mind | '네 마음을 말하다'에서 발전하여 '솔직하게 거짓없이 말하다,' '마음속 생각을 다 말하다'라는 의미로 사용된다. 즉 입술로 말하는게 아니라 심중을 털어놓는다는 뉘앙스.

이렇게 쓰고!

1. **He's never shy to speak his mind.**
   걘 자기 의견을 말하는 걸 절대 주저하지 않아.

2. **Don't be afraid to speak your mind.**
   네 생각을 솔직히 말하는 걸 두려워하지마.

이렇게 말한다!

A: **Should I tell her the truth?**

B: **Yeah, speak your mind. She deserves to know.**

   A: 걔한테 진실을 말해야 될까?

   B: 어, 솔직하게 말해. 그럴 자격이 있잖아.

I'm totes fine. Don't worry

167

나 완전히 괜찮아. 걱정마

totes | Gen Z식 표현으로 I'm과 fine 사이에 첨보는 totes가 들어간 경우이다. 이 totes는 totally를 요즘세대식으로 줄인 것이다. 보통 totes+형용사/동사/명사의 형태로 쓰인다.

이렇게 쓰고!

1. **I'm totes fine. Don't stress.**
   나 완전 괜찮아. 신경쓰지마.

2. **I totes forgot about the get-together.**
   난 모임이 있는 걸 완전히 까먹었어.

이렇게 말한다!

A: **You sure you're okay?**

B: **I'm totes fine. Don't worry about it.**

   A: 너 정말 진짜 괜찮아?

   B: 완전 괜찮다니까, 걱정마.

I'm in a funk

168

꿀꿀해, 의욕이 없어, 멘탈이 다운됐어

| **be in a funk** | 뭔지는 모르겠지만 기분이 안좋아서 아무것도 하기 싫은 상태를 말한다. "기분이 꿀꿀해," "좀 처졌어," "의욕이 없어"라는 의미이다. = be in a slump = be in a rut.

이렇게 쓰고!

1. **Raura's in a funk after the breakup.**
   로라는 이별하고 나서 우울한 상태야.

2. **I don't know why, but I'm in a funk lately.**
   이유는 모르겠는데 요즘 기분이 좀 우울해.

이렇게 말한다!

A: **You seem quiet lately. Everything okay?**
B: **Not really. I'm in a funk today.**

   A: 최근에 너 좀 조용하네. 괜찮은거야?
   B: 별로. 오늘 기분이 좀 처져 있어.

You're my ride or die

169

넌 내 전부야, 넌 진짜 내편이야

| **ride or die** | '함께 달리다,' 아니면 '죽을 때까지'라는 말로 "끝까지 함께 한다," "죽어도 같이 죽는다"라는 말이다. 인생을 끝까지 할 진짜 내 사람이라는 뉘앙스를 갖는다. = my day one = my soulmate.

이렇게 쓰고!

1. **She's been my ride or die since middle school.**
   걔는 중학교 때부터 내 찐친이야.

2. **You're my ride or die, no matter what happens.**
   무슨 일이 있어도 넌 내 전부야.

이렇게 말한다!

A: **You've been through everything with me.**
B: **Of course. I'm your ride or die.**

   A: 너랑 나, 별일 다 겪었잖아.
   B: 당연하지. 난 네 찐편이니까.

170 What gave it away?

어떻게 눈치챘어?, 그걸 어떻게 알았어?

| **what gave it away?** | 네이티브들이 자주 쓰는 표현으로 상대가 내가 숨기려는 것을 알아차렸을 때 하는 문장으로 "어떻게 알아냈어?," "어떻게 눈치챘어?"라는 의미로 쓰인다.

✏️ 이렇게 쓰고!

1. You could tell I was lying? What gave it away?
내가 거짓말한 거 들켰어? 어떻게 알아챘어?

2. You noticed I dyed my hair? What gave it away?
나 머리 염색한거 눈치챘어? 어떻게 알았어?

💬 이렇게 말한다!

A: You're totally lying right now.
B: What gave it away? My face or my ear?

A: 넌 지금 거짓말하고 있잖아.
B: 뭐 때문에 들켰어? 표정 아니면 귀?

171 I'm home free

이제 다 끝났어, 이제 안전해, 이제 걱정없어

| **be home free** | '집에 도착했다'가 아니라 집에 오면 안전하고 자유롭다는 연상에서 비유적으로 위험이나 걱정이 사라진 상태를 말한다. 우리말로 "이제 문제없어," "이제 성공했어," "이제 다 해냈어"라는 말.

✏️ 이렇게 쓰고!

1. I'm home free after submitting my report.
레포트 제출하고 나니까 이제 완전 해방이야.

2. The surgery went well. He's home free now.
수술 잘 됐대. 걘 이제 완전히 괜찮아졌대.

💬 이렇게 말한다!

A: Is the new project finally done?
B: Yep, we're home free!

A: 새로운 프로젝트 드디어 끝났어?
B: 응, 이제 완전 해방이야!

172 I'm so done

나 이제 끝이야, 지쳤어, 이제 그만할래

| **be so done** | 쉽게 이해할 수 있는 표현으로 done(끝나다)했는데 그걸 so(아주)라고 강조하고 있다. 따라서 "너무 지쳤어," "이제 끝나서 신경도 쓰기 싫다," "여기까지가 한계야"라는 뉘앙스를 갖는다.

이렇게 쓰고!

1. **I'm so done listening to her excuses.**
   걔 변명 듣는 건 이제 지겨워.
2. **I'm so done pretending everything's fine.**
   괜찮은 척하는거 이제 지쳤어.

이렇게 말한다!

A: **Are you sure you're okay?**

B: **Not really. I'm so done pretending I'm fine.**

   A: 너 정말 괜찮은거 확실해?
   B: 아니. 괜찮은 척하는 것도 이제 지쳤어.

173 I'm here for it

완전 찬성이야, 난 그거 좋아, 나도 할래

| **be here for it** | 요즘 Gen Z세대들이 좋아하는 표현으로 '그것 때문에 여기 왔다'가 아니라 '완전히 찬성이다,' '그거 좋아,' '난 그거 정말 좋아해,' 그리고 '나도 끼워줘'라는 찬성과 동의의 표현이다.

이렇게 쓰고!

1. **They're making a prequel? I'm here for it!**
   걔네들이 속편 만든다고? 완전 찬성이야!
2. **You're quitting your new job? I'm here for it.**
   새로 들어간 직장 그만둔다고? 완전 찬성야!

이렇게 말한다!

A: **We're skipping school tomorrow and going to the beach.**

B: **I'm here for it. Count me in.**

   A: 내일 학교빼먹고 해변에 가자.
   B: 완전 좋아. 나도 껴줘.

174

Why is this so me?

이거 완전 나잖아?, 나랑 너무 똑같아

why is this so me? 요즘 SNS상에서 자주 볼 수 있는 젊은 공감표현으로 "이거 완전히 내 상황이네," "이거 내 스타일이야," "딱 나같아서 웃겨" 정도로 생각하면 된다. = That's so me = It's giving me.

이렇게 쓰고!

1. Why is this so me when I'm stressed?
내가 스트레스받을 때의 나와 똑같지?

2. Why is this so me when I'm broke?
돈 없을 때 내 모습 그대로이지?

이렇게 말한다!

A: Every time I say I'm on a diet but eat pizza.
B: Why is this so me.

A: 다이어트 한다고 해놓고 피자먹는 나.
B: 그거 완전 나야.

175

He's a real baller

걔 진짜 잘나가는 사람이야

be a real baller 여기서 baller는 돈많이 버는 미국의 NBA 스타선수들을 가리키는 말로, 여기서 발전해서 '성공하고, 돈많고, 자신감 넘치는 사람'을 뜻하게 되었다. = big shot = high roller.

이렇게 쓰고!

1. He's a real baller, always flying first class.
걔는 진짜 잘나가. 항상 비즈니스석 타고 다녀.

2. Chris is a real baller. He built his own company at 22.
크리스는 완전 대단해. 22살에 자기 회사를 세웠어.

이렇게 말한다!

A: Tammi just donated a million dollars.
B: Wow, total baller move.

A: 태미가 백만 달러를 기부했어.
B: 와, 완전 대박 멋진 행동이다.

176 The schedule's becoming tight

일정이 점점 빡빡해지고 있어

| **be becoming tight** | 2가지 의미만 알아두면 된다. 첫번째는 사람 사이의 관계가 '친해지고 있다,' '가까워지고 있다,' 두번째는 상황이나 예산, 시간 등이 '빠듯하다,' '여유가 없어지다'라는 것이다.

이렇게 쓰고!

1. **She's becoming tight with the newcomers.**
   걔는 신입직원들과 점점 친해지고 있어.

2. **They're becoming tight after working together.**
   걔네들은 같이 일하면서 점점 가까워지고 있어.

이렇게 말한다!

A: I guess you and Chris seem close these days.

B: Yeah, we're becoming tight.

A: 요즘 너랑 크리스가 친해 보이는 것 같아.

B: 어, 요즘 진짜 가까워지고 있어.

177 The math ain't mathing

뭔가 말이 안맞아, 계산이 안 떨어져, 수상해

| **the math ain't mathing** | 요즘 Gen Z세대가 쓰는 표현으로 일부러 문법적으로 틀리게 말한다. 상대방의 말이나 행동이 앞뒤가 안맞거나 논리적으로 이상할 때 던질 수 있는 문장이다.

✏️ 이렇게 쓰고!

1. The math ain't mathing on her story.
개 말이 앞뒤가 안 맞아.

2. Her excuse doesn't add up. The math ain't mathing.
개 변명이 말이 안돼. 좀 수상해.

💬 이렇게 말한다!

A: She said she's vegan but ate bacon this morning.

B: Yeah. The math ain't mathing.

A: 개 비건이라더니 아침에 베이컨 먹었어.
B: 그러게. 말이 안 맞네.

178 I'm chill with whatever

난 뭐든 상관없어, 난 유연해

| **be chill with whatever** | 상대방이 뭘 제안하거나 선택하거나 자신은 상관없이 '괜찮다,' '다 좋다,' '너 한테 맞춰'라고 쿨하게 양보하는 표현이다. = be okay with whatever = be down for whatever.

✏️ 이렇게 쓰고!

1. I'm chill with whatever. It's up to you.
난 아무거나 괜찮아. 네가 정해.

2. I'm chill with whatever music you put on.
네가 어떤 음악 틀어도 좋아.

💬 이렇게 말한다!

A: Should we go out or stay in and watch Netflix?

B: I'm chill with whatever.

A: 나갈까, 그냥 남아서 넷플릭스 볼까?
B: 난 뭐든 좋아.

179

Take it for a spin

한번 타보자, 한번 써보자

| take it for a spin | 원래 새로 산 차나 물건 그리고 기술이나 앱, 아이디어 등을 '시험삼아 타보다,' '써보다,' '써보며 테스트하다'라는 뜻으로 사용된다. = try it out = take it for a ride.

이렇게 쓰고!

1. I took ChatGPT for a spin. It's pretty impressive.
ChatGPT를 한 번 써봤는데, 꽤 대단하더라.

2. You should take the Mentors app for a spin.
넌 멘토스 어플을 시험삼아 둘러봐.

이렇게 말한다!

A: Do you wanna take the new AI tool for a spin?

B: Sure! Let's see what it can do.

A: 새 AI 툴 한 번 써볼래?
B: 물론! 뭐 할 수 있는지 보자.

180

I don't have the bandwidth

지금은 여유가 없어, 그럴 정신이 없어, 다른 일 신경쓸 틈없어

| not have the bandwidth | bandwidth는 인터넷의 데이트 전송용량을 말하는 것으로 여기서는 비유적으로 사람의 '정신적, 감정적 혹은 시간적 처리 용량'을 말한다.

이렇게 쓰고!

1. I don't have the bandwidth to think about that.
아직 그걸 고민할 여유가 없어.

2. I don't have the bandwidth to explain everything.
지금 다 설명할 여유가 없어.

이렇게 말한다!

A: Can you help me with this financial report?

B: I'd love to, but I don't have the bandwidth right now.

A: 이 재무보고서 좀 도와줄 수 있어?
B: 도와주고 싶지만 지금은 여유가 없어.

181

Did you just throw shade at me?

지금 나한테 빈정댔어?

| **throw shade at sb** | Gen Z 세대의 대표 슬랭. 대놓고 욕은 안하지만, "살짝 비꼬다," "빈정대다," "은근히 디스하다"라는 말이다. SNS상 뿐만 아니라 일상에서도 많이 쓰인다. = diss = be shady.

이렇게 쓰고!

1. She **threw shade at** her ex on Instagram.
   걔 인스타에서 전 남친을 디스했어.

2. No need to **throw shade**. It's not that deep.
   굳이 비꼴 필요 없잖아. 그 정도 일 아니야.

이렇게 말한다!

A: Why **are** you **throwing shade at** Chris?

B: I'm not! I'm just being honest.

   A: 왜 크리스에게 비꼬는거야?
   B: 나 안 비꼬고 있어! 그냥 솔직한거야.

182

The food here is kinda mid

여기 음식은 별로야, 음식맛이 그저 그래

| **be mid** | Gen Z 슬랭으로 mid의 의미는 average나 mediocre이다. 즉 특출나지 않고 평범하다, 별로다라는 의미이다. 부정적인 표현으로 실망스러움을 나타내는 표현이다. = be basic.

이렇게 쓰고!

1. That movie everyone's hyping up **was mid**.
   다들 난리 치던 그 영화는 별로였어.

2. That idol's new song? **Mid.** Nothing special.
   저 아이돌 가수의 새 노래? 그냥 그래. 특별한게 없어.

이렇게 말한다!

A: Everyone's talking about that new cafe.

B: I went there, but it**'s mid**, trust me.

   A: 다들 그 새 카페 얘기하던데?
   B: 나 가봤는데, 별로야. 날 믿어.

183

Do you ship Ross and Rachel?

너 로스하고 레이첼이 잘 되기를 바래?

| **ship sb** | relationship에서 파생된 동사로 ship sb하게 되면 "둘이 잘되기를 바라다," "커플로 응원하다," "…커플 좋아해"라는 의미로 쓰인다. 주로 드라마나 영화, 아이돌에 대해 말할 때 사용한다.

이렇게 쓰고!

1. I **ship** you guys. You'd make a cute couple.
   너희 둘 잘 어울려. 커플 됐으면 좋겠다.

2. Don't **ship** real-life coworkers! That's awkward.
   실제 직장 동료 엮지마! 민망하잖아.

이렇게 말한다!

A: I don't **ship** them. They're better as friends.
B: Fair point. Not every duo needs to date.

   A: 난 둘 안 밀어. 친구일 때가 더 좋아.
   B: 맞는 말이야. 꼭 다 커플 될 필요는 없지.

184

Can I get a shout-out on your channel?

네 채널에서 나 좀 언급해줄래?, 영상에서 나 한번만 언급해주라

| **get a shout-out on~** | 유튜브, SNS의 발달과 함께 널리 쓰이게 된 표현. "네 채널에서 나 한번 언급해줄래?"라는 의미이다. shout-out은 '공개적으로 감사, 칭찬 혹은 언급하는 것'을 말한다.

이렇게 쓰고!

1. I wanna **give a shout-out to** my bestie, Chris.
   내 절친 Chris에게 감사 인사 보낼게요.

2. She **gave me a shout-out** in her latest vlog.
   그녀가 최근 블로그에서 내 이름을 언급했어.

이렇게 말한다!

A: Can I **get a shout-out on** your YouTube channel?
B: Sure! I'll mention you in my next video.

   A: 네 채널에서 나 언급해줄 수 있어?
   B: 물론! 다음 영상에서 너 얘기할게.

185

He unsent all his DMs last night

걔가 어젯밤에 자기가 보낸 DM을 다 삭제했어

| unsend | '보낸 메시지를 취소하다,' '삭제하다'라는 의미. 이제는 일상에서 자리잡은 표현으로 "보낸 메시지를 취소하다," "전송을 되돌리다," 비유적으로 "방금한 말이나 행동을 취소하다'라는 의미로 사용된다.

이렇게 쓰고!

1. I wish I could unsend that email.
그 이메일 취소할 수만 있다면 좋겠어.

2. He unsent his text message right after I saw it.
내가 보자마자 걔가 문자 메시지를 삭제했어.

이렇게 말한다!

A: I'm dying to unsend that text right now.
B: Too late. I already screenshot it.

A: 그 문자 당장 취소하고 싶어 죽겠어.
B: 늦었어. 이미 캡처했지.

186

Stop lecturing me

잔소리 좀 그만해

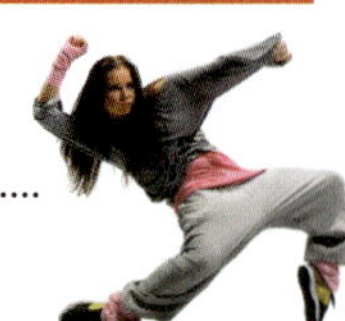

| lecture | '잔소리하다,' '훈계하다,' '설교하다'라는 동사로 요즘에도 구어체에서 많이 쓰인다. 짜증나서, 듣기 피곤해서 혹은 장난스럽게 "나한테 잔소리 좀 그만해"라는 뉘앙스를 갖는다.

이렇게 쓰고!

1. You're not my mom. Stop lecturing me!
너 내 엄마 아니잖아. 잔소리 좀 그만해!

2. Stop lecturing me. I already know I blew it.
잔소리 좀 그만해. 내가 이미 망쳤다는거 나도 알아.

이렇게 말한다!

A: You should study harder and sleep earlier.
B: Stop lecturing me, please.

A: 더 열심히 공부하고 일찍 자야지.
B: 제발 잔소리 좀 그만해요.

187   Stop slacking off

그만 농땡이 부려

slack off '일을 대충하다,' '손놓고 있다,' '게으름피다'라는 구동사이다. 자기가 해야 할 일을 대충해 버리거나, 노력을 기울이지 않는다 뉘앙스를 띄고 있다.

이렇게 쓰고!

1. Stop slacking off and get back to work.
게으름 피우지 말고 일하러 돌아가.

2. He's been slacking off since the boss went out.
사장이 외근나간 후로 걔는 완전 대충 일하고 있어.

이렇게 말한다!

A: You've been scrolling YouTube for an hour.
B: I know, I'm totally slacking off today.

A: 너 한 시간째 유튜브 보고 있잖아.
B: 알아, 오늘 완전 일하기 싫어.

MZ Talk! FOMO

일상이나 SNS상에서 흔히 볼 수 있는 약어로 **Fear Of Missing Out**의 약어이다. 남들로부터 소외 될까 두려운 맘에서 나오는 말로 "놓칠까봐 불안함," "소외될까 초조함"이란 뜻.

- **I don't want to go, but FOMO is real.**
가고 싶진 않은데, 소외두려움이 장난 아냐.

- **No FOMO this weekend. I'm staying in.**
이번 주말엔 소외두려움 없이 집에 있을래.

188 I'm tuckered out

너무 피곤해, 완전히 지쳐버렸어

| be tuckered out | '몹시 피곤한,' '녹초가 된'이라는 뜻으로 달리 말하면 be exhausted, be very tired라는 뜻이다. tucker sb out하게 되면 '…을 지치게 하다'가 된다.

이렇게 쓰고!

1. You look tuckered out. Long day?
너 완전 지쳐 보인다. 힘든 하루였어?

2. I was so tuckered out. I fell asleep on the couch.
난 너무 피곤해서 소파에서 그냥 잠들었어.

이렇게 말한다!

A: Let's grab dinner after work.
B: Rain check? I'm tuckered out.

A: 회사 끝나고 밥 먹을래?
B: 다음에 하자. 난 너무 피곤해.

189 She's going off in that outfit

걘 진짜 옷 잘입었어

| go off | Gen Z세대식의 칭찬을 할 때 쓰는 구동사. 슬랭으로 "대박이다," "놀라워 보인다," "죽여준다," "강렬하게 돋보이다" 정도로 생각하면 된다. = That fit eats = She ate.

이렇게 쓰고!

1. She went off in her new YouTube video.
걘 새 유튜브 영상에서 완전 찢었어.

2. He's going off with that new hairstyle.
걘 새 헤어스타일로 완전 존재감 터지네.

이렇게 말한다!

A: You're going off today! New look?
B: Thanks, just felt like dressing up.

A: 너 오늘 완전 멋지다! 새 스타일이야?
B: 고마워, 그냥 좀 꾸미고 싶었어.

I'm living for it

190

완전 내 스탈야, 너무 좋아

live for it 요즘세대 영어표현으로 "완전 좋아," "내 스탈이야," "그거 넘 맘에 들어"라는 뜻이다. 뭔가에 푹 빠지거나 좋아할 때 사용하면 된다. = be obsessed = be here for it = live for this.

이렇게 쓰고!

1. I'm living for those vibes at the new cafe.
난 새 카페 분위기가 너무 좋아.

2. Not my day. I'm living for the weekend already.
오늘은 정말 안 풀리네. 벌써 주말만 기다리고 있어.

이렇게 말한다!

A: We're getting free coffee from Starbucks today!
B: Stop. I'm living for that.

A: 오늘 스타벅스 커피 무료래!
B: 진짜? 너무 좋아.

That's just a cop-out

191

그건 핑계야, 그건 책임회피야

cop out '해야 할 일을 하지 않다,' '발뺌하다'라는 뜻으로 cop-out하면 '변명' 또는 '해명'이라는 의미가 된다. = That's an excuse = That's weak.

이렇게 쓰고!

1. That excuse is just a cop-out.
그 변명은 발뺌하는거에 불과해.

2. Saying you're tired is a total cop-out.
피곤하다는 건 그냥 완전 핑계야.

이렇게 말한다!

A: I didn't study because I was too stressed.
B: That's just a cop-out.

A: 스트레스 받아서 공부를 못했어.
B: 그건 그냥 핑계잖아.

192 I binge on Netflix shows every night

난 매일 저녁 넷플릭스를 몰아서 봐

binge on~ '···을 한꺼번에 몰아보다,' '폭식하다,' '과하게 즐기다'라는 뜻으로 대상이 무엇이든지 간에 한번에 몰아서 하는 것을 뜻한다. 파생어로 binge-watch는 '몰아보다,' binge-watching은 '몰아보기.'

✏️ 이렇게 쓰고!

1. **Helen likes to binge on reality shows after work.**
   헬렌은 퇴근 후 리얼리티 프로그램 몰아보는 걸 좋아해.
2. **Don't binge on junk food while watching Apple TV.**
   애플 TV 보면서 정크푸드 너무 먹지마.

💬 이렇게 말한다!

A: **What do you usually do after school?**
B: **I binge on Netflix shows every night.**

   A: 방과 후에 보통 뭐 해?
   B: 매일 밤 넷플릭스 몰아봐.

193 That joke didn't land at all. Big yikes

그 농담은 완전 실패했어. 민망하네

not land '착륙하지 않다'이지만, 주로 농담이나 발언이 통하지 않다, 먹히지 않다라는 의미로 쓰인다. 또한 Big yikes는 "큰 민망함," "어색함," "부끄러움"을 표현하는 감탄사이다.

✏️ 이렇게 쓰고!

1. **I tried to be funny, but it didn't land at all.**
   웃기려 했는데 전혀 안 통했어.
2. **He tried to flirt, but it didn't land at all.**
   걔가 작업 걸었는데 완전 실패했어.

💬 이렇게 말한다!

A: **He made a joke about her ex.**
B: **Oof, that didn't land. Big yikes.**

   A: 걔가 그녀의 전남친 얘기로 농담했어.
   B: 으악, 그건 망했네. 민망하네.

194

I'm a lightweight

나 술에 금방 취해, 난 술약해

lightweight '몸무게가 가벼운 사람' 혹은 '실력이 안좋은 사람'을 뜻했지만 요즘에는 "술에 금방 취하는 사람," "술에 약한 사람"이라는 뜻으로 쓰인다. = I can't hold my liquor = I get drunk easily.

이렇게 쓰고!

1. **She's a lightweight, so go easy on her today.**
   걔 술 약하니까 오늘 좀 살살해.

2. **I'm a lightweight but I still love going out to hang out.**
   술은 약하지만 그래도 나가서 노는 건 좋아해.

이렇게 말한다!

A: She's already dancing after one beer.
B: Yeah, she's a total lightweight.

   A: 맥주 한 잔 마시고 벌써 춤추고 있네.
   B: 걘 완전 술이 약한 타입이야.

195

That new song is such a bop!

저 새로운 노래는 짱이야!, 저 노래 미쳤다!

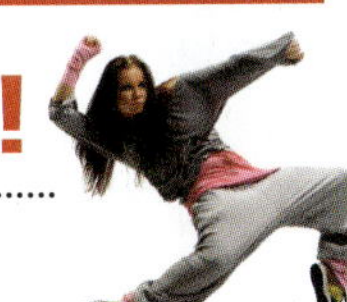

bop 원래 명사로 a catch song이라는 뜻으로 '리듬감 있고 신나는 노래,' '너무 좋은 곡'이라는 뜻으로 Gen Z세대가 많이 쓴다. = It's jam = It slaps = It hits different = It's fire.

이렇게 쓰고!

1. **Every track on him album is a bop.**
   걔 앨범 수록곡 전부 대박이야.

2. **This song gives me energy. Total bop.**
   이 노래 들으면 힘이 나. 완전 대박이야.

이렇게 말한다!

A: I can't get that chorus out of my head.
B: Same. It's a total bop.

   A: 후렴구가 머리에서 안 떠나.
   B: 나도 그래. 완전 중독돼.

196

That's kinda cheugy

그건 좀 구려, 그건 좀 촌스러워, 그건 요즘 느낌아냐

cheugy Gen Z세대가 만든 슬랭으로 뭔가 '시대에 뒤떨어졌거나,' '너무 과하게 꾸민,' 혹은 '한물간 느낌'이라는 젊은 표현이다. = old-fashioned = out of style.

이렇게 쓰고!

1. That hairstyle is cute but a little cheugy.
걔 머리 예쁘긴 한데 좀 촌스러워.

2. Wearing skinny jeans now feels a bit cheugy.
요즘 스키니진 입는 건 좀 구려 보여.

이렇게 말한다!

A: Is using hashtags still cool?
B: Depends. Too many hashtags? Cheugy.
A: 해시태그 여전히 유행이야?
B: 경우에 따라. 너무 많으면 좀 구려 보여.

197

She totally stole the show

걔가 모든 시선을 다 가져갔어

steal the show 어떤 공연이나 행사에서 다른 사람보다 압도적으로 주목을 받거나 인상깊은 실력을 보여줬을 때 하는 말로 "모든 시선을 사로잡다,' '주인공보다 더 돋보인다'라는 의미이다.

이렇게 쓰고!

1. She totally stole the show at the party.
걔가 파티에서 완전 주인공이었어.

2. The new car design stole the trade show.
신형 자동차 디자인이 전시회에서 완전 눈길을 끌었어.

이렇게 말한다!

A: The dog in that TV commercial is so cute.
B: It totally stole the show.
A: 그 TV 광고에 나온 강아지 진짜 귀엽지.
B: 완전 시선강탈이야.

You understood the assignment

198

너 제대로 해냈어, 너 완전 감 잡았네, 바로 그거야

| **understand the assignment** | '과제를 이해했다'이지만 Gen Z세대는 "상황을 완벽히 파악하고 기대이상으로 멋지게 해내다"라는 뜻으로 사용한다. 요즘세대들이 사용하는 아주 젊은 표현이다.

이렇게 쓰고!

1. **The designer clearly understood the assignment.**
   디자이너가 진짜 감을 잘 잡았어.

2. **She totally understood the assignment with that dress.**
   걔는 그 드레스로 완전 찢었어.

이렇게 말한다!

A: I nailed my presentation before the boss today.

B: You understood the assignment!

   A: 오늘 사장 앞에서 프레젠테이션 끝내주게 잘했어.
   B: 완전 찢었네! 잘했어!

199

Not a good look

그거 보기 안좋아, 그건 좀 별로야

not a good look 누군가의 행동이나 말, 혹은 SNS 상의 글이 '보기에도 안좋고, 평판이 안좋다'고 말할 때 쓰는 표현이다. = That's not it = That's a bad look.

✕ 이렇게 쓰고!

1. Showing up late every day? Not a good look.
매일 늦게 오는 건 이미지에 안 좋아.

2. Posting that on social media was not a good look.
그걸 SNS에 올린 건 좀 별로였어.

💬 이렇게 말한다!

A: He came to the meeting wearing shorts.

B: Not a good look for sure.
A: 걔는 회의에 반바지만 입고 왔어.
B: 완전 별로네, 진짜.

200

Tell it like it is

있는 그대로 말해, 솔직히 말해

tell it like it is 요즘에 자주 쓰이는 표현으로 숨기지 않고 '솔직하게 말하다,' '돌려 말하지 않다'라는 느낌의 표현이다. = keep it real = spit facts = be real.

✕ 이렇게 쓰고!

1. She always tells it like it is, even if it hurts.
걔는 상처가 돼도 늘 솔직하게 말해.

2. Tell it like it is. What do you really think?
솔직히 말해봐, 진짜 네 생각은 뭐야?

💬 이렇게 말한다!

A: Be honest with me. How about my idea?

B: Okay, I'll tell it like it is. I don't like it.
A: 솔직히 말해줘. 내 아이디어 어때?
B: 그래, 솔직히 말하자면 난 별로야.

Stop gatekeeping that show

그 드라마 혼자만 보지마

| **gatekeep sth** | '출입을 통제하다'라는 뜻으로 비유적으로 '자기만 알고 다른 사람에게는 알려주지 않는 것'을 뜻한다. 따라서 위 문장은 "좋은 정보를 공유하지 않다,' '자기만 알고 있으려 하다'라는 의미이다.

이렇게 쓰고!

1. **Rachel is gatekeeping the secret recipe.**
   레이첼은 비법 레시피 절대 안 알려줘.

2. **She's totally gatekeeping her favorite caf?.**
   걘 자기 단골 카페 절대 안 알려줘.

이렇게 말한다!

A: Why didn't you tell me about this Mentros app?

B: Sorry, I was low-key gatekeeping it.

   A: 왜 이 멘토스 어플 나한테 말 안 했어?
   B: 미안, 살짝 나만 알고 싶었어.

Not me crying over a movie

내가 영화 보면서 울고 있다니

| **Not me ~ing** | Gen Z세대가 아주 즐겨쓰는 표현으로 부끄럽거나 당황스러운 상황에서 "내가 …하다니 정말 웃긴다, 민망하다" 정도의 뉘앙스이다.

이렇게 쓰고!

1. **Not me falling for Chris all over again.**
   내가 또 크리스에게 반하고 있다니 민망해.

2. **Not me stalking her Instagram at 3 a.m.**
   새벽 세시에 걔 인스타 염탐 중인 나, 정말 웃긴다.

이렇게 말한다!

A: Wait, did you text your ex? Is that true?

B: Not me being weak at 2 a.m.

   A: 잠깐, 설마 전 남친한테 문자했어? 진짜야?
   B: 새벽 2시에 약해진 난 뭐냐.

203

You bodied that

너 완전 죽였어, 완전 찢었어, 완벽했어

body sth 동사로 쓰인 경우로 의미는 '완전히 제압하다,' '씹어먹다'가 된다. 그래서 과거형인 위 문장은 "너 그거 완전히 찢었어," "완벽했어," "미쳤어"라는 의미가 된다. = You killed it = You slayed = You ate.

이렇게 쓰고!

1. You bodied that finals, didn't you?
너 기말시험 완전 잘 봤지?

2. You really bodied that presentation this morning.
너 오늘 그 프레젠테이션 정말 잘했어.

이렇게 말한다!

A: Did you see Jenny's performance last night?
B: Yeah, she bodied that stage.
A: 어제 제니의 공연 봤어?
B: 봤지, 무대를 완전 찢었잖아.

204

That's a red flag

이건 위험 신호야, 이건 피해야 해

red flag Gen Z세대 슬랭으로 인간관계, 남녀관계 등에서 '사람이나 상황이 뭔가 불안하다,' '위험하다'라는 의미이다. 반대는 green flag이다.

이렇게 쓰고!

1. He gets jealous over little things. Red flag.
걘 사소한 일에도 질투해. 레드 플래그다.

2. Ignoring your messages for days. Red flag.
며칠씩 연락 씹는거? 레드 플래그야.

이렇게 말한다!

A: Mom checks my phone every day.
B: Huge red flag right there.
A: 엄마가 내 폰 매일 확인해.
B: 그건 진짜 큰 레드 플래그야.

205

The model mogged everyone

그 모델이 전부 씹어먹었어

| **mog sb** | Gen Z세대들이 애용하는 단어로 '누군가를 압도하다,' '능가하다'라는 뜻인데 요즘은 주로 '외모, 실력, 혹은 존재감으로 상대를 압도하다'라는 의미로 많이 사용된다.

🖍 이렇게 쓰고!

1. She mogged the influencers at that event.
그 이벤트에서 인플루언서들을 다 제쳤어.

2. She totally mogged her ex's new girlfriend.
걔는 전 남친의 새 여친을 완전히 씹어먹었어.

💬 이렇게 말한다!

A: She showed up in that red dress.
B: She was mogging the entire room.
A: 걔가 빨간 드레스 입고 나타났어.
B: 방 전체가 그냥 묻혔지, 완전 압도했어.

206

That's valid

그거 인정, 그 말 맞아

| **valid** | 기본적으로 '유효한,' '타당한'이라는 의미이지만 요즘세대 영어에서는 "그거 인정," "맞는 말이야," "그거 괜찮아"라는 뜻으로 무척 많이 쓰인다. = valid point = That's valid of you.

🖍 이렇게 쓰고!

1. Your reaction to her is totally valid.
걔한테 그렇게 반응한 건 완전히 이해돼.

2. Susan's opinion is valid, even if you disagree.
네가 동의하지 않아도 수잔의 의견은 타당해.

💬 이렇게 말한다!

A: I need a break from work.
B: That's totally valid.
A: 일에서 좀 벗어나고 싶어.
B: 완전 이해돼.

207

You popped off

너 완전 찢었어, 너 완전 미쳤어

pop off 특히 SNS상에서 많이 쓰이는 표현으로 문맥에 따라, 칭찬이나 격려를 할 때도 있고 아니면 반대로 화를 내는 경우도 있다. 가장 많이 쓰이는 건 "멋지게 해내다"이다.

이렇게 쓰고!

1. She popped off during the performance.
개는 공연 중 완전 폭발했어.

2. You popped off in that meeting. So confident!
넌 회의에서 완전 돋보였어. 자신감 쩔더라!

이렇게 말한다!

A: Everyone was cheering for you during the whole game.
B: I guess I popped off a little.
A: 다들 경기내내 네게 응원을 보냈어.
B: 뭐, 내가 좀 잘했지.

208

That's shady!

수상한데!, 뭔가 구린데!, 뭔가 찝찝해!

shady 요즘세대 영어에서 맹활약하는 단어 중 하나로 '뭔가 수상하다,' '구리다,' '믿기 힘들다'라는 의미로 많이 쓰인다. = That's sus = That's sketchy = That's fishy.

이렇게 쓰고!

1. Monna's been acting shady lately.
모나의 요즘 행동이 좀 수상해.

2. He said he's just friends with her. That's shady.
걘 그녀와 "그냥 친구"라는데, 수상해.

이렇게 말한다!

A: Chris deleted all his DMs this morning.
B: Uh-oh, that's shady.
A: 크리스가 오늘 아침에 DM을 다 지웠대.
B: 어어, 수상한데.

209

Life said "nah"

인생이 내게 안되라고 한거야

| **life said "nah"** | SNS상에서 유행한 표현으로 의미는 "인생이 나한테 안돼'라고 하는거야라는 뜻이다. 즉 인생이 나를 거절했다, 운명이 나를 거절했다, 일이 꼬였다 정도로 이해하면 된다. = Life said "nope."

이렇게 쓰고!

1. I thought I was getting a raise. Life said "nah."
급여가 인상될 줄 알았는데, 인생이 "그건 아니지"라고 하네.

2. I thought Chris liked me. Life said "nah."
크리스가 나를 좋아하는 줄 알았는데 인생이 "착각이야"라고 하네.

이렇게 말한다!

A: I thought today was gonna be chill.
B: Life said "nah."
A: 오늘은 편할 줄 알았는데.
B: 인생이 "천만에."

IDK IDK

IDK는 **I Don't Know**의 약어인데 IDK IDK처럼 한 번 더 반복해서 쓰면, 이때는 뭔가 모른다는게 아니라, 귀찮거나 확신이 없거나 그래서 대화넘기려고 하는 말이다. "몰라 몰라."

- **IDK IDK, ask her later.**
나 몰라, 나중에 걔한테 물어봐.

- **Should we go out tonight? IDK IDK.**
오늘밤에 외출할까? — 글쎄, 몰라 몰라.

210

This trip is gonna be epic!

이번 여행은 대박일거야!

| epic | '서사적인,' '장대한'이라는 의미이지만, 요즘세대는 "최고의," "멋진," "잊지 못할," 대박인"이라는 형용사로 애용한다. = awesome = amazing = legendary = unforgettable.

이렇게 쓰고!

1. That Ejae concert last night was epic.
어젯밤 이재 콘서트 진짜 대박이었어.

2. My family had an epic weekend in Vegas.
우리 가족은 라스베거스에서 최고의 주말을 보냈어.

이렇게 말한다!

A: We're hitting ten cities in one week!
B: This road trip is gonna be epic!

A: 우리 일주일에 10개 도시를 돌거야!
B: 이번 로드트립은 진짜 대박일거야!

211

I'm fighting for my life

난 죽을 힘을 다해 버티고 있어

| fight for one's life | 별다를 것 없을 표현같지만 요즘에 많이 쓰이는 표현이다. 진짜 심각한 상황에서 "필사적으로 버티다" 혹은 농담조로 "진짜 죽을 맛이다"라고 사용된다.

이렇게 쓰고!

1. I'm fighting for my life against the flu.
난 독감과 진짜 사투 중이야.

2. These exams got me fighting for my life.
이 시험들 때문에 진짜 죽을 맛이야.

이렇게 말한다!

A: Why are you so quiet today?
B: I'm fighting for my life to stay awake.

A: 오늘 왜 이렇게 조용해?
B: 졸지 않으려고 필사적으로 싸우는 중이야.

212

The critic savaged the movie

평론가가 그 영화를 혹평했어

| **savage** | '야만적인,' '거칠게 공격적인'이라는 의미에서 요즘에는 반대로 "무자비하게 멋진," "너무 거침없는," "강하게 솔직한"이라는 칭찬과 감탄의 의미로 사용된다. Savage, Savaged, That's savage 형태로 쓴다.

이렇게 쓰고!

1. Savage move!
진짜 독하네!, 완전 한방 먹였네!

2. She savaged her ex in that interview.
걘 인터뷰에서 전남친을 완전 박살냈어.

이렇게 말한다!

A: Mona clapped back at the hater.

B: That response was savage.

A: 모나가 악플러한테 반박했어.
B: 그 답글은 완전 독했어.

213

That's the best part

그게 제일 좋은 부분이야, 그게 하이라이트야

| **be the best part** | 달리 고민할 필요없이 그대로 이해되는 표현이다. 그럼에도 설명을 하는 이유는 요즘세대들도 많이 쓰기 때문이다. "그게 하이라이트야," "그게 포인트야."

이렇게 쓰고!

1. That's the best part of the drama!
그게 드라마에서 제일 좋은 부분이야!

2. You don't have to work on Thursday. That's the best part!
목요일에 일 안 해도 돼. 그게 최고지!

이렇게 말한다!

A: We talked for hours without checking our phones.

B: That's the best part.

A: 우린 핸드폰 안보고 몇 시간이나 얘기했어.
B: 그게 제일 좋네.

Not this

214

이건 아니지, 이건 좀 그래

not this 표현이라고 할 것도 없어 보인다. 하지만 SNS상에서 자주 쓰이는 표현으로 주로 리액션할 때 "이건 아니지," "이건 좀 그래," "이건 너무 하다"라고 할 때 사용한다.

이렇게 쓰고!

1. **Not this** happening on a Monday.
   월요일부터 이 사태라니.

2. **Not this** weather ruining my weekend.
   날씨가 또 내 주말을 망치네.

이렇게 말한다!

A: **He texted his ex again last night.**

B: **Not this...**

A: 걔 어젯밤에 또 전 여친한테 문자했대.
B: 이건 좀 아니지...

Look what I did

215

내가 한거 봐봐, 이거 내가 했어

look what I did 별로 중요하게 포인트를 설명할 필요없이 바로 이해되는 표현이다. 상황에 따라 자랑할 때, 실수하고 후회할 때 등 다양한 상황에서 쓰인다.

이렇게 쓰고!

1. **Look what I did** for you!
   너 위해서 내가 이거 했어!

2. **Look what I did!** I cleaned the whole house.
   내가 집 다 청소했어! 봐봐!

이렇게 말한다!

A: **Guess who just fixed the car?**

B: **Look what I did!**

A: 누가 차 고쳤는지 알아맞춰봐?
B: 내가 했지!

You all say that

216

너희 다 그렇게 말하잖아, 다들 그렇게 말하지, 맨날 그 소리야

| you all say that | 상대방의 말에 영혼이 없어 보일 때 조금은 비꼬면서 하는 말로 "다들 그렇게 말하지 뭐"라는 문장이다. That's what they all say와 거의 같은 의미로 생각하면 된다.

이렇게 쓰고!

1. **You all say that, but it's never true.**
   다들 그렇게 말하지만, 진짜인 적은 없어.

2. **You all say that to make me feel better.**
   내 기분 더 좋게 해주려고 다 그렇게 말하잖아.

이렇게 말한다!

A: Trust me, I've changed for real.
B: You all say that after a breakup.

   A: 믿어줘, 나 진짜 달라졌어.
   B: 헤어지고 나면 다 그렇게 말하지.

She's serving looks!

217

걔 오늘 비주얼이 장난이 아냐!

| serve looks | 요즘의 Gen Z세대가 무척 많이 쓰는 표현으로 "비주얼로 압도하다," "엄청 멋지게 꾸미다," "완전 스타일 터졌다"라는 의미로 사용된다. serve face는 '표정으로 압도하다.'

이렇게 쓰고!

1. **Jenny's serving major looks today.**
   오늘 제니의 비주얼이 정말로 장난이 아냐.

2. **They were serving looks at the party last night.**
   걔네들은 어젯밤 파티에서 완전 스타일 폭발했어.

이렇게 말한다!

A: Everyone was staring at you.
B: Guess I was serving looks.

   A: 다들 너만 쳐다보더라.
   B: 뭐, 내가 비주얼 한몫하지.

Short and sweet

218

짧고 임팩트 있네, 간단하지만 완벽해

short and sweet | 요즘 자주 쓰는 일상영어로 "짧고 달콤하게 끝내자," "짧지만 내용은 좋았어"라는 느낌이다. 질질 끌지 말고 간결하게 하자는 말씀이다.

이렇게 쓰고!

1. **The CEO's speech was short and sweet.**
   CEO의 연설은 짧지만 인상적이었어.

2. **I'll make this short and sweet: you got the job!**
   간단히 말하겠습니다. 합격입니다!

이렇게 말한다!

A: How was the meeting this morning?

B: Short and sweet. Only ten minutes.

A: 오늘 아침 회의 어땠어?
B: 짧고 간결했어. 10분 만에 끝났어.

She gave me side-eye

219

걔가 나를 살짝 째려봤어

give sb side-eye | side-eye는 Gen Z세대 필수표현으로 '곁눈질,' '힐끔보는 눈빛'을 말한다. 그 눈빛은 주로 의심, 불신, 비꼼, 무시 등 짜증섞인 눈빛를 뜻한다. 이런 째림을 당하다는 get the side-eye.

이렇게 쓰고!

1. **The manager side-eyed me when I laughed too loud.**
   부장은 내가 너무 크게 웃자 날 째려봤어.

2. **I got side-eye from my boss for being late again.**
   또 늦어서 사장이 날 째려봤어.

이렇게 말한다!

A: She showed up 30 minutes late again.

B: Everyone gave her side-eye.

A: 걔가 또 30분 늦게 왔어.
B: 다들 걔를 째려봤어.

220

This goes hard

이거 죽인다, 너무 멋지다, 완전 대박야

| go hard | Gen Z세대 표현으로 주로 음악, 패션, 디자인, 스타일 분야에서 쓰인다. 의미는 "와 이거 진짜 죽인다," "정말 쩐다," "완전 대박이다"라는 의미로 사용된다. = hit different = bussin' = slaps.

이렇게 쓰고!

1. **That intro goes hard every time I listen to it.**
   인트로 부분은 매번 들을 때마다 소름 돋는다.

2. **This product design goes hard. Love the colors.**
   이 제품 디자인 너무 세련됐다. 색감 완전 좋아.

이렇게 말한다!

A: That video edit was insane. I love it!

B: Facts. It went hard.
   A: 그 영상 편집 미쳤다. 정말 좋아!
   B: 인정, 완전 찢었지.

221

She's benching me

걘 나를 대기시켜놨어, 썸만 타고 밀당중야

bench sb 스포츠에서 유래된 표현으로 '…을 벤치에 앉히다'는 경기에 직접 뛰지 못하게 한다는 의미에서 비유적으로 특히 남녀관계에서 관계를 발전시키지 않고 후보로만 놔두는 행위를 말한다.

이렇게 쓰고!

1. She's benching you. Move on.
걔는 너를 예비로 남겨두는거야. 이제 그만 잊어.

2. I benched him, but now I kinda miss him.
내가 걔 대기시켜놨는데, 이제 좀 보고 싶네.

이렇게 말한다!

A: He said he's not ready for a relationship yet.

B: Translation: he's benching you.

A: 걔가 아직 연애할 준비 안됐대.

B: 해석하자면? 널 벤치에 앉힌거야.

222

Let that sink in

그걸 곰곰이 생각해봐, 그 말의 의미를 잘 새겨봐

sink in '마음에 와 닿다,' '실감나다,'라는 구동사로, Let that sink in하게 되면 뭔가 앞서 한 말을 깊이 되새겨보라는 조언의 표현이 된다. = Think about it = Wrap your head around it = Sit with that.

이렇게 쓰고!

1. You have only one life. Let that sink in.
너한테 인생은 한 번뿐이야. 그걸 잘 새겨둬.

2. The year's almost over again. Let that sink in.
또 한 해가 거의 끝나가. 실감나지?

이렇게 말한다!

A: You'll never get this exact moment back.

B: Let that sink in.

A: 지금 이 순간은 다시는 안 돌아와.

B: 그걸 곰곰이 느껴봐.

223

I've got my fill for the year

올해는 이걸로 충분해

have got one's fill (of sth) '충분히 했다,' '질릴 만큼 했다,' '이제 됐다'라는 의미로 의역하면 "더 이상 원치 않아," "이제 충분해," "지긋지긋해"라는 뜻이다. = I'm done with it = I'm over it.

이렇게 쓰고!

1. **I've got my fill of drama lately.**
   요즘 요란한 일은 진짜 질릴 만큼 겪었어.

2. **I've got my fill of travel this winter.**
   이번 겨울여행은 할 만큼 했어.

이렇게 말한다!

A: You're not joining the company party?

B: Nope. I've got my fill of those.

   A: 회사 파티에 안 가?
   B: 응, 그런 건 이제 충분해.

224

That plan looks half-baked

그 계획은 준비가 덜 된 것 같아

half-baked '덜 구워진'이라는 뜻으로 비유적으로 "불완전한," "준비가 덜 된"이라는 의미로 사용된다. 비판과 조언의 뉘앙스를 깔고 있으며 비슷한 표현으로는 = poorly thought out = sloppy idea.

이렇게 쓰고!

1. **The new project feels half-baked so far.**
   새로운 프로젝트는 지금까지 좀 덜 준비된 느낌이야.

2. **Her excuse was so half-baked it was funny.**
   걔의 변명은 너무 어설퍼서 웃겼어.

이렇게 말한다!

A: What do you think of her idea?

B: It's a bit half-baked, but it has potential.

   A: 걔의 아이디어 어때?
   B: 좀 미숙하긴 한데 가능성은 있어.

225

It's just a fad

그냥 유행일 뿐이야, 잠깐 반짝하는거야

| **be a fad** | fad는 일시적인 유행, 금방 사라질 트렌드를 뜻한다. 따라서 fad는 trend보다 빨리 왔다 빨리 간다고 보면 된다. = It won't last long = It'll just a phase = It'll blow over.

✏️ 이렇게 쓰고!

1. It's just a fad. It'll die out soon.
그건 그냥 유행일 뿐이야. 곧 사라질거야.

2. Don't waste money on that. It's just a fad.
그거에 돈 쓰지마. 금방 지나갈 유행이야.

💬 이렇게 말한다!

A: Everyone's posting those "AI portraits."
B: Yeah, just a fad. It'll fade soon.
A: 요즘 다들 AI 초상화 올리더라.
B: 응, 잠깐 반짝일 뿐이야. 곧 사라질걸.

226

It was off the cuff

즉흥적으로 한거야, 준비없이 나온 말이야

| **off the cuff** | 셔츠소매(cuff)에 적어둔 메모안보고 말하다에서 유래하여 '준비없이 즉흥적으로,' '즉석에서'라는 뜻이고 위 문장은 "그건 즉흥적으로 한거야," "그건 준비없이 나온 말이야"라는 의미.

✏️ 이렇게 쓰고!

1. His off-the-cuff remark went viral online.
걔의 즉흥 발언은 온라인에서 화제가 됐었어.

2. She gave an off-the-cuff response to the question.
걔는 그 질문에 즉석에서 대답했어.

💬 이렇게 말한다!

A: Your toast at the party was so great!
B: Thanks, it was off the cuff.
A: 파티에서 네 건배사 아주 좋았어!
B: 고마워, 즉흥적으로 한거야.

227

I'm in my ~ era

난 지금 …시기를 보내고 있어, 요즘 난 …모드야

| **be in one's ~ era** | 이 표현은 특히 Gen Z세대들에게서는 없어서는 안될 표현이다. 자신의 현재 기분상태나 관심사 등을 말할 때 긴요하게 쓰인다. era는 '시기,' '모드'로 해석하면 된다.

✎ 이렇게 쓰고!

1. **I'm in my gym era.**
   난요즘 운동만 하는 시기야.

2. **I'm in my no-relationship era.**
   지금은 연애 안하는 모드야.

💬 이렇게 말한다!

A: You're always at the gym these days.
B: I'm in my fitness era.

   A: 요즘 맨날 헬스장이네?
   B: 운동모드지 뭐.

228

Let's grab some grub

밥먹으러 가자, 뭐 좀 먹자

| **grab some grub** | 네이티브다운 구어체 표현으로 "밥먹으러 가자," "뭐 좀 먹자"에 딱 해당되는 어구이다. grab은 빠르게 먹다, grub은 슬랭으로 '음식'을 뜻한다. = Let's get something to eat.

✎ 이렇게 쓰고!

1. **I'm starving. Let's grab some grub.**
   배고파 죽겠어, 밥 먹자.

2. **We grabbed some late-night grub after the game.**
   경기 끝나고 야식 먹었어.

💬 이렇게 말한다!

A: Chris, wanna grab some grub before class?
B: Sure, I could use a bite.

   A: 크리스, 수업 전에 뭐 좀 먹을래?
   B: 좋지, 나도 배고파.

229

He's making serious guap

걘 진짜 돈을 많이 벌어

serious guap | guap은 슬랭으로 '돈,' 특히 '많은 돈'을 뜻하며, serious는 강조어로 '엄청난'이란 형용 사이다. 위 문장은 다시 말하자면 "엄청난 돈을 벌고 있다"라는 의미이다. = make bank = rack up cash.

이렇게 쓰고!

1. They're making guap on YouTube these days.
요즘 걔네들은 유튜브로 돈을 많이 벌어.

2. He's making serious guap from his new business.
걘 새 사업으로 돈을 엄청 많이 벌고 있어.

이렇게 말한다!

A: Why's he always flexing designer clothes?
B: 'Cause he's making guap.

A: 왜 걔는 맨날 명품 자랑이야?
B: 돈 잘 벌잖아.

230

What's your IG handle?

너 인스타그램 아이디가 뭐야?

IG handle | IG는 Instagram의 약어이고, handle은 좀 의외이겠지만 SNS에서 쓰는 계정이름, 아이디 혹은 사용자명을 뜻한다. 즉 "인스타 계정이름 혹은 아이디가 어떻게 되냐?"고 물어보는 문장이다.

이렇게 쓰고!

1. What's your IG handle? I'll follow you.
너 인스타 아이디는 뭐야? 팔로우할게.

2. My IG handle's just my name, super easy.
내 인스타 아이디는 그냥 내 이름이야, 완전 간단해.

이렇게 말한다!

A: I'll tag you in the post later.
B: Cool, my IG handle's @the_unreal_Chris.

A: 나중에 그 게시물에 태그해줄게.
B: 좋아, 내 인스타는 @the_unreal_Chris야.

231

I'll ping you later

나중에 톡할게

ping sb ping은 '가볍게 연락하다,' '톡한번 남기다'라는 단어로 기본적으로 "톡한번 주다," 나아가 "살짝 재촉하거나 리마인드시키다," 그리고 SNS에서 "DM보내줘," "나한테 연락해줘"라는 의미로 쓰인다.

이렇게 쓰고!

1. Ping me when you're home.
집에 도착하면 톡 줘.

2. You can ping me anytime.
언제든 내게 톡 줘.

이렇게 말한다!

A: Any updates on the project?

B: None so far, but I'll ping you as soon as I hear something.

A: 그 프로젝트 새로운 소식 없어?

B: 아직이야. 소식 들리면 바로 톡할게.

232

They're up for grabs

잡는 사람이 임자야, 그건 선착순이야

be up for grabs | '그건 잡을 수 있게 되어 있다'라는 의미에서 발전하여 '원하면 누구든지 잡을 수 있다'라는 뜻 즉, 누구에게나 기회가 열려 있다는 그래서 선착순이라는 의미로 쓰인다. = up for the taking.

✏️ 이렇게 쓰고!

1. **Those free samples are up for grabs.**
   저 샘플은 아무나 가져가도 돼.

2. **First come, first served. They're up for grabs!**
   선착순이야! 먼저 잡는 사람이 임자야!

💬 이렇게 말한다!

A: I heard the tickets sold out a moment ago.
B: Actually, a few are still up for grabs.

   A: 방금 티켓 다 매진됐다던데?
   B: 아직 몇 장 남아 있어. 선착순이야.

233

They're up in arms

걔네들 엄청 화나 있어

be up in arms (over sth) | 일상표현으로 '엄청 화나다,' '강하게 반발하다'라는 뜻이다. 좀 더 묘사하자면 "난리났다," "전부 들고 일어나다," "다들 발끈하다" 정도로 이해하면 된다.

✏️ 이렇게 쓰고!

1. **Fans are up in arms over the ticket prices.**
   팬들이 티켓 가격 때문에 들고 일어났어.

2. **The internet is up in arms over her comment.**
   인터넷이 걔의 댓글발언으로 난리야.

💬 이렇게 말한다!

A: Fans are up in arms over the ending of the series.
B: Yeah, they didn't expect it to be that bad.

   A: 팬들이 결말 때문에 엄청 화났대.
   B: 그럴 만하지, 진짜 엉망일 줄 몰랐잖아.

What a drag!

234

정말 짜증난다, 진짜 싫다

| **drag** | 동사로 '끌다'이지만 여기서는 명사로 "기분을 늘어지게 하는 일"을 말한다. 다시 말해 지루하고 귀찮을 상황에서 "짜증나다," "피곤하다," "진짜 별로다," "완전 귀찮아"로 사용된다.

✏️ 이렇게 쓰고!

1. It's snowing again? What a drag!
또 눈이 와? 진짜 짜증난다!

2. We have to work this weekend. What a drag!
이번 주말에 우리 일해야 해. 아, 짜증난다.

💬 이렇게 말한다!

A: My flight got delayed again.
B: What a drag! You've been waiting all day.
A: 내 비행편이 또 지연됐어.
B: 아, 짜증나겠다. 하루 종일 기다렸잖아.

This is getting old

235

이제 질린다, 이제 지겹다, 그만 좀 해

| **get old** | 여기서 old는 나이가 아니라, "오래돼서 싫증나는," "신선하지 않은"이라는 느낌의 표현이다. 주로 자주 반복되거나 지루한 상황 등에 불만을 표현할 때 자주 쓴다.

✏️ 이렇게 쓰고!

1. Your sick joke is getting old.
그 이상한 농담은 이제 재미없어.

2. All this drama between them is getting old.
걔들 사이의 난리에 이제 진짜 질렸어.

💬 이렇게 말한다!

A: He keeps bringing up the same story.
B: I know, it's getting old.
A: 걔는 계속해서 그 얘기하더라.
B: 알지, 이제 좀 지겨워.

You snapped

236

너 폭발했잖아, 너 완전 멋졌어

snap 부정적 의미로는 '감정이 폭발하다,' 요즘영어에서는 긍정적으로 "완벽하게 해냈다," "너무 잘했다," "죽여줬다"라는 의미로 사용된다. = You ate = You killed.

이렇게 쓰고!

1. **You snapped hard. That presentation was fire.**
   너 완전 터뜨렸어. 프레젠테이션 진짜 대박이었어.

2. **You really snapped this time. That layout is insane.**
   너 이번엔 진짜 제대로 했다. 레이아웃 미쳤다.

이렇게 말한다!

A: What do you think of the poster I designed?

B: You snapped! It's perfect!

A: 내가 디자인한 포스터 어땠어?

B: 대박이야. 완전 제대로 했어!

You look stunning, wig!

237

너 완전 예뻐, 대박!

wig '가발'이라는 단어인데, 요즘세대 커뮤니티에서 '너무 놀라 가발이 날라갔다'라는 뜻에서 "너무 멋지거나 충격적일" 때 감탄사로 쓰인다. "대박," "헐," "소름," "미쳤다" 정도로 이해한다.

이렇게 쓰고!

1. **Ejae hit that high note. Wig!**
   이재가 고음을 내는 순간, 와… 소름!

2. **Wigs flew when she walked in.**
   걔가 들어오는 순간 다들 놀라서 정신 나갔어.

이렇게 말한다!

A: Did you see Lisa's performance last night?

B: Wig. She totally killed it.

A: 어젯밤 리사 공연 봤어?

B: 대박. 완전 찢었어.

238

Yeet! Let's go party!

예잇! 파티 가자!

| yeet | '던지다'라는 뜻에서 시작하여 요즘에는 흥분, 놀람, 기쁨 등 감정의 격한 상태에서 감탄사로 쓰인다. "와," "가자," "쩐다," "대박" 정도로 이해하면 된다.

이렇게 쓰고!

1. Yeet! That shot was perfect!
와! 그 슛은 정말 완벽했어!

2. Yeet! I finally finished my project!
예잇! 드디어 프로젝트 끝냈다!

이렇게 말한다!

A: I finally got my driver's license!
B: Yeet! Congrats!

A: 드디어 운전면허 땄어!
B: 예잇! 축하해!

239

I'm weak

너무 웃겨 쓰러지겠어, 완전 터졌어, 너무 와 닿는다

| weak | '약하다'라는 뜻이 아니라, 너무 웃겨서 힘이 빠졌을 때나 너무 귀여워서 감정이 복받칠 때 감탄사처럼 사용한다. "아 미쳤다," "너무 웃겨" 정도로 생각하면 된다. = I'm dead = I'm crying =I'm deceased.

이렇게 쓰고!

1. I'm weak, that joke was too funny.
아 미쳤다, 그 농담 너무 웃겨.

2. That TikTok had me crying. I'm weak.
그 틱톡 영상 진짜 웃겨서 눈물 나왔어.

이렇게 말한다!

A: Look at this puppy wearing sunglasses!
B: Stop, I'm weak!

A: 선글라스 낀 강아지 봐!
B: 그만. 나 터졌어!

240

Me when~

…했을 때의 나

| me when~ | SNS 등에서 자주 쓰이는 표현. 주로 자기 반응을 표현하거나, 웃긴 상황을 자조적으로 말할 때 사용한다. "나, 이런 상황일 때," "…할 때의 내 상태," "이럴 때의 나임" 정도로 생각한다.

✏️ 이렇게 쓰고!

1. Me when I realize it's Monday again.
오늘이 또 월요일이라는 걸 깨달았을 때 나.

2. Me when I finally finish my homework.
숙제 다 끝냈을 때의 나.

💬 이렇게 말한다!

A: Why are you crying and laughing at the same time?

B: Me when life's a mess.

A: 왜 웃으면서 울고 있어?
B: 인생이 엉망일 때의 나.

241

No lies were told

완전 사실이야, 진심 인정

| no lies were told | SNS나 댓글 등에서 누군가 진심으로 느껴지는 공감되는 말을 했을 때 이를 인정하고 "진짜 맞는 말이야"라고 할 때 답하는 문장이다. "완전 인정," "사실만 말했네"라고 생각하면 된다.

✏️ 이렇게 쓰고!

1. Money can buy happiness. No lies were told.
돈으로 행복을 살 수 있어. 이 말 100% 맞아.

2. She called Chris lazy. No lies were told.
걔가 크리스는 게으르다고 했는데, 진짜 맞는 말이야.

💬 이렇게 말한다!

A: She said you always show up late.

B: No lies were told. I can't deny it.

A: 걔가 너 맨날 늦는다던데.
B: 완전 인정. 부정 못 하겠네.

You said what you said

242

네 말 후회하지마, 네 말 그대로가 맞아

you said what you said | 직역하면 말이 안되고 좀 의역해서 "후회하지마, 네 말이 맞아"라는 의미로 사용된다. 누군가 논란이 될 수도 있지만 진심어린 말을 했을 때 지지할 때 혹은 비꼴 때 사용한다.

이렇게 쓰고!

1. You said what you said, now own it.
네가 이미 말했잖아. 이제 책임져.

2. You said what you said. No need to explain.
네 말이 맞아. 굳이 변명 안 해도 돼.

이렇게 말한다!

A: I told my wife she was being selfish.

B: You said what you said. And you weren't wrong.

A: 난 아내에게 이기적이라고 말했어.

B: 잘했어. 틀린 말 아니야.

MZ Talk! DIFF

단순한 인터넷 약어로 **DIFFerent** 혹은 **DIFFerence**의 줄인 단어이다. 채팅이나 메신저에서 사용하면 된다.

- **There's a huge diff between these two.**
이 둘 사이엔 큰 차이가 있어.

- **That small change made a big diff.**
작은 변화가 큰 차이를 만들었어.

243

Own your decision

네 선택에 책임져

| **own one's decision** | 여기서 own은 자기 자신의, 혹은 소유하다라는 단어가 아니다. '책임지다,' '받아들이다,' '인정하다'라는 동사로 위 문장은 "너 스스로 결정했으니 그 결과도 책임을 져라"라는 의미이다.

이렇게 쓰고!

1. **You made the choice, now own your decision.**
   네가 결정했잖아. 이제 그 결과도 감당해.

2. **Own your decision and stop blaming me.**
   네 결정에 책임지고 내 탓하지 마.

이렇게 말한다!

A: I think I made a mistake choosing that position.
B: Then own your decision and make the most of it.

A: 그 직책 선택한거 실수인 것 같아.
B: 그럼 네 결정을 인정하고 최선을 다해봐.

244

Chillax, dude. It's not a big deal

진정해, 별일 아냐

| **chillax** | 이는 chill과 relax의 합성어로 요즘 자주 쓰이는 슬랭이다. "긴장 풀고 좀 여유를 가지라고" 상대방에게 충고할 때 사용하면 된다. = Take it easy = Calm your nerves = Keep your cool.

이렇게 쓰고!

1. **Chillax, I was just kidding.**
   진정해, 그냥 농담이었어.

2. **Just chillax, everything's under my control.**
   진정해, 다 내 통제 아래 있어.

이렇게 말한다!

A: We missed the train!
B: Chillax, there's another one in five minutes.

A: 우리 열차를 놓쳤어!
B: 진정해, 5분 뒤에 또 있어.

245

That BMW is pure G thang!

저 BMW 간지 난다!

| G thang[thing] | 힙합 슬랭으로 Gangsta thing(갱단 같은 느낌, 힙한 무드)에서 나온 말이다. 요즘세대는 멋지고 쿨한 그리고 힙합 감성이 있는 무드를 칭찬할 때 사용한다. = That's drip = You're serving looks.

이렇게 쓰고!

1. **That gold chain is such a G thang.**
   그 금목걸이 완전 힙합 스웨그야.

2. **Those sunglasses are giving G thang vibes.**
   그 선글라스 완전 간지 폭발이야.

이렇게 말한다!

A: **How do I look in this leather jacket?**

B: **That outfit is pure G thang!**

   A: 나 이 가죽 재킷 어때?
   B: 그 의상 완전 힙해! 간지 폭발이야!

246

I'm deceased

너무 웃겨 죽겠어

| deceased | '사망한'이라는 단어이지만, dead처럼 전혀 다른 의미로 쓰인다. "너무 웃겨서 죽겠다"라는 뜻으로 I'm dead보다 더 과장된 표현이다. = I'm dead = I'm dying = I can't = I'm crying.

이렇게 쓰고!

1. **His dance moves are so bad, I'm deceased.**
   걔 정말 춤 못춰. 나 완전 터졌어.

2. **I'm deceased after watching a puppy short on YouTube.**
   유튜브에 올라온 강아지 숏츠 보고 완전 빵 터졌어.

이렇게 말한다!

A: **Look at this parrot trying to sing!**

B: **I'm deceased.**

   A: 노래하려는 앵무새 봐!
   B: 너무 귀여워 죽겠어.

I'm on board

247

나도 찬성, 나도 할래

| **be on board** | '승선하다'라는 뜻으로 "찬성," "나도 할래," "나도 끼워줘"라는 비유적 의미로 사용된다. 비슷한 표현으로는 I'm in, I'm down, 그리고 Count me in 등이 있다.

이렇게 쓰고!

1. The boss is finally on board with us.
사장도 우리 생각에 동의했어.

2. I'm on board with your unrealistic plan.
너의 비현실적인 계획에 찬성이야.

이렇게 말한다!

A: The boss said yes to our proposal!
B: No way! He's finally on board with us!

A: 보스가 우리 제안 수락했대!
B: 말도 안 돼! 드디어 우리 편이 됐네!

I need a side hustle

248

난 부업이 필요해

| **a side hustle** | '부업'이라는 단어로 Gen Z 세대가 무척 좋아하는 표현이다. 단순한 알바보다는 본업 외에 수익창출이 되는 활동을 언급할 때 이 표현을 쓴다.

이렇게 쓰고!

1. Everyone's got a side hustle these days.
요즘은 다들 부업 하나씩 있잖아.

2. Thinking about starting a side hustle online.
온라인으로 부업을 시작해볼까 생각 중이야.

이렇게 말한다!

A: I can't survive on this small salary alone.
B: Same here. I need a side hustle too.

A: 이 적은 월급만으로는 못 살겠어.
B: 나도 마찬가지야. 부업이라도 해야지.

249

She's werked that outfit!

걔가 그 옷을 완전히 소화해냈어!

werk sth 여기서 werk는 work의 강조된 슬랭식 발음이다. 패션이나 댄스 그리고 공연에서 "완전 멋지게 해내다," "자신감 폭발하다"라는 의미로 쓰인다.

이렇게 쓰고!

1. You totally werked that hairstyle.
그 헤어스타일 완전 잘 어울린다.

2. She came in and just werked the room.
걔가 방에 들어오자마자 분위기를 완전히 장악했어.

이렇게 말한다!

A: Everyone's talking about her new look.
B: Of course. She werked that outfit!
A: 다들 그녀의 새 스타일 얘기하더라.
B: 당연하지. 그 옷 완전히 잘 소화해냈어!

250

The old man croaked last night

그 노인이 어젯밤에 죽었어

croak 'die'의 슬랭으로 매우 무례한 단어이다. 가벼운 터치로 얘기하거나 혹은 냉소적으로 죽었다라고 말하는 표현이다. 함부로 쓰면 안된다. 정중한 자리에서는 pass away를 써야 한다.

이렇게 쓰고!

1. Chris nearly croaked when he saw the bill.
크리스는 청구서를 보고 거의 죽을 뻔했어.

2. She almost croaked from laughing too hard.
너무 심하게 웃다가 거의 죽을 뻔했어.

이렇게 말한다!

A: My phone just died again!
B: Sounds like it finally croaked.
A: 내 폰 또 꺼졌어!
B: 이제 완전히 맛이 간 것 같네.

251

She only goes for looks

걔는 오직 외모만 봐

| **go for looks** | looks는 '외모'를 뜻하는 단어로 전체적으로 '외모를 보다,' '외모를 따지다'라는 의미가 된다. 여기서 go for는 choose라는 의미이다.

✏️ **이렇게 쓰고!**

1. Chris goes for girls with model vibes.
크리스는 모델 같은 여자들만 좋아해.

2. I'm not surprised. She always goes for looks.
놀랍지도 않아. 걔는 원래 외모만 보잖아.

💬 **이렇게 말한다!**

A: He's not even nice to her.

B: True, but he's hot. She goes for looks.

A: 걔, 여자에게 잘해주지도 않던데?
B: 맞아, 근데 잘생겼잖아. 그녀는 외모만 본다니까.

252

I'm about to lose it!

나 폭발하기 직전이야!

| **lose it** | '그것을 잃어버리다'가 아니라, "진짜 폭발하다," "너무 웃겨서 미치다," "감정이 솟아 눈물나다'라는 뜻으로 사용된다. 즉 감정이 한계점에 와서 조절할 수 없는 상태를 말한다.

✏️ **이렇게 쓰고!**

1. If he keeps talking, I'm gonna lose it.
걔가 계속 말하면 나 진짜 폭발할거야.

2. I'm about to lose it from all this stress.
이 모든 스트레스 때문에 미치기 직전이야.

💬 **이렇게 말한다!**

A: You okay? You look stressed out.

B: Not really. I'm about to lose it at work.

A: 괜찮아? 스트레스 많이 받은 것 같아.
B: 별로. 회사 일 때문에 터지기 직전이야.

253

As you should. You deserve it

그럼 그렇지. 너 그럴 자격있어

| **as you should** | '그래야지,' '그럴만하지,' '당연하지'라는 표현으로 누가 좋은 일을 했을 때나 자신감을 보일 때, "그래야지, 잘했어," "당연하지"라고 상대방의 선택을 인정하거나 응원하는 표현이다.

이렇게 쓰고!

1. You took a week off? As you should!

일주일 쉬었어? 잘했어, 그래야지!

2. You're proud of yourself? As you should.

네가 자랑스럽다고? 그래야지.

이렇게 말한다!

A: I'm proud of how far I've come.

B: As you should! You worked so hard.

A: 내가 여기까지 온 게 자랑스러워.

B: 그래야지! 정말 열심히 했잖아.

254

That's a bold move

대담한 행동이네

| **a bold move** | '대담한 행동'이라는 뜻. 하지만 문맥에 따라 상대방의 용감한 행동에 칭찬을 하거나 혹은 부정적으로 약간 비꼬면서 "그걸 진짜 했다고"라는 뉘앙스를 풍기는 표현이다. = You've got guts.

이렇게 쓰고!

1. That's a bold move, posting that online.
그걸 온라인에 올리다니, 대담하네.

2. That's a bold move coming from you.
네 입에서 그 말이 나오다니, 대단하네.

이렇게 말한다!

A: I'm gonna wear shorts to the party.

B: That's a bold move. I respect it.
A: 반바지 입고 파티에 갈거야.
B: 대담하네. 인정한다.

255

I'm thrown off

당황했어, 헷갈려

| **be thrown off** | "던져져서 균형이 무너지다'라는 뜻에서 발전하여 "예상밖의 일로 머리가 복잡해지거나 집중이 되지 않는 상태"를 말한다. "뭐야 이게," "갑자기 당황했어," "기분이 확 깨졌어."

이렇게 쓰고!

1. Sorry, I'm a little thrown off right now.
미안, 지금 좀 정신이 없어.

2. That unexpected news threw everyone off.
그 예상치 못한 소식에 모두가 당황했어.

이렇게 말한다!

A: You seem nervous all of a sudden.

B: Yeah, his text just threw me off.
A: 너 갑자기 당황한 것 같아.
B: 어, 방금 걔가 보낸 문자 때문에 당황했어.

256 I highkey want a vacation right now

지금 진짜 휴가 가고 싶어

| highkey | 요즘표현으로 '약간,' '살짝'이라는 의미의 lowkey의 반대말이다. 따라서 highkey는 "공공연히," "대놓고," "아주 확실히" 그리고 "진짜로"라는 부사로 많이 쓰인다.

이렇게 쓰고!

1. **I'm highkey tired of this job.**
   나 진짜 이 일에 지쳤어.

2. **She highkey looks better with short hair.**
   걘 단발이 솔직히 훨씬 잘 어울려.

이렇게 말한다!

A: **What's up? You look so happy today.**
B: **Yeah, I highkey got a raise!**

   A: 무슨 일야? 너 오늘 완전 행복해 보인다.
   B: 어, 솔직히 말해서 급여가 올랐어!

257 I'm jetting

이만 갈게, 나 먼저 갈게

| jet | jet은 우리가 아는 제트기에 유래한 것으로 비유적으로 빨리 간다는 뉘앙스이다. I'm leaving보다는 가벼운 톤이고 비슷한 표현으로는 I'm dipping, I'm bouncing 등이 있다.

이렇게 쓰고!

1. **I'm jetting. Catch you later!**
   나 간다. 나중에 봐!

2. **It's getting too late. I'm jetting home.**
   너무 늦었네. 나 집에 갈게.

이렇게 말한다!

A: **Where's Chris?**
B: **He's jetting to LA for the weekend.**

   A: 크리스 어디 갔어?
   B: 주말에 LA로 갔어.

You aced the test? Pog!

258

시험 만점 받았다고? 쩐다!

pog | Gen Z 세대들의 영어로 현재는 "멋지다," "쩐다," "대박," "와 미쳤다" 등의 의미로 사용된다. 비슷한 의미의 단어들로는 awesome, amazing, cool, great, insane, poggers 등이 있다.

✖️ 이렇게 쓰고!

1. That's a pog idea. Let's do it.
그거 완전 멋진 아이디어야. 하자!

2. First try and you nailed it? Poggers!
한 번에 성공했다고? 미쳤네!

💬 이렇게 말한다!

A: My team clutched the win in overtime!
B: Pog! That's insane!
A: 우리 팀이 연장전에서 이겼어!
B: 대박! 말도 안 돼!

I'm catching feels for Chris

259

크리스에게 점점 마음이 생기고 있어

I'm catching feels (for sb) | 요즘세대에서 많이 쓰이는 표현으로 진지한 사랑까지는 아니고 가볍게 설레거나 호감을 갖는다는 의미로 쓰인다. "좋아지기 시작하다," "호감이 생기고 있다," "감정이 생기다."

✖️ 이렇게 쓰고!

1. Did you just say you're catching feels?
너 방금 감정 생겼다고 한거야?

2. She's catching feels for her male secretary.
걘 남자 비서에게 호감이 생기고 있어.

💬 이렇게 말한다!

A: You sure it's not just a crush?
B: Nah, I'm catching real feels for him this time.
A: 그냥 잠깐 반한거 아니야?
B: 아니, 이번엔 걔에게 진짜 감정이 생긴거야.

260

I love his quirky style

걔의 개성 있는 스타일이 좋아

quirky 좀 이상하지만 어쩌보면 귀엽고 매력적인이라는 형용사이다. 다시 말해, "독특하고 개성있는," "톡톡튀는," "엉뚱하지만 매력적인"이라는 의미이다.

✎ 이렇게 쓰고!

1. **That drama was so quirky and fun.**
   그 드라마는 정말 엉뚱하고 재밌었어.

2. **I like studying in a quirky cafe like this.**
   난 이런 독특한 분위기의 카페에서 공부하는게 좋아.

💬 이렇게 말한다!

A: **She's so quirky, but everyone loves her except me.**
B: **Yeah, her energy's contagious.**

   A: 그녀는 정말 엉뚱하지만 나만 빼고 다들 걔를 좋아하더라.
   B: 맞아, 에너지가 전염돼.

261

Why are you so pressed?

왜 그렇게 화났어?, 왜 그렇게 예민하게 굴어?

pressed 감정적으로 과하게 반응하거나, 사소한 일에 심하게 집착할 때 쓰는 표현으로 "화나 있다," "짜증나 있다," "예민하다," 그리고 "신경이 곤두 서 있다"라는 의미이다. = mad = salty = triggered.

✎ 이렇게 쓰고!

1. **Don't get pressed, it's not that deep.**
   그렇게 흥분하지마, 별거 아니야.

2. **You sound way too pressed right now.**
   너 지금 되게 흥분한 것처럼 들려.

💬 이렇게 말한다!

A: **You seem kinda pressed today.**
B: **Yeah, I've had a rough morning. I'm drained.**

   A: 오늘 좀 예민해 보이네.
   B: 응, 아침부터 일이 꼬였어. 나 너무 지쳤어.

262

Do it or else!

안하면 큰일 날 줄 알아!

do it or else 직역하면 '그거해, 안하면 무슨 일이 생길거야'라는 말로 좀 공격적인 표현이어서 주로 농담조로 사용하는 경우가 많다. "그거 안하면 큰 일 나" 정도로 이해하면 된다.

이렇게 쓰고!

1. Give it back, or else!
그거 돌려줘, 안 그러면 가만 안 둬!

2. You better apologize, or else!
당장 사과해, 안 하면 후회할거야!

이렇게 말한다!

A: I'm not cleaning your desk again.
B: Do it or else I'll tell the boss.
A: 네 책상 또 치워줄 줄 알아?
B: 해, 안 하면 사장한테 말할거야.

263

I'm cuffed now

난 지금 사귀고 있어

be cuffed 요즘세대들의 영어표현. '수갑이 채워졌다'라는 데서 출발하여 비유적으로 남녀관계에서 사귀는 사랑하는 사람에게 '매여있다'라는 의미로 사용한다. = I'm dating someone = I'm in a relationship.

이렇게 쓰고!

1. After the first date, I'm officially cuffed.
그 첫 데이트 이후로 정식으로 사귀게 됐어.

2. We're cuffed. No more dating apps for me.
우리 사귀는 중이야. 데이팅 앱은 이제 그만 사용해.

이렇게 말한다!

A: Melisa, can I take you out this weekend?
B: Thanks, but I'm cuffed now. Sorry!
A: 멜리사, 이번 주말에 데이트할래?
B: 고마워, 근데 나 이제 사귀고 있어. 미안!

Big mood

264

완전 공감돼, 내 기분이 딱 그거야

big mood | Gen Z 세대들이 좋아하는 단어로 다른 사람의 피드나 영상에 '공감'을 할 때 사용한다. "완전 공감돼," "지금 내 상태가 그래"라는 의미. be a big mood는 "완전 내 얘기, 내 상황"이다라는 표현.

이렇게 쓰고!

1. Staying in bed all day? Big mood.
하루 종일 침대에 있는거? 완전 공감.

2. His tired face after work. It's a mood.
퇴근 후 걔의 피곤한 얼굴. 완전 공감돼.

이렇게 말한다!

A: I spent my whole weekend doing nothing.

B: It's a mood. I needed that too.

A: 주말 내내 아무것도 안 했어.
B: 완전 공감. 나도 그게 필요했어

265

Oh no, you got catfished!

어 이런, 너 속은거야!

| catfish[catfished] | 온라인에서 자신을 속이고 다른 사람인 것처럼 행동하는 사람을 뜻하는 요즘 슬랭이다. 위 문장은 "너 속았어," "너 낚였어," "너 온라인에서 속은거야"라는 의미가 된다.

이렇게 쓰고!

1. **I almost got catfished by a fake account.**
   나 가짜 계정에 거의 낚일 뻔했어.
2. **Never trust random DMs. You might get catfished.**
   아무 DM이나 절대로 믿지마. 낚일 수도 있어.

이렇게 말한다!

A: She looked totally different in person!
B: Oh no, you got catfished!

A: 실제로 보니까 완전 딴 사람이더라!
B: 헐, 너 낚였구만!

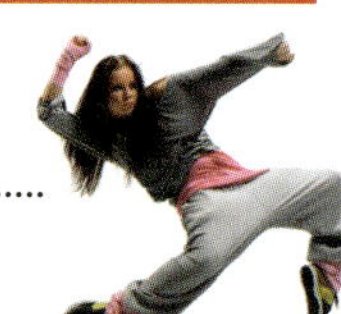

266

That outfit is chef's kiss

그 옷차림 진짜 완벽해

| chef's kiss | 요즘 잘 나가는 표현으로 chef's kiss는 "완벽한 것," "최고 수준의 퀄러티," "흠잡을데 없는 아름다움" 등을 나타낸다. 강조하려면 앞에 absolute나 so를 살짝 밀어 넣으면 된다.

이렇게 쓰고!

1. **The vibe here is just chef's kiss.**
   여기 분위기 진짜 끝내준다.
2. **Her makeup today is chef's kiss.**
   오늘 걔의 메이크업, 완전 완벽해.

이렇게 말한다!

A: How was the dinner last night?
B: Absolute chef's kiss. Best meal ever.

A: 어젯밤 저녁 어땠어?
B: 완벽했어. 진짜 최고의 식사였어.

267

I was off the grid

잠시 연락을 끊었어

| be off the grid | 여기서 grid는 원래 '전기나 수도가 없는 탈문명시대'를 말하지만 요즘에는 "인터넷, SNS 등의 디지털 연락을 끊고 사는' 것을 말한다. 한마디로 "잠수타다," "연락을 끊다"가 된다.

✏️ 이렇게 쓰고!

1. She's been off the grid for days.
걘 며칠째 연락이 안 돼.

2. After the heartbreaking breakup, Chris went off the grid.
가슴 아픈 이별 후 크리스는 잠수를 탔어.

💬 이렇게 말한다!

A: I couldn't reach you for days! Where were you?
B: I went off the grid. No phone, no stress.

A: 며칠 동안 연락이 안 됐잖아! 어디 있었어?
B: 잠수 탔었어. 폰을 꺼놓으니 스트레스도 없었어.

268

It is kinda off the wall

그건 좀 엉뚱하네, 좀 이상한데 독특해

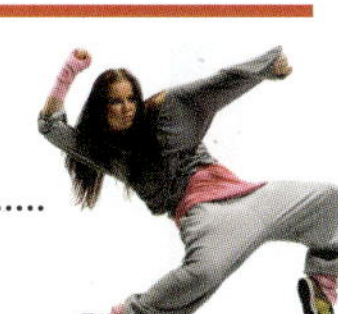

| be off the wall | Gen Z 세대가 다시 발굴한 재미있는 표현으로 긍적적으로는 "독특하고 창의적인," 그리고 부정적으로는 "이상하고 말도 안되는"이라는 의미로 각각 사용된다. = out of pocket = quirky.

✏️ 이렇게 쓰고!

1. She has an off-the-wall fashion style.
걘 독특한 패션 스타일을 가졌어.

2. Chris is known for his off-the-wall ideas.
크리스는 엉뚱한 아이디어로 유명해.

💬 이렇게 말한다!

A: His new art project is kinda off the wall.
B: That's what makes it brilliant.

A: 걔의 새 미술 프로젝트 좀 엉뚱하지 않아?
B: 그게 바로 멋진 이유야.

269

Sup, you busy?

안녕, 지금 바빠?

| **sup** | 우리도 요즘 말을 마구 줄여 쓰듯, 영어에서도 마찬가지인데, 이 sup은 What's up?을 발음나는대로 줄인 경우이다. "요즘 어때?," "뭐하고 있어?"라는 인사말. = How are you? = What are you doing?

🖍 이렇게 쓰고!

1. Sup? You free later?
뭐 해? 나중에 시간 돼?

2. Sup, man? You look tired.
안녕, 너 피곤해 보인다?

💬 이렇게 말한다!

A: Sup, Chris? You at the gym again?
B: You know it. Gotta stay fit.

A: 뭐해, 크리스? 또 헬스장이야?
B: 당연하지. 몸 만들어야지.

270

Your new car is gas!

네 새 차 완전 멋지다!

| **gas** | 원래 휘발유를 뜻하는 단어지만, 요즘세대는 이를 fire, lit, dope처럼 뭔가 "끝내주다," "너무 멋지다," "대박이다"라는 의미로 자주 사용한다.

🖍 이렇게 쓰고!

1. The vibes tonight are gas.
오늘밤 분위기 진짜 끝내줘.

2. His dance moves are gas every time.
걔의 춤은 볼 때마다 대박이야.

💬 이렇게 말한다!

A: This food is unreal.
B: Facts, it's gas.

A: 이 음식 진짜 말도 안 되게 맛있어.
B: 완전 인정, 정말 맛있어.

This pizza tastes wack

이 피자맛 이상해

271

| **wack[whack]** | 요즘 10대도 쓰는 생기발랄한 단어로 의미는 "형편없는," "별로인," "맛없는," "수준 낮은"이라는 의미로 자주 사용된다. 반대말로 "대박이다"는 = fire = lit = gas = dope = banging.

이렇게 쓰고!

1. His excuse sounds wack to me.
걔의 변명은 좀 이상해.

2. This club is wack. No vibe there at all.
이 클럽 별로야. 그곳 분위기가 꽝이야.

이렇게 말한다!

A: They said it's the best restaurant in town.
B: For real? The food's wack though.

A: 거기 동네 최고 맛집이라던데?
B: 진짜? 음식 완전 별론데.

Hard launch next Monday

다음주 월요일에 정식으로 공개해

272

| **hard launch** | 요즘 많이 쓰이는 표현으로 제품, 브랜드 등을 공식적으로 정식출시하는 것을 말하거나 혹은 남녀관계에서 사귀는 것을 공개하는 것을 뜻한다. soft launch의 반대어.

이렇게 쓰고!

1. Chris and Rachel did a hard launch yesterday.
크리스와 레이첼은 어제 사귀고 있다고 공개했어.

2. Definitely hard launch. Everyone's invited.
완전 공식공개야. 다들 초대됐어.

이렇게 말한다!

A: When are we launching the new site?
B: Hard launch next Wednesday.

A: 새 웹사이트 언제 공개해?
B: 다음 주 수요일에 정식으로 공개해.

273

I'm trolling

나 장난치는거야, 그냥 놀리는 중야

troll | 원래 넷상에서 진지하게 도발하는 사람을 의미했으나 요즘에는 친구들끼리 가볍게 놀릴 때 사용한다. = I'm kidding = I'm joking = Just messing with you = I'm playing.

이렇게 쓰고!

1. **You thought I was serious? I'm trolling.**
   내가 진심인 줄 알았어? 장난이야.

2. **I was just trolling you, don't take it seriously.**
   그냥 놀린거야, 진지하게 받아들이지마.

이렇게 말한다!

A: **Did you just say you dropped out of school?**
B: **I'm trolling, dude. Calm down.**

   A: 너 학교 그만뒀다고?
   B: 장난이야, 이자야. 진정해.

274

That's kinda sus

그거 좀 수상해, 뭔가 이상해

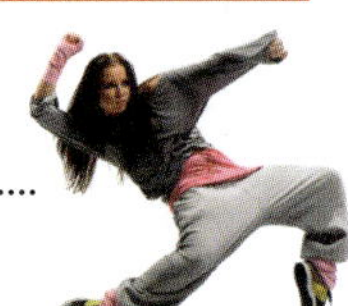

sus | suspicious의 줄인 말로 게임에서 시작돼서 일상영어에서까지 사용하게 된 경우이다. 당연히 Gen Z 세대들이 애용하는 문장이다. = shady = sketch = fishy.

이렇게 쓰고!

1. **Your excuse sounds kinda sus to me.**
   네 변명은 나한테 좀 수상하게 들린다.

2. **That email looks kinda sus. Don't click it.**
   그 이메일 수상해 보여. 누르지마.

이렇게 말한다!

A: **She suddenly started being nice to me.**
B: **That's kinda sus.**

   A: 걔가 갑자기 나한테 왜 이렇게 친절해졌어.
   B: 좀 수상한데.

Chris is got mad rizz

275

크리스는 매력이 완전 쩔어

rizz Gen Z 세대의 대표 슬랭. 원래는 charisma를 줄인 단어이다. "매력," "끌림," "이성에게 어필하는 능력"을 말한다. 반대로 no rizz하면 "매력없음"이란 뜻이 된다.

이렇게 쓰고!

1. You've got zero rizz, bro.
야, 넌 진짜 매력 제로야.

2. You've got more rizz than you think. Cheer up!
넌 생각보다 훨씬 매력 있어. 기운내!

이렇게 말한다!

A: How did he get her number so fast?
B: Super Easy. He's got rizz.
A: 걔 어떻게 그렇게 빨리 번호 따냈어?
B: 엄청 쉽지, 걔는 매력쟁이야.

RIP

인터넷이 나오기 전부터 있던 약어로, 일상에서는 "삼가 고인의 명복을 빕니다" 그리고 인터넷에서는 "망했다," "끝났다"로 쓰인다. **Rest In Peace**의 약어이다.

- **My wife saw my old texts. RIP.**
  아내가 내 오래된 문자를 봤어, 나 망했다.

- **Final exam tomorrow? RIP me.**
  내일 기말고사? 나 망했네.

Delulu is the solulu

276

착각이라도 해야 답이야, 자기 암시가 답이지, 망상이 해결책야

delulu is the solulu | Gen Z세대 대표표현. delulu는 delusional(망상하는), solulu는 solution(해결책)을 줄인 말. 주로 긍정적인 착각, 자기 합리화나 상상 속의 자신감을 정당화할 때 사용한다.

🖍 이렇게 쓰고!

1. **Stay delulu, bestie. That's the solulu!**
   계속 델루루하게 살아, 친구야. 그게 답이야!

2. **I still think Chris likes me. Delulu is the solulu.**
   난 아직도 크리스가 날 좋아한다고 믿어. 망상이 답이지 뭐.

💬 이렇게 말한다!

A: Chris hasn't texted you in five days.
B: He's just busy. Delulu is the solulu.
   A: 크리스가 5일째 문자를 안해.
   B: 바쁜거야. 망상이 답이지 뭐.

This is legit

277

이거 진짜야, 이거 완전 대박이야

legit | legitimate(진짜의)라는 단어의 줄인말. Gen Z 세대의 대표슬랭으로 모든 세대가 즐겨 쓴다. "진짜야," "진심이야," "믿을 만해," "대박이야"라는 의미로 사용된다. = for real = no cap = fire = facts.

🖍 이렇게 쓰고!

1. **This Mentors app is legit useful.**
   이 멘토스 어플 진짜 유용하다.

2. **Lara Fabian's vocala are legit amazing.**
   라라 파비앙의 가창력은 진짜 미쳤어.

💬 이렇게 말한다!

A: Dude, this burger is insane for real.
B: I know, it's legit the best in town.
   A: 야, 이 버거 정말 끝내준다.
   B: 인정, 동네 최고야 진짜.

278

She got a gyat!

개 몸매 죽인다!

357

| **gyat[gyatt]** | Got damn!의 변형으로 주로 누군가의 몸매나 엉덩이를 보고 놀라거나 감탄할 때 사용하는 요즘세대 슬랭이다. "와 장난아냐," "헐 대박," "쩐다" 정도로 생각하면 된다. 친구들사이에서만 사용!

✏️ 이렇게 쓰고!

1. That's a gyat moment.

그건 진짜 놀랄만한 순간였어.

2. He said "gyat!" when she walked by.

걔가 지나가자마자 "gyat!" 하더라.

💬 이렇게 말한다!

A: Did you see her new gym pic on IG?

B: Wow, gyat!

A: 걔 인스타의 헬스장 사진 봤어?

B: 와, 장난 아니다!

279

He said yes, obvi!

걔가 승낙했대, 당연하지!

| **obvi** | obviously(당연하지)라는 단어의 줄인말로 의미는 "뻔하잖아," "누가봐도 그렇지," "당연하지"라는 의미로 쓰인다. 가벼운 톤으로 공식적인 자리에서는 피해야 한다.

✏️ 이렇게 쓰고!

1. Emma, you're my bestie, obvi.

엠마야, 넌 내 절친이잖아, 당연하지.

2. Obvi, I'm coming to the party tonight.

당연히 오늘밤 파티에 갈거야.

💬 이렇게 말한다!

A: Do you like Taylor Swift for real?

B: Obvi, who doesn't?

A: 너 정말 테일러 스위프트 좋아해?

B: 당연하지, 안 좋아하는 사람 있어?

280

You're fam to me

넌 내게 가족 같은 사람이야

fam family의 줄인말. 요즘 영어에서는 꼭 가족은 아니더라도, 가족처럼 "가까운 사람," "가족처럼 맘이 통하는 사람"을 뜻한다. = You're my ride or die.

이렇게 쓰고!

1. She's been my fam since high school.
걘 고등학교 때부터 내 가족 같은 친구야.

2. You're not just a friend, you're fam.
넌 단순한 친구가 아니라 내 가족 같은 사람이야.

이렇게 말한다!

A: Thanks for always supporting me.

B: Of course. You're fam to me.

A: 항상 나 도와줘서 고마워.
B: 당연하지, 넌 내 가족 같은 사람이잖아.

281

She added me on her finsta

걘 나를 자기 비밀계정에 나를 추가했어

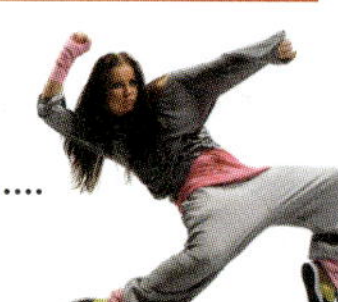

finsta fake Instagram의 줄임말이다. 가짜 계정이라는 부정적 의미가 아니라, 비공개이지만 자신의 진심을 담은 부계정을 뜻하며, 여기에 추가했다는 것은 "진짜 맘을 열었다," "나를 정말 믿는다."라는 말이다.

이렇게 쓰고!

1. He posted that on his finsta? That's deep.
걔가 그걸 부계정에 올렸다고? 진심이네.

2. Only my close friends are on my finsta.
내 부계정엔 진짜 친한 친구들만 있어.

이렇게 말한다!

A: He added me on his finsta yesterday.

B: Wow, you must be close.

A: 걔 어제 나를 부계정에 추가했어.
B: 와, 너희 꽤 친한가봐.

282

I'm hundo p serious

나 100프로 진심이야

| **hundo p** | 이는 hundred percent를 줄인 경우로 "100프로 진심이야," "진짜야," "농담아냐"라고 말할 때 사용한다. 역시 Gen Z 세대들의 표현중 하나이다.

이렇게 쓰고!

1. I'm hundo p serious about the breakup.
난 이별에 대해 진짜 진심이야.

2. I'm hundo p sure she's lying to us.
걔 우리에게 거짓말하는거 100% 확신해.

이렇게 말한다!

A: You think she likes me?

B: Hundo p, dude. She can't hide it.
A: 걔가 날 좋아한다고 생각해?
B: 틀림없어. 걘 그걸 숨길 수가 없어.

283

What's up, peeps?

안녕, 얘들아?

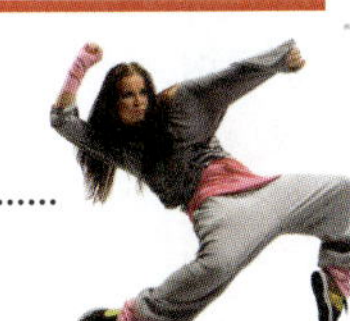

| **peeps** | 이 단어는 people를 줄여서 쓰는 단어. 요즘에는 친근하게 "얘들아," "친구들"이라는 뜻으로 사용된다. 온라인에서 주로 사용되며, fam, bro, bestie같은 분위기가 나는 따뜻한 단어이다.

이렇게 쓰고!

1. Those are my peeps from middle school.
저 사람들은 내 중학교 친구들이야.

2. I'm gonna hang out with my peeps tonight.
오늘밤 내 친구들이랑 놀거야.

이렇게 말한다!

A: Who are you going out with tonight?

B: My peeps from work.
A: 오늘밤 누구랑 나가는거야?
B: 직장 친구들이랑.

284

Let's get turnt tonight!

오늘밤 신나게 놀자!

| **turnt** | 오자아님. 흥이 올랐다는 의미의 turned up을 발음나는대로 줄여 쓴 단어이다. 의미상 주로 파티나 연회 등 술과 음악이 있는 장소에서 주로 사용된다. 주로 형용사로 쓰면 된다. = lit =hyped.

✏️ 이렇게 쓰고!

1. **We got turnt at the club last night.**
   어제 클럽에서 완전 신나게 놀았어.

2. **We were so turnt after *"Golden"* dropped.**
   <Golden> 노래 나오자 우리 다들 미쳤어.

💬 이렇게 말한다!

A: You guys partied hard, huh?
B: You know it. It was turnt all night!

   A: 너희 완전 신나게 놀았구나?
   B: 그럼, 밤새 흥 터졌지!

285

The trailer dropped yesterday

그 예고편이 어제 공개됐어

| **drop** | '떨어뜨리다'라는 전통 의미가 있지만 요즘에는 주로 음악, 컨텐츠, 혹은 상품 등을 발매하거나 공개출시한다는 의미로 자주 사용된다. = release = come out = launch.

✏️ 이렇게 쓰고!

1. **Taylor just dropped a new single today.**
   테일러가 오늘 새 싱글 냈어.

2. **Nike dropped new sneakers last week.**
   나이키가 지난 주에 새 운동화 출시했어.

💬 이렇게 말한다!

A: Netflix just dropped Season 11 of *<Shameless>*.
B: Say less. I'm bingeing tonight.

   A: 넷플릭스 <쉐임리스> 시즌 11을 방금 공개했대.
   B: 말 안해도 알아. 오늘밤 정주행할거야.

Just DM me if you need help

286

도움이 필요하면 내게 그냥 DM 줘

DM sb ┃ DM은 direct message의 줄인 말로 "직접 메시지," "개인쪽지" 혹은 "1:1 메시지"라는 의미이다. SNS 상에서 비공개로 보내는 메시지이다. 여기서는 명사가 동일한 의미로 동사로 쓰인 경우이다.

✏️ 이렇게 쓰고!

1. We started talking through DMs.
우리는 DM으로 대화 시작했어.

2. She slid into my DMs last night.
걔가 어젯밤 내 DM으로 먼저 연락했어.

💬 이렇게 말한다!

A: Please let me know how I can reach you?
B: Just DM me on Insta.

A: 어떻게 연락할 수 있을까요?
B: 인스타로 DM 주세요.

287

I'm going on my hot girl walk

나 지금 핫걸 워크 하러 가

hot girl walk | 완전 최신 슬랭으로 단순히 걷는게 아니라 "헤드폰으로 음악을 들으면서 자신감 넘치게 혹은 멋지게 자기관리하는 힐링 산책'을 뜻한다.

이렇게 쓰고!

1. **I had a tough day, so I took a hot girl walk.**
   오늘 힘든 날이어서 핫걸 워크 좀 했어.

2. **Put on your headphones and take a hot girl walk.**
   헤드폰을 끼고 자신감 있게 산책해봐.

이렇게 말한다!

A: What's a "hot girl walk"?
B: It's when you walk like you're that girl.

   A: 핫걸 워크가 뭐야?
   B: 넌 자신이 멋진 사람이라고 느끼며 걷는거야.

288

You're glowing today!

너 오늘 완전 행복해 보여!

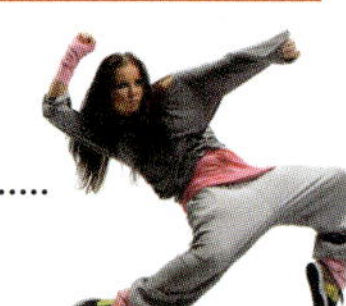

glow | 빛나다, 반짝이다라는 평범한 단어였지만, 최근에는 "너무 좋아보이다," "요즘 분위기가 좋아," "얼굴이 환해졌어"라는 의미로 쓰인다. 외모 뿐만 아니라, 상대방의 분위기, 자신감 등을 칭찬할 때 사용하면 된다.

이렇게 쓰고!

1. **Your skin is so glowing! What's your secret?**
   너 피부 완전 반짝이네! 비결이 뭐야?

2. **I'm trying to get that "glowing" energy back.**
   나도 다시 그 자신감 넘치는 에너지를 되찾고 싶어.

이렇게 말한다!

A: You're glowing!
B: Must be the hot girl walk I took earlier.

   A: 얼굴이 완전 좋아 보여!
   B: 아까 자신감 넘치게 걸어서 그런가봐.

289

He photobombed my selfie

셀카찍는데 걔가 갑자기 끼어들었어

| photobomb sth | 사진+불시에 터지다라는 두 단어가 합쳐져서 "사진을 찍는 순간 갑자기 끼어드는 것" 또는 그런 행위를 말한다. 핸드폰 사진, 인스타 등을 생각해보면 이런 단어가 생길 수 밖에 없다.

✏️ 이렇게 쓰고!

1. Stop photobombing our pictures!
우리 사진에 자꾸 끼어들지마!

2. Chris loves to photobomb strangers.
크리스는 모르는 사람 사진에 끼어드는 걸 좋아해.

💬 이렇게 말한다!

A: Why is that guy in our picture?
B: He totally photobombed it.

A: 왜 저 남자 우리 사진에 있지?
B: 완전 포토밤했네.

290

Go smash that interview!

면접 잘보고 와!

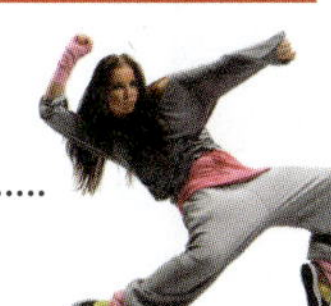

| smash | 위 문장의 핵심단어로 원래는 '부수다,' '깨트리다'라는 의미이지만 요즘세대 영어에서는 비유적으로 "완전 잘하다," "성공하다," "잘 해내다"라는 뜻으로 사용된다. = Go crush it = Nail it.

✏️ 이렇게 쓰고!

1. Betty smashed her first day at work.
베티는 첫 출근부터 완전 잘했어.

2. She smashed her mid-term exam yesterday.
걘 어제 중간고사를 완전히 잘봤어.

💬 이렇게 말한다!

A: I'm nervous about the interview tomorrow.
B: You got this. Go smash that interview!

A: 내일 면접 때문에 긴장돼.
B: 넌 할 수 있어. 가서 완전 멋지게 해내!

291

You were caught in 4K

넌 딱 걸렸어

be caught in 4K | 잡혔는데 4K로 잡혔다는 말이다. 4K는 초고화질 영상으로, "넌 빼도박도 못하게 확실히 걸렸다"라는 의미이다. 증거가 아주 명백해 빠져 나갈 수 없다라는 뉘앙스.

이렇게 쓰고!

1. **Chris, you were caught in 4K cheating!**
   크리스, 너 바람피운 거 증거 영상으로 들켰어!

2. **He got caught in 4K texting his crush.**
   걔 짝사랑한테 문자 보내는거 들켰어.

이렇게 말한다!

A: That's not me in the video!
B: It's literally you, caught in 4K.

   A: 그 영상 나 아니야!
   B: 영상에 딱 너잖아. 초고화질로 찍혔어.

292

That was dynamite!

완전 대박였어!, 죽여줬어!

dynamite | 엄청난 힘을 가진 폭약이라는데서 출발하여 비유적으로 "끝내주는," "대박난," "폭발적으로 멋진"이라는 형용사, 그리고 같은 의미의 명사로 쓰인다. = insane = fire = lit = bomb.

이렇게 쓰고!

1. **You look dynamite in that dress.**
   너 그 드레스 입으니 진짜 멋지다.

2. **Chris, your idea is dynamite. Let's go for it!**
   크리스, 네 아이디어 진짜 죽인다. 그걸로 가자!

이렇게 말한다!

A: How was her performance?
B: Dynamite! She totally killed it.

   A: 걔 공연 어땠어?
   B: 완전 대박! 진짜 끝내줬어.

293

Stop doomscrolling and take a walk

그만 스크롤하고 산책 좀 해

doomscroll | doom(파멸)과 scroll(스크롤 내리다)로 합성된 단어. 팬데믹 이후에 생긴 표현으로 뭔가 안좋은 소식이나 부정적인 정보를 보려고 계속 컴이나 폰으로 아래로 내려가면 보는 행위를 말한다.

이렇게 쓰고!

1. **I was doomscrolling for hours last night.**
   어젯밤 몇 시간 동안 계속 뉴스만 봤어.

2. **Doomscrolling doesn't help, go touch some grass.**
   뉴스 그만 보고, 밖에 나가서 바람 좀 쐬.

이렇게 말한다!

A: You've been staring at your phone for hours!
B: I know, I need to stop doomscrolling.

   A: 몇 시간째 폰만 보고 있잖아!
   B: 알아, 이제 그만 봐야겠어.

294

That's a humblebrag

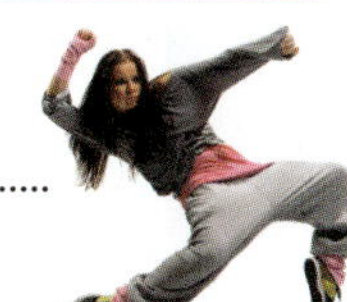

그거 겸손하는 척하면서 자랑하는거잖아

humblebrag | humble(겸손한)과 brag(자랑하다)가 합성된 단어. 요즘 SNS 상에서 새롭게 떠오르는 표현이다. "말을 겸손한 척하면서 실제로는 자랑질을 하다" 또는 그런 행위, 즉 동사나 명사로 다 쓰인다.

이렇게 쓰고!

1. **Angela is the queen of humblebragging.**
   안젤라는 겸손자랑의 여왕이야.

2. **Chris humblebragged about getting promoted.**
   크리스는 승진했다고 겸손하게 자랑했어.

이렇게 말한다!

A: People keep asking for my autograph.
B: That's the biggest humblebrag I've heard today.

   A: 사람들이 자꾸 사인해달래.
   B: 오늘 들은 겸손자랑 중 최고네.

295

Don't yell at me, I'm baby!

내게 소리치마, 나 여린 사람이야!

| **baby** | 요즘세대 영어로 여기서 baby는 진짜 애기가 아니라, "여린 사람," "약한 사람"이라는 뜻으로 위 문장은 내게 너무 세게 나가지마, 혹은 실수했어도 귀엽게 넘어가줘라는 자기방어용 멘트이다.

이렇게 쓰고!

1. I spilled my coffee again. I'm baby.
내가 또 커피 쏟았어. 걍 넘어가줘.

2. Don't get mad, I'm baby and I make mistakes!
화내지마, 내가 여린 사람이어서 실수할 수도 있잖아!

이렇게 말한다!

A: You forgot to submit the report again!
B: Don't yell at me, I'm baby!

A: 너 또 보고서 안 냈잖아!
B: 혼내지 마, 그냥 넘어가주라!

296

POV: You just got ghosted again

또 갑자기 연락 끊긴 네 시점

| **POV** | '시점'이란 카메라 용어지만 요즘에는 "입장," "관점," "장면묘사"라는 의미로 쓰인다. 우리말로 하자면 "네가 …의 입장일 때," "…한 상황에 있는 너의 시점," "네 관점에서 본 상황"이라는 뜻이다.

이렇게 쓰고!

1. POV: You just got yelled at by your mom.
엄마한테 방금 혼난 네 입장.

2. POV: Your crush just liked your story.
네 짝사랑 상대가 네 스토리에 좋아요 눌렀을 때.

이렇게 말한다!

A: What are you doing with that sad face?
B: POV: You dropped your ice cream five seconds after buying it.

A: 왜 슬픈 표정이야?
B: 산 지 5초 만에 아이스크림 떨어뜨린 시점.

I took that personally

297

나 그 말 마음에 꽂혔어, 개인적으로 상처받았어

| **take sth personally** | "기분 나쁘다," "개인적 공격으로 받아들이다"라는 의미이다. 진지하게 쓰기보다는 조금은 가벼운 톤으로 살짝 서운한 것을 표현한다. = That hurt = I'm lowkey offended.

이렇게 쓰고!

1. **Guess what. I took that personally.**
   저기 말야. 나 개인적으로 상처받았어.

2. **When my boss ignored my idea, I took that personally.**
   사장이 내 아이디어를 무시해서 괜히 기분 상했어.

이렇게 말한다!

A: I didn't mean to offend you!

B: Too late, I took that personally.

   A: 기분 상하라고 한 말 아니야!
   B: 이미 늦었어, 이미 상처받았거든.

That's a situationship

298

그게 바로 애매한 관계야

| **situationship** | 요즘세대들이 쓰는 단어는 '공식적으로는 사귀는 것은 아니지만, 연인처럼 행동하는 애매모호한 관계'을 뜻한다. 특히 연애관계나 SNS 상에서 많이 쓰인다. = mixed signals.

이렇게 쓰고!

1. **You're not dating. That's a situationship.**
   넌 사귀는게 아니야. 애매한 관계지.

2. **You act like a couple, but that's a situationship.**
   너희는 커플처럼 굴지만 사실은 애매한 관계야.

이렇게 말한다!

A: We text every day but never talk about dating.

B: That's a situationship.

A: 매일 연락은 하는데 사귄다는 말은 없어.
B: 그게 바로 애매한 관계야

Don't be a pick-me girl

299

남한테 선택받으려고 하지마

| **pick-me girl** | 요즘 Gen Z 세대 표현으로 주로 비판이나 경고할 때 쓰는 어구이다. 특히 여성끼리의 대화에서 많이 보이는데, 의미는 "괜히 남자한테 선택받으려고 애쓰지마"라는 뜻이다.

이렇게 쓰고!

1. **She's always trying to be the pick-me girl.**
   걔는 늘 선택받으려고 애써.

2. **Don't be a pick-me girl. Choose yourself.**
   선택받으려고 하지마. 네 자신을 선택하라고.

이렇게 말한다!

A: I only hang out with guys. Girls are too much drama.

B: Don't be a pick-me girl.

A: 난 남자들하고만 놀아. 여자들은 너무 유난떨잖아.
B: 선택받으려고 애쓰지마.

So true, bestie

300

진짜 그말 맞아, 완전 공감해

| so true | 요즘 표현으로 so true는 상대방의 말에 완전히 공감하면서 할 수 있는 말로 "완전 맞는 말이야"라는 뜻이다. 맞장구치거나 공감한다고 표현할 때 사용. =I felt that = Facts = You're not wrong.

이렇게 쓰고!

1. **I couldn't agree more. So true, bestie.**
   완전히 동의해. 진짜 맞아.

2. **Every word Chris said? So true, bestie.**
   크리스가 한 말 모두 다 맞아.

이렇게 말한다!

A: Situationships always end in confusion.
B: So true, bestie.

   A: 애매한 관계는 항상 헷갈리게 끝나.
   B: 진짜 맞는 말이야.

We locked in the deal yesterday

301

우리는 어제 계약을 확정지었어

| lock in the deal | 요즘 많이 쓰이는 비즈니스 표현으로 lock in은 "확정했다," "마무리했다"라는 의미이다. 논의중이라는 말이 아니라 번복없이 최종적으로 확정지었다라는 말이다. = close the deal.

이렇게 쓰고!

1. **They locked in the deal late last night.**
   그들은 어젯밤 늦게 거래를 확정지었어.

2. **Nothing's official until the deal is locked in.**
   계약확정 전까진 공식적인게 아니야.

이렇게 말한다!

A: Did the client agree?
B: Yeah, we locked in the deal yesterday.

   A: 고객이 동의했어?
   B: 응, 어제 계약 확정지었어.

302

That's tough

그거 참 힘들겠어, 쉽지 않네

| **tough** | 특별한 다른 뜻이 있는게 아니라, 단어 그대로 '힘들다,' '난감하다,' '안타깝다'라는 상황을 말할 때 사용된다. 간단한 표현으로 SNS 상에서 많이 사용된다. = That sucks = That's hard.

이렇게 쓰고!

1. **You got fired by text? That's tough.**
   문자로 잘렸다고? 정말 힘들겠다.

2. **That's tough, but you're handling it well.**
   쉽지 않은데 네가 잘 버티고 있어.

이렇게 말한다!

A: I'm not okay these days.
B: That's tough. I'm here if you need me.
   A: 요즘 나 좋지 않아.
   B: 힘들겠다. 나 여기 있으니 필요하면 말해.

303

I'm maxed out

나 너무 벅차, 여유없어, 돈없어

| **be maxed out** | 일, 일상, 감정, 돈 등의 여러 분야에서 최대치를 초과하였다라는 의미로, "나 지금 너무 벅차," "일정이 꽉 찼어," 혹은 "돈을 다 썼어"라는 뜻으로 자주 쓰인다. = I don't have the bandwidth.

이렇게 쓰고!

1. **I'm maxed out, I need a long break.**
   나 한계야. 오래 좀 쉬어야 해.

2. **I'm maxed out with multiple projects this week.**
   이번주에 일이 너무 많아서 벅차.

이렇게 말한다!

A: Can you take on another task this week?
B: Sorry, I'm maxed out.
   A: 이번주에 일 하나 더 맡을 수 있어?
   B: 미안, 지금 한계야.

304

I'm so stoked I can't even sleep

너무 기대돼서 잠도 안 와

| **be stoked** | 요즘 많이 쓰는 단어로 '완전 기대돼,' '너무 신나'라는 의미로 사용된다. 주로 여행이나 콘서트나 이벤트를 언급할 때 말한다. happy보다 강렬한 표현. = be excited = be hyped = be pumped.

이렇게 쓰고!

1. I'm stoked for the concert tonight.
오늘밤 콘서트가 정말 기대돼.

2. We're stoked to kick off the new project.
새 프로젝트 시작하는게 너무 기대돼.

이렇게 말한다!

A: You're going to New York next month?
B: Yeah! I'm so stoked!

A: 다음 달에 뉴욕에 간다고?
B: 응! 완전 기대돼!

305

Not gonna lie, I'm jelly

솔직히 말해서 부러워

| **jelly** | '질투하는'이라는 jealous를 줄여서 쓰는 요즘세대 슬랭. 온라인 상에서 가볍게 댓글이나 답변을 할 때 유용한 단어로 "부럽네," "질투나네" 정도로 이해하면 된다. = envious = salty.

이렇게 쓰고!

1. Don't be jelly. It's your turn next.
부러워하지마, 다음은 네 차례야.

2. He's jelly because you got the promotion.
걘 네가 승진해서 질투나는거야.

이렇게 말한다!

A: I got the job offer from Apple.
B: I'm jelly, but congrats!

A: 나 애플에 합격했어!
B: 부럽다, 그래도 축하해!

306

It's okay not to be okay

안 괜찮아도 괜찮아

it's not okay not to be okay 언뜻보면 말장난같지만, 조금은 슬픈 표현이다. 요즘 사람들이 공감할 수 있는 일상표현으로 "힘든 상황을 인정하고 견뎌낸다"는 뉘앙스가 깔려 있다.

이렇게 쓰고!

1. **Today's rough, but it's okay not to be okay.**
   오늘은 힘들지만, 힘들어도 괜찮아.

2. **It's okay not to be okay. You're human.**
   안괜찮아도 괜찮아. 너도 사람이잖아.

이렇게 말한다!

A: I'm trying, but it's hard.
B: That's enough. It's okay not to be okay.

A: 노력 중인데 너무 힘들네.
B: 그거면 충분해. 안괜찮아도 괜찮아.

307

This app is so janky

이 앱 진짜 엉망이야

janky 요즘 슬랭은 아니지만 미국영어에서는 자주 쓰이는 단어이다. 약간 불만에 투털거리면서 "제대로 작동이 안되는," "허술한," "조잡한"이라는 부정적 뉘앙스를 나타내고 있다. = works, but barely.

이렇게 쓰고!

1. **The home Wi-Fi's been janky all day.**
   집의 와이파이가 하루 종일 불안정해.

2. **The website feels janky on mobile.**
   저 사이트는 모바일에서 제대로 작동이 안되는 것 같아.

이렇게 말한다!

A: Is this chair safe to use?
B: Honestly, it looks janky.

A: 이 의자 써도 괜찮아?
B: 솔직히 좀 불안해 보여

Don't drive if you're juiced

308

너 취했으면 운전하지마

| **juiced** | 요즘 슬랭으로 "에너지가 넘치는," "신난," 그리고 "술에 취한," 그리고 마지막으로 "운동을 해서 근육이 빵빵한"이라는 다양한 의미로 사용된다. 뭔가로 해서 몸이 충전된 상태라는 뉘앙스.

이렇게 쓰고!

1. Mike got a little juiced at the party.

마이크는 파티에서 좀 취했어.

2. After that Starbucks coffee, I'm totally juiced.

난 스타벅스 커피 마시고 완전 각성했어.

이렇게 말한다!

A: What's the time? Why are you still awake?

B: Too juiced on caffeine.

A: 지금 몇시야? 왜 아직 안 자?

B: 카페인 때문에 너무 각성됐어.

GRWM

특히 요즘 SNS상에서 흔히 볼 수 있는 약어로 **Get Ready With Me**의 약어이다. "나하고 같이 준비하자"라는 뜻이다.

- **GRWM to go to work.**

  출근 준비 같이 해요.

- **This GRWM took way longer than expected.**

  이 GRWM 영상 생각보다 오래 걸렸어.

309

He's such a hypebeast

걔 완전 유행에 미쳤어

| hypebeast | 요즘 슬랭으로 유행이나 브랜드 등에 지나치게 집착하는 사람을 말한다. 주로 그런 사람을 살짝 놀리거나 비꼴 때 이 단어를 사용한다. = brand-obsessed = trend chaser.

이렇게 쓰고!

1. **Being a hypebeast is expensive for men.**
   남자가 유행을 쫓으며 살려면 돈이 많이 들어.

2. **She flexes like a hypebeast on Instagram.**
   걘 인스타에서 유행을 쫓는 사람으로 자랑해.

이렇게 말한다!

A: Is he really into fashion lately?
B: Nah, just a hypebeast.

   A: 걔 최근에 진짜 패션 좋아해?
   B: 아니, 그냥 하입비스트야.

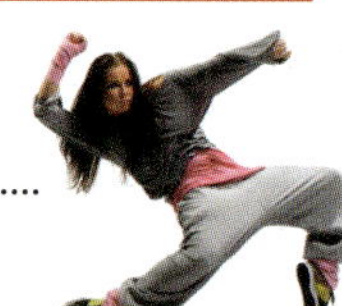

310

He served confidence

걘 자신감을 내뿜었어

| serve | 여기서 serve는 '보여주다,' '압도하다,' '찢다'라는 느낌의 단어이다. 주로 쓰이는 분야는 무대, 아이돌, 프레젠테이션, 패션 등에서이다. 보통 serve+형용사 형태로 많이 쓰인다.

이렇게 쓰고!

1. **Chris served confidence and charisma.**
   크리스는 자신감이랑 카리스마를 다 보여줬어.

2. **She always serves, no matter the occasion.**
   걔는 어떤 행사든 분위기를 장악해.

이렇게 말한다!

A: Did she look nervous?
B: Not at all. She served confidence.

   A: 걔 긴장해 보였어?
   B: 전혀. 자신감 장난 아니었어.

311 Sheesh, she's really flexing

와, 제대로 자랑을 하네

| sheesh | 요즘 유행하는 단어로 놀라거나 감탄을 할 때 내뱉는 감탄사로 쓰인다. 대부분 긍정적인 감탄으로 "와," "헐," "미쳤다," "대박"이라는 느낌을 준다.

✏️ 이렇게 쓰고!

1. Sheesh, he really upgraded.
와, 걔 진짜 급이 달라졌네.

2. Sheesh, that's not your average ride.
와, 저건 평범한 차가 아니네.

💬 이렇게 말한다!

A: Whose car is that?
B: Sheesh, no idea, but it's fire.
A: 저 차 누구거야?
B: 와, 모르겠는데 미쳤다.

312 I'm drained

나 완전히 지쳤어

| be drained | 요즘세상 살기 어려워 피곤하다는 슬랭이 정말 차고 넘친다. drained는 tired보다 훨씬 탈진했다는 느낌을 주는 강조어로 "기운 다 빠졌어," "완전 지쳤어," "에너지가 고갈됐어"라는 말.

✏️ 이렇게 쓰고!

1. That meeting drained all my energy.
그 회의 때문에 내 에너지가 다 빠졌어.

2. I'm drained, but I still have a lot of stuff to do.
나 지쳤는데 할 일이 아직 많아.

💬 이렇게 말한다!

A: Want to grab a drink now?
B: I'm drained. Rain check?
A: 지금 한잔할래?
B: 너무 지쳐. 다음에 하자.

313

He's deadass cute

쟤 진짜 귀여워

deadass | Gen Z 세대 슬랭으로 원래는 욕이었지만 요즘에는 단순히 강조부사로 "진짜로," "진심으로," "완전"이라는 의미로 사용된다. 전과(원래 욕)가 있어서 정중한 자리에서는 쓰면 안된다.

이렇게 쓰고!

1. **She's deadass pretty in real life.**
   걔 실물 진짜 예뻐.

2. **Chris's smile is deadass dangerous.**
   크리스의 미소는 정말 치명적이다.

이렇게 말한다!

A: Why do you keep defending her?

B: Because she's deadass gorgeous.

   A: 왜 계속 걔 편 들어?
   B: 진짜 멋지거든.

314

The car is mint for its age

이 차 연식에 대비해서 상태가 정말 좋아

mint | 형용사로 "상태가 거의 새 것 같은," 혹은 "관리가 잘 된"이라는 의미를 갖는다. 비슷한 표현으로는 in great shape, well-maintained, like new 등이 있다.

이렇게 쓰고!

1. **It's an old model, but it's mint.**
   이 차는 오래된 모델인데 상태가 끝내줘.

2. **You won't find many cars this mint.**
   이렇게 관리가 잘된 상태의 차는 흔치 않아.

이렇게 말한다!

A: Isn't this car pretty old? Maybe ten years?

B: Yeah, but it's mint for its age.

   A: 이 차 꽤 오래됐지 않아? 한 10년쯤?
   B: 응, 근데 연식 대비 상태 최고야.

Stop being thirsty

315

너무 들이대지마

| **thirsty** | 쉽게 유추할 수 있다고 생각할 수도 있지만, 실제는 그렇지 않다. 좋은 의미로 '열망하다'로 생각하기 쉽지만, 요즘에는 부정적인 의미로 "너무 절박하게 들이대는," "넘 집착하는"이라는 뜻으로 사용된다.

✏️ 이렇게 쓰고!

1. He's thirsty for attention.
걔는 관심에 목말라 있어.

2. Don't be thirsty. Play it cool.
너무 티 내지 말고 쿨하게 가.

💬 이렇게 말한다!

A: Should I DM her again right now?
B: Careful. Don't look thirsty.

A: 지금 다시 DM 보내볼까?
B: 조심해, 너무 들이대 보일 수 있어.

Just mellow out

316

그냥 좀 진정해

| **mellow out** | 요즘 자주 쓰는 구어체 표현으로 친한 사이에 "너무 과하지말고 느긋해져라"라고 할 때 사용하는 구동사. calm down보다 부드러운 표현이다. "진정하다," "긴장풀다," "흥분을 가라앉히다."

✏️ 이렇게 쓰고!

1. You need to mellow out a bit.
넌 조금만 긴장을 풀어.

2. A little walk helps me mellow out.
산책 조금만 하면 마음이 풀려.

💬 이렇게 말한다!

A: Everything Chris does is going wrong.
B: Take a breath and mellow out.

A: 크리스가 하는 일은 다 잘못돼.
B: 숨 좀 쉬고 진정하라고.

317

Let's have a kiki tonight

저녁에 수다 좀 떨자

have a kiki | kiki는 요즘 유행하는 슬랭으로 친한 사이에 가볍게 쓸 수 있는 표현이다. 친한 사람들끼리 모여서 커피나 술마시고 수다나 뒷담화를 하는 모습을 연상하면 된다. = hang out and chat.

이렇게 쓰고!

1. Let's do a kiki and catch up tonight.
오늘 저녁 우리 수다 떨면서 근황 얘기하자

2. A little kiki always cheers me up.
잠깐 수다만 떨어도 기분이 풀려.

이렇게 말한다!

A: Wanna come over tonight?
B: Sure, we can have a kiki and some drinks.

A: 오늘밤 우리 집에 올래?
B: 좋아, 수다 떨고 술도 좀 마시자.

318

That party was lame

그 파티 완전 재미없었어

lame | 조금은 오래된 슬랭이지만 요즘에도 많이 쓰인다. 주로 기대이하여서 실망감에 사람이나 사물을 깍아내릴 때 사용하는 것으로 의미는 "시시한," "재미없는," "별로인"이다. = weak = mid = wack.

이렇게 쓰고!

1. Don't be lame. Come grab coffee with us.
재미없게 굴지 말고 같이 가서 커피 좀 마시자.

2. Skipping the trip to New York would be lame.
뉴욕 여행 안 가면 너무 아쉽지.

이렇게 말한다!

A: Wanna stay in and watch TV?
B: Kinda lame, not gonna lie.

A: 또 집에서 TV나 보고 있을까?
B: 솔직히 좀 시시한데.

319

That's a neat idea

그거 괜찮은 아이이어인데

| **neat** | 요즘도 꾸준히 쓰이고 있는 단어로 뭔가 좋다고 할 때 사용하면 된다. 뭐 "대박"같이 좋은 것은 아니지만 "좋네," "괜찮아," "깔끔해" 정도로 이해하면 된다. = nice = cool = dope = clean.

이렇게 쓰고!

1. The Mentors app design is neat.
멘토스 어플 디자인은 아주 좋아.

2. Super job! A neat solution to a messy problem.
아주 잘했어! 복잡한 문제를 깔끔하게 해결했네.

이렇게 말한다!

A: The update fixed the bug.

B: Neat, that was fast.
A: 업데이트로 버그 고쳤대.
B: 좋네, 빠르게 했어.

320

I'm about to crash out

나 곧 기절하듯 잘 듯

crash out 요즘 세대들이 즐겨쓰는 구동사로, 가장 일반적으로는 "기절하듯 잠들다," "완전히 뻗다," 그리고 요즘 슬랭으로는 "멘탈이 무너지다," "크게 실수하다"라는 의미로 각각 쓰인다.

이렇게 쓰고!

1. **After the finals, I crashed out hard.**
   난 기말시험 끝나고 완전 뻗었어.

2. **Chris crashed out as soon as he got home.**
   크리스는 집에 오자마자 뻗어버렸어.

이렇게 말한다!

A: He looks exhausted.

B: Yeah, he's about to crash out.

A: 걔 완전 피곤해 보인다.

B: 응, 곧 뻗을 것 같아.

321

Core memory unlocked?

추억이 떠오르지?

core memory unlocked? 요즘 많이 쓰이는 Gen Z 세대 슬랭으로 "잊고 있는 과거의 추억이 갑자기 떠오르다," 혹은 "감정적으로 깊게 박혀있던 기억이 되살아나다"라는 의미로 쓰인다.

이렇게 쓰고!

1. **This movie scene? Core memory unlocked.**
   영화의 이 장면? 기억에 떠오른다.

2. **Seeing my old house. Core memory unlocked.**
   옛 집을 보니까 기억이 확 살아나.

이렇게 말한다!

A: Haven't been here in years.

B: Yeah, core memory unlocked.

A: 여기 진짜 오랜만이다.

B: 그러게, 기억 확 살아난다.

This vibe is goals

322

이 분위기, 내가 원하는거야

| **goals** | 요즘 슬랭으로 특히 리액션할 때 많이 쓴다. 한 단어에 부러움과 바람 그리고 목표가 섞여 있는 것으로 "나도 저렇게 되고 싶다," "이게 내가 바라던 삶[모습]이다"라는 느낌이다.

이렇게 쓰고!

1. Chris's confidence is goals.
크리스의 자신감, 닮고 싶다.

2. Her work-life balance is goals.
걔의의 워라밸은 목표 그 자체야.

이렇게 말한다!

A: She handled that situation so maturely.
B: Emotional intelligence goals.
A: 걔 그 상황을 진짜 성숙하게 처리했어.
B: 감정지능이 대단해.

She's such a baddie

323

걔 정말 멋진 사람이야

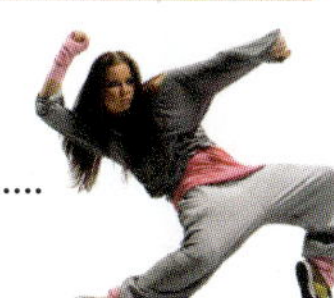

| **baddie** | 요즘 슬랭으로 단순히 얼굴만 예쁜게 아니라 자신감 넘치고, 태도도 좋은 매력적인 여자를 지칭할 때 쓰는 단어이다.

이렇게 쓰고!

1. Rachel is smart, stylish, and a baddie.
레이첼은 똑똑하고 스타일 있고, 그냥 멋져.

2. She handled that situation like a baddie.
걔 그 상황을 잘 처리했어, 진짜 멋있었어.

이렇게 말한다!

A: Taylor Swift is glowing lately.
B: She's in her baddie era.
A: 테일러 스위프트는 요즘 완전 빛나.
B: 지금 전성기야.

324

She's a queen

걘 진짜 급이 달라

| queen | 여왕이라는 기존 생각은 버리자. 이 단어는 요즘 세대들이 즐겨쓰는 표현으로 물론 여성에게 많이 쓰이지만 남녀구분없이 "존경할 만한 사람," "자신감 넘치는 최고의 사람" 등을 지칭할 때 사용한다.

이렇게 쓰고!

1. **A confident woman is a queen.**
   자신감 있는 여자는 퀸이지.

2. **We love a queen who knows her worth.**
   자기 가치를 아는 사람을 우린 사랑해.

이렇게 말한다!

A: Did you see her speech yesterday?
B: Yeah, total queen.

   A: 어제 걔 연설 봤어?
   B: 응, 완전 퀸이야.

325

We did a chill pre-game

우린 가볍게 미리 즐겼어

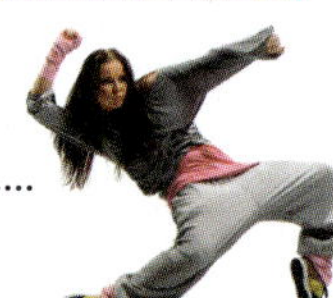

| pre-game | 경기전이라는 뜻으로 파티, 공연, 클럽, 그리고 이벤트가 시작되기 전에 미리 가볍게 맛을 보는 행위를 뜻하는 단어이다. 술, 커피, 수다 등 다양한 내용을 품을 수 있는 단어이다.

이렇게 쓰고!

1. **Let's pre-game before the party.**
   파티 가기 전에 미리 놀자.

2. **Want to pre-game with drinks?**
   술 좀 마시며 미리 즐겨볼래?

이렇게 말한다!

A: Are you drinking tonight?
B: Just pre-game, then I'm done.

   A: 오늘 술 마실거야?
   B: 미리 좀 맛만보고 갈거야.

Stop glazing Chris

크리스 좀 그만 빨아

326

| **glaze sb** | 요즘 한창 쓰이는 슬랭으로 주로 비꼴 때 사용한다. "…을 지나치게 칭찬하다," "지나치게 아부하다," "지나치게 추켜세우다"라는 의미로 좀 티나게 편드는 장면을 연상하면 된다.

이렇게 쓰고!

1. That comment is pure glazing.
저 댓글 완전 아부다.

2. Fans are glazing Jenny in the replies.
댓글에서 팬들이 제니를 과하게 추켜세운다.

이렇게 말한다!

A: Did you read those comments?
B: Yeah, straight glazing.

A: 저 댓글들 봤어?
B: 응, 그냥 아부판이더라.

I feel that

공감돼

327

| **I feel that** | 요즘 온라인 상에서 리액션을 할 때 무척 많이 애용하는 표현이다. "공감해," "이해돼," "나도 그 느낌 알아" 정도로 생각하면 된다. = I get that = Same = Relatable = I hear you.

이렇게 쓰고!

1. Big feel that.
완전 공감.

2. I feel that, for real.
정말로 공감해.

이렇게 말한다!

A: I just wanna disappear for a bit.
B: I feel that, not gonna lie.

A: 잠깐 사라지고 싶어.
B: 솔직히 공감돼.

328

That movie was a banger

그 영화 진짜 대박이었어

banger 요즘 슬랭으로 원래는 음악에 국한되어 사용되었으나 영역을 확대하여 영화, 동영상, 컨텐츠 전부에서 활약하고 있다. "완전 잘 만든 작품," "끝내주는 명작," 그리고 "대박"이라는 의미이다.

이렇게 쓰고!

1. I didn't expect it, but it was a banger.
기대 안 했는데 대박이었어.

2. That trailer looks like a banger already.
예고편만 봐도 대박각이야.

이렇게 말한다!

A: I heard mixed reviews.
B: Ignore them. It's a banger.
A: 평가가 엇갈린다던데.
B: 신경 쓰지마. 대박이야.

329

Duh, of course

당연하지

duh 낯설은 단어이지만 온라인 상에서 리액션을 할 때 정말 많이 쓰이는 단어이다. "당연하지," "그건 뻔하지"로 주로 친한 사이에서 많이 사용된다.

이렇게 쓰고!

1. Duh, everyone knows that.
그거 다 알잖아.

2. Duh, I told you already. Don't you remember?
당연하지, 이미 말했잖아. 기억안나?

이렇게 말한다!

A: Is Chris coming to the party, too?
B: Duh, he's always there.
A: 크리스도 파티에 와?
B: 당연하지, 늘 오잖아.

330

Why is this so skibidi?

이거 왜 이렇게 어이없어?

skibidi | 완전 요즘슬랭으로 유튜브나 틱톡 등에서 아주 많이 사용된다. 별 의미는 없고 그저 리액션으로서 존재감을 표시한다. "뭐지?," "어이없네," 혹은 "이상한데 웃김" 등의 뉘앙스를 떠올리면 된다. = brain rot.

이렇게 쓰고!

1. **That shorts video is pure skibidi.**
   저 숏츠 영상 완전 이상함 그 자체.

2. **The vibes in here are skibidi today.**
   오늘 여기 분위기가 이상해.

이렇게 말한다!

A: Why is everyone laughing at the office?

B: Because the vibes are skibidi today.

   A: 왜 사무실 사람들이 다 웃는거야?
   B: 그냥 오늘 분위기가 이상해서.

MZ Talk! **BS**

BS는 **Bull Shit**의 약어로 비속어가 들어가 있어서 사용에 주의를 해야 한다. 주로 친구들 사이에 쓰이는 걸로 "헛소리," "말도 안되는 소리," "개소리" 정도로 이해하면 된다.

- **Your lame excuse is total BS.**
   네 형편없는 변명은 완전 헛소리야.

- **Cut the BS and tell me the truth.**
   헛소리 그만하고 진실을 말해.

331 That's sigma

그거 찐 쿨하다

sigma 역시 요즘 슬랭으로 유튜브, 틱톡, 그리고 댓글 부분에서 활약하고 있는 단어이다. "혼자서 쿨하고, 자기 주관이 확실한 사람이나 행동"을 말한다. 대부분 농담이나 리액션으로 쓰인다.

✏️ 이렇게 쓰고!

1. **That response was sigma.**
   저 반응 진짜 쿨했다.

2. **Chris minds his own business. Sigma.**
   크리스는 자기 일에 몰두해. 쿨하다.

💬 이렇게 말한다!

A: The teacher left without saying a word.
B: That's sigma.

   A: 선생님이 한마디도 안 하고 나갔어.
   B: 쿨하네.

332 I think I'm gonna ralph

나 토할 것 같아

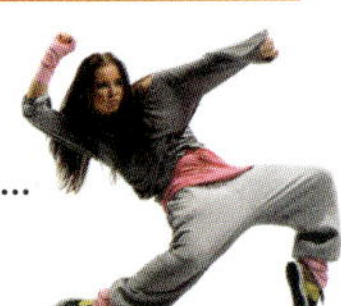

ralph 요즘 슬랭에서 자주 보이는 단어로 공식적인 자리에서는 쓰면 안된다. 친한 사이에서 "토하다," "구토하다"라는 의미로 vomit보다 캐주얼한 표현이다. = puke = throw up = vomit = barf.

✏️ 이렇게 쓰고!

1. **I'm so nauseous. I might ralph.**
   너무 메스꺼워. 토할 것 같아.

2. **She drank too much and ralphed.**
   걔 술 너무 마시고 토했어.

💬 이렇게 말한다!

A: That food in here looks bad.
B: Yeah, it makes me want to ralph.

   A: 여기 음식 별로인 것 같아.
   B: 응, 토 나올 것 같아.

333

I'm totally pooped after work

퇴근하고나서 완전히 녹초가 됐어

| **pooped** | 흔하게 보이는 슬랭으로 의미가 좀 순한 편이고 사용영역이 제한되지 않는다. "완전히 녹초가 된," "기운이 다 빠진"이라는 의미이다. = drained = exhausted = wiped out = cashed out.

이렇게 쓰고!

1. I'm pooped from working late this week.
이번 주 야근하느라 지쳤어.

2. He looked pooped after the trip to Tokyo.
걘 도쿄여행 끝나고 완전 지쳐 보였어.

이렇게 말한다!

A: You coming to the gym after work?
B: Nah, I'm pooped.
A: 퇴근 후에 헬스장 갈래?
B: 아니, 너무 피곤해.

334

Who's that snack over there?

저기 핫한 사람이 누구야?

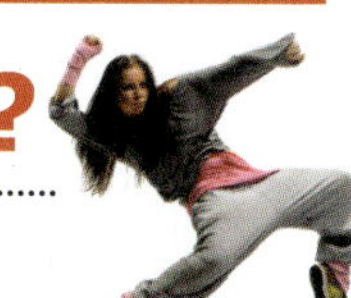

| **snack** | Gen Z 세대들이 많이 쓰는 단어로 '간식'이 아니라 "보기만 해도 매력적인 사람"을 뜻한다. "눈길이 확가네," "외모가 매력적이네"라고 생각하면 된다. cute, hot, attractive보다 더 캐주얼하다.

이렇게 쓰고!

1. My wife's looking like a snack tonight.
아내가 오늘밤 완전 예쁘다.

2. She's not trying, and still a snack.
걘 꾸미지도 않았는데 매력적이야.

이렇게 말한다!

A: Who's that snack over there?
B: No idea, but they're fine.
A: 저기 매력적인 사람 누구야?
B: 모르겠는데, 진짜 괜찮다.

335

<Golden> is the shit

<Golden> 노래가 미쳤어

be the shit 다소 강한 표현으로, shit이 들어갔지만 전혀 욕하고는 상관없이 긍정적인 의미의 표현으로 "진짜 최고다," "개잘한다," "개 멋지다"라는 의미를 갖는다. 다만 'the'를 빼면 '별로'라는 다른 뜻이 된다.

✏️ 이렇게 쓰고!

1. This Mentors app is the shit, trust me.
이 멘토스 어플 진짜 좋아, 믿어봐.

2. Your presentation for the new project was the shit.
네 프레젠테이션은 진짜 개쩔었어.

💬 이렇게 말한다!

A: She nailed the Google interview.
B: I know. She is the shit.

A: 걔가 구글 인터뷰 완전 잘 봤대.
B: 알아, 걔 진짜 쩔어.

KEY—WORD INDEX

Key-Word Index 보는 법

키워드를 통해 원하는 문장을 찾아볼 수 있으며
아래에서 about은 키워드, That's about it은 대표문장이고
오른쪽 끝에 있는 01-014는 페이지가 아니라 Level 01의 014번임을 말하고 있다.

그리고, 밑의 선 위에 의미를 생각해보면서 대표문장을 필사해보면
훨씬 기억에 오래남을 것이다.

SAMPLE

| about | That's about it | 01_014 |

about That's about it 01_014

▶

add It doesn't add up 01_049

▶

all He thinks he's all that 01_127

▶

all I'll give it my all 02_127

▶

amped
I'm so amped for the concert tonight! 03_089

▶

answer She gave me a blunt answer 02_064

▶

antsy You seem a little antsy 01_085

▶

arms They're up in arms 03_233

▶

as As if 02_133

▶

ass You kick ass! 02_034

▶

ass Move your ass! 01_068

▶

ass Don't half-ass it 02_131

▶

assignment
You understood the assignment 03_198

▶

ate You ate 03_065

▶

baby "Don't yell at me, I'm baby!" 03_295

▶

back I got your back 01_141

▶

back Don't back out on me now 02_013

▶

back There's no going back 01_044

▶

baddie She's such a baddie 03_323

▶

BAE Cooking dinner for bae tonight. p.000

▶

bag Bag it! 02_056

▶

bag The deal is in the bag 02_094

▶

bail Don't you dare bail on me 02_004

▶

ball I guess I dropped the ball 01_083

▶

baller He's a real baller 03_175

▶

bandwidth I don't have the bandwidth 03_180

▶

banger That movie was a banger 03_328

▶

bank My vacation will break the bank 01_122

▶

base Let's touch base tomorrow 01_028

▶

base You're way off base 03_127

▶

basic He's nice, but kind of basic 03_075

▶

beat Can't beat that 02_146

▶

beat You got me beat 02_007

▶

beef The couple have had beef for years 02_153

▶

belong You don't belong here 01_023

▶

bench She's benching me 03_221

▶

bent Chris was bent on revenge 02_009

▶

bet Don't bet on that 01_020

▶

better Do better 01_053

▶

better
Couldn't have said it better myself 02_132

▶

BFF Hanging out with my BFF tonight. p.000

▶

big Go big or go home 01_059

▶

binge
I binge on Netflix shows every night 03_192

▶

bitchin' It's bitchin' 01_074

▶

Bite Bite me! 02_016

▶

bite I'll bite 02_037

▶

blank "I blank out, I forget" 01_140

▶

board I'm on board 03_247

▶

body You bodied that 03_203

▶

boil I'll boil it down for you 03_009

▶

bomb I bombed my math test 02_043

▶

bonding They're really bonding 03_023

▶

boot I got the boot 01_160

▶

bop That new song is such a bop! 03_195

▶

bossy He's a little bossy 01_077

▶

boujee
You're acting kinda boujee today 03_093

▶

bounce Let's bounce 03_046

▶

brain I had a brain fart 02_173

▶

brain I've got brain rot 03_116

▶

break I hate to break it to you 01_008

▶

break Let's break the mold 02_091

▶

break Can't catch a break 03_131
▶

bridge
I'll cross that bridge when I get there 02_120
▶

BRP
"BRB, my food just arrived at the door." p.000
▶

BS Your lame excuse is total BS. p.000
▶

BTW "btw, I changed my schedule." p.000
▶

buck Don't pass me the buck 01_093
▶

buck
You can get a good bang for your buck
02_155
▶

built I'm built different 03_043
▶

bummed I am bummed out 02_011
▶

buns He's got nice buns 01_144
▶

burn That burns me up! 01_004
▶

bussin'
Her cooking always be bussin' 03_092
▶

bust I am so busted 02_018
▶

buzz Buzz off! 03_091
▶

buzzkill Don't be a buzzkill! 02_047
▶

call Good call. Let's play it safe 03_143
▶

canned
Stop giving me canned excuses 02_134
▶

cap "No cap, she texted me first" 03_061
▶

carry She hard carried the whole project
03_077
▶

case I rest my case 02_014
▶

casual Keep it casual 01_155
▶

catch I'll catch you up later 01_075
▶

catfish "Oh no, you got catfished!" 03_265
▶

caught You were caught in 4K 03_291
▶

character
He's got serious main character energy
today 03_041
▶

character I'm the main character 02_083
▶

check That checks out 03_136
▶

cheesy You're so cheesy 03_129

▶

cheugy That's kinda cheugy 03_196

▶

chill I'm chill with whatever 03_178

▶

chill
He asked me to come over for Netflix and chill 03_104

▶

chillax
"Chillax, dude. It's not a big deal" 03_244

▶

chilling Just chilling 03_066

▶

circle Let's circle back 02_069

▶

clapback
That was a legendary clapback 03_117

▶

click
They don't really click as a couple 02_045

▶

click
It finally clicked why she was upset 03_162

▶

clinger He's such a clinger 02_068

▶

clock I'm off the clock 01_094

▶

clutch That was clutch 01_096

▶

cocky You are too cocky 01_095

▶

come Where did that come from? 01_063

▶

come What has come over you? 02_008

▶

come Why does it come to this? 03_016

▶

come That question came out of left field 03_044

▶

come
She came through with that outfit! 03_161

▶

coming Christmas is coming up fast 02_029

▶

cook Let him cook 03_081

▶

cooked I'm cooked 03_149

▶

cool Play it cool 01_038

▶

cop That's just a cop-out 03_191

▶

corrected I stand corrected 02_015

▶

could Could be 01_175

▶

could I could use a little help here 02_019

▶

count Make it count 02_145

▶

counting 1 year and counting 02_136

▶

KEY-WORD INDEX

crack You crack me up 03_045
▶

cranky He's been cranky all morning 02_119
▶

crash
Can I crash at your place tonight? 02_012
▶

crash I'm about to crash out 03_320
▶

crave I'm craving coffee 03_024
▶

cream He's all about the cream 03_118
▶

creep You're creeping me out 02_151
▶

cringe Her jokes are kinda cringe 03_095
▶

croak
The old man croaked last night 03_250
▶

cruise The project is cruising now 02_065
▶

crush You crushed it! 03_020
▶

cry Cry me a river 02_023
▶

crying I'm crying 03_138
▶

cuff It was off the cuff 03_226
▶

cuffed I'm cuffed now 03_263
▶

cushy
You think teaching is a cushy job? 02_070
▶

cut Sorry is not gonna cut it 02_053
▶

dead I'm dead 03_103
▶

deadass He's deadass cute 03_313
▶

deal We locked in the deal yesterday 03_301
▶

deceased I'm deceased 03_246
▶

deep It's not that deep 03_122
▶

delulu Delulu is the solulu 03_276
▶

die It's do or die for me 01_164
▶

DIFF
That small change made a big diff. p.000
▶

difference Same difference 03_114
▶

different We want different things 01_040
▶

different She is no different 03_068
▶

different Her smile just hits different
03_098
▶

dig I really dig your style 02_130
▶

dip I'm dipping 03_097

DIS Why you gotta dis me like that? p.000

ditch Let's ditch this meeting 02_062

dive We're diving in 01_130

DM Just DM me if you need help 03_286

do Can you do me up in the back? 01_064

do He did a 180 02_081

do Do it for you 01_143

do Do with that what you will 02_072

do You do you 03_018

do You did what you had to do 01_134

doing You're doing too much 01_066

done Done and done! 03_021

done I'm so done 03_172

doomscroll
Stop doomscrolling and take a walk 03_293

dope That's a dope idea! 03_051

dot Just connect the dots 03_136

down I'm down bad 02_160

down
We need some down time to recharge 02_170

down I'm down for that 03_057

downer That's a downer 03_074

downer That's a downer 03_014

drag Don't drag me into this 02_175

drag What a drag 03_234

drained I'm drained 03_312

dramatic Don't be dramtic 02_024

drip He's got serious drip 03_100

drop Let's just drop it 02_080

drop The trailer dropped yesterday 03_285

duh "Duh, of course" 03_329

dynamite That was dynamite! 03_292
▶

edge I'm a little on edge 01_152
▶

egg His girlfriend egged him on 01_006
▶

else Do it or else! 03_262
▶

epic This trip is gonna be epic! 03_210
▶

era I'm in my ~ era 03_227
▶

even I can't even 03_039
▶

excel I don't excel at that 03_128
▶

expired You're expired 03_082
▶

extra I just went the extra mile 02_025
▶

extra She's so extra about her birthday 03_096
▶

face What's her face? 02_140
▶

face I'm just putting on a brave face 01_012
▶

face Your face says it all 02_115
▶

facts Facts 02_163
▶

fad It's just a fad 03_225
▶

fail I failed hard on that test 02_167
▶

fall He took the fall for his boss 02_082
▶

fam You're fam to me 03_280
▶

far You're not far off 02_010
▶

fast I pulled a fast one on her 03_011
▶

fear I fear 03_108
▶

feast Feast your eyes on it 02_055
▶

feel You'll get a feel for it soon 01_032
▶

feel You feel me? 01_174
▶

feel He's feeling himself 02_158
▶

feel I feel you 03_025
▶

feel I feel off 03_163
▶

feel I feel that 03_327
▶

feel I feel that 02_166
▶

feelings He lost feelings for her 01_120
▶

feelings I caught feelings 02_159

▶

feels I'm catching feels for Chris 03_259

▶

fence I'm on the fence 01_131

▶

fight I'm fighting for my life 03_211

▶

fill He filled me in 02_148

▶

fill Fill in the blanks 03_002

▶

fill I've got my fill for the year 03_223

▶

finest Not my finest hour 01_129

▶

finger
Could you stop giving me the finger? 01_084

▶

FINNA We finna eat out tonight. p.000

▶

finsta She added me on her finsta 03_281

▶

fire I'll just fire away 01_034

▶

fire
I just fired off an email to my boss 02_154

▶

fire That's fire 03_028

▶

flag That's a red flag 03_204

▶

flake Don't flake on me 02_079

▶

flatter Don't flatter yourself 01_078

▶

flex Stop flexing your new car 03_029

▶

flip I'm not being flip 02_117

▶

floor He wiped the floor with her 03_008

▶

flop His new song was a flop 03_050

▶

fly That's not gonna fly 03_076

▶

follow Follow me back! 01_128

▶

FOMO
"I don't want to go, but FOMO is real." p.000

▶

foot I'm putting my foot down 01_105

▶

FR "FR, I didn't see that coming." p.000

▶

friend She put me in the friend zone 02_101

▶

funk I'm in a funk 03_168

▶

FYI
"FYI, the deadline is next Monday." p.000

▶

G thang[thing]
That BMW is pure G thang! 03_245

▶

gagged I'm gagged 03_069

game Look who's got game 03_019

game We did a chill pre-game 03_325

gas Your new car is gas! 03_270

gatekeep
Stop gatekeeping that show 03_201

gave What gave it away? 03_170

get You got this! 01_001

get Let's get to it 01_018

get I'm not getting any of this 01_142

get I can't get over it[this] 02_003

get You can get it on the go 02_084

get I'll get around to it 02_090

get Get over yourself! 02_147

get Someone is out to get you 02_152

get Let's get it! 03_150

getting I'm getting into her vibe 01_168

ghost
He ghosted me after moving away 03_054

gig It's my first paid gig! 02_077

girl She's that girl 01_176

give I'll give you that 01_072

give Don't give me that! 03_012

given That's a given 03_109

gives What gives? 03_006

giving
It's giving main character energy 03_086

glaze Stop glazing Chris 03_326

gloss I glossed over my mistakes 02_078

glow
She had a major glow up after college 03_078

glow You're glowing today! 03_288

gnarly This party is gnarly! 03_120

go Don't go there 01_005

go Starbucks is my go-to coffee place 01_076

go That caf? is my go-to 03_132

go Go right through it 02_109

go I like to go above and beyond 02_128

go Things go south 03_084

go We're going for it 03_125

go She's going off in that outfit 03_189

go I'll let it go this time 01_154

goals This vibe is goals 03_322

GOAT "Messi is the GOAT, no debate." p.000

going Where are you going with this? 01_069

good I'm as good as new 01_178

good That's a good one! 02_142

good You got me good 03_080

good Got you good! 03_148

good Don't worry. It's all good 01_158

goofy You look so goofy in that hat! 01_151

got I've still got it 02_001

got You got me 03_001

got You got that from me 03_022

got Let's see what you've got 02_092

grab Let's grab some grub 03_228

grabs They're up for grabs 03_232

grass You need to touch grass 03_073

green
I got the green light to start the project 01_079

grid I was off the grid 03_267

grind Now back to the grind 03_087

grip Get a grip on yourself 01_015

ground I'll stand my ground 01_039

GRWM GRWM to go to work. p.000

Gucci That party was so Gucci! 03_052

guest Be my guest! 02_168

▶

gun Time to bring in the big guns 02_059

▶

gut You got a gut feeling on this? 01_119

▶

gyat She got a gyat! 03_278

▶

hair I'll get out of your hair 02_035

▶

hairs You always split hairs 02_088

▶

half That plan looks half-baked 03_224

▶

handle What's your IG handle? 03_230

▶

hands
"That's his best shit, hands down" 01_086

▶

handy It would come in handy 01_161

▶

hang Hang tight 01_022

▶

hanging
Don't leave me hanging like that 02_036

▶

hard How hard can it be? 02_099

▶

hard This goes hard 03_220

▶

hard That hit me hard 03_134

▶

hassle Stop hassling me about it 02_102

▶

have I don't have it in me 02_027

▶

have You had me at hello 03_027

▶

head I'm heading out 01_025

▶

head He was head over heels about her 01_148

▶

head I can't wrap my head around 02_113

▶

headed She's so hard-headed 01_126

▶

healing I'm in my healing era 02_074

▶

heart
"Cross my heart, I'll be there on time" 02_116

▶

heat Can't take the heat 02_021

▶

here I'm here for it 03_173

▶

hiccup It was just a tiny hiccup 02_104

▶

hickey
You've got a hickey on your neck! 01_153

▶

high I don't get high 01_007

▶

high I'm going to take the high road 02_105

▶

highkey
I highkey want a vacation right now 03_256

him You're him 03_147

hit Hit me 02_002

hit Let's hit it! 02_005

hit Hit me up anytime 01_051

hit He hits the gym every morning 01_056

hit I'm taking the hit for this 02_051

hitched
You and Chris are getting hitched? 02_107

HMU HMU when you're in the office. p.000

home I'm home free 03_171

homie
We've been homies since middle school 01_090

horse Get off your high horse! 02_075

humblebrag That's a humblebrag 03_294

hunch Just a hunch 01_026

hundo p I'm hundo p serious 03_282

hustle I need a side hustle these days 02_126

hype Don't hype it up too much 03_049

hypebeast He's such a hypebeast 03_309

ick I got the ick 03_056

iconic That movie line is so iconic 03_119

IDK IDK "IDK IDK, ask her later." p.000

iffy I'm iffy on that 02_085

involved
Did you get involved with her? 01_017

issues She's got anger issues with me 01_031

it This ain't it 03_085

it That's not it 03_141

jam That's my jam 03_102

janky This app is so janky 03_307

jelly "Not gonna lie, I'm jelly" 03_305

jet I'm jetting 03_257

joke Ejae's vocal is a sick joke 01_103
▶

jonesing I'm jonesing to go on a trip 03_048
▶

jot Jot this down 02_030
▶

juiced Don't drive if you're juiced 03_308
▶

keeper He's a keeper 03_070
▶

kick I need to kick back and relax 01_048
▶

kiki Let's have a kiki tonight 03_317
▶

kill You killed it 03_083
▶

killer You gave a killer presentation! 03_042
▶

kiss That outfit is chef's kiss 03_266
▶

knock You knocked it! 03_106
▶

know I know you would 02_114
▶

L take "Sorry, but that's a huge L take." p.000
▶

laid He's such a laid-back guy 02_041
▶

lame That party was lame 03_318
▶

land I landed the job at Google! 01_055
▶

land
That joke didn't land at all. Big yikes 03_193
▶

last It seems very last minute 02_087
▶

launch Hard launch next Monday 03_272
▶

launch
We're still in the soft launch phase 02_156
▶

lead Don't lead me on 02_129
▶

lead I don't want to lead you on 03_067
▶

leave Leave me out of it 02_139
▶

lecture Stop lecturing me 03_186
▶

legit This is legit 03_277
▶

lies No lies were told 03_241
▶

life Life said "nah" 03_209
▶

life That gave me life 03_034
▶

light She's light on patience today 01_179
▶

lighten Lighten it up 01_009
▶

lightweight I'm a lightweight 03_194
▶

like Tell it like it is 03_200

line You're cutting in line 01_027

line It's gonna put your life on the line 01_088

line Don't step out of line 02_110

lit That party was lit! 03_055

live I'm gonna live it up tonight! 01_087

live I'm living for it 03_190

load Lock and load 01_135

locked I got it locked down 02_093

LOL "LOL, you actually did that?" p.000

long Took you long enough 01_110

look You don't look it 01_136

look Look what I did 03_215

look Not a good look 03_199

looks She only goes for looks 03_251

loop Please loop me in next time 02_157

loop It threw me for a loop 01_109

loose Time to cut loose! 01_156

lose I'm losing it 02_022

lose I'm about to lose it! 03_252

lost You lost me 03_004

lousy What a lousy excuse! 03_156

lowkey I'm lowkey excited for the weekend 03_107

make Fake it till you make it 03_145

manifest He manifested his success 02_111

mass I'm a mess 01_097

math The math ain't mathing 03_177

maxed I'm maxed out 03_303

me Why is this so me? 03_174

me Not me crying over a movie 03_202

me Me when~ 03_240

me That's (very) me 01_019 ▶

me Couldn't be me 03_072 ▶

me It's the attitude for me 03_135 ▶

mellow Just mellow out 03_316 ▶

mid The food here is kinda mid 03_182 ▶

milk
He's milking his cold to skip school 02_122 ▶

mind Never crossed my mind 01_147 ▶

mind I gave him a piece of my mind 02_112 ▶

mind Speak your mind 03_166 ▶

mint The car is mint for its age 03_314 ▶

miss What did I miss? 01_106 ▶

miss I feel like I missed something 01_150 ▶

miss Miss me with that 02_176 ▶

mixed She's sending mixed signals 03_133 ▶

mog The model mogged everyone 03_205 ▶

moment Live in the moment 01_082 ▶

mooch She's gonna mooch off us 03_005 ▶

mood Big mood 03_264 ▶

moon I am over the moon 01_091 ▶

move That's a bold move 03_254 ▶

neat That's a neat idea 03_319 ▶

nerve You've got some nerve 01_146 ▶

newbie I'm still a newbie at this job 01_172 ▶

NGL
"NGL, I was about to give up on you." p.000 ▶

nuts That's absolutely nuts 01_098 ▶

obsessed I'm obsessed 03_123 ▶

obvi "He said yes, obvi!" 03_279 ▶

odds What are the odds? 01_169 ▶

off It's off 01_035 ▶

off I'm a bit off about it 01_100 ▶

okay It's okay not to be okay 03_306
▶

old This is getting old 03_235
▶

on That's on me 01_010
▶

one I got one over on her 03_164
▶

one You're a real one 01_058
▶

out I went all out this time 01_037
▶

out I'm a little out of it 02_033
▶

out I'm so out of it today! 02_054
▶

overdo Don't overdo it 01_117
▶

own Own your decision 03_243
▶

pace Pace yourself 02_032
▶

packed It's packed here 02_040
▶

pan I hope it pans out well for you 02_048
▶

part That part 03_144
▶

part That's the best part 03_213
▶

partied I was so partied out last night 01_057
▶

pass I think I'll pass 01_042
▶

pass "He asked me out, but it's a hard pass" 02_026
▶

past I wouldn't put it past her 02_095
▶

peeps "What's up, peeps?" 03_283
▶

periodt "She deserves that award, periodt!" 03_155
▶

phone Don't phone it in 02_174
▶

photobomb He photobombed my selfie 03_289
▶

pick You need a pick-me-up 01_033
▶

pick Don't be a pick-me girl 03_299
▶

piece I've said my piece 02_171
▶

pig I always pig out when I'm stressed 01_073
▶

ping I'll ping you later 03_231
▶

place It's not my place 01_016
▶

place I can't place her 03_105
▶

place I'm all over the place 03_139
▶

plate You'll step up to the plate 03_007

play She's just playing with him 01_089

pockets He's got deep pockets! 02_057

pog You aced the test? Pog! 03_258

point Exactly my point 01_116

point Your vibes today? On point 03_151

pop You popped off 03_207

popped
I'm totally pooped after work 03_333

popping It was eye-popping! 01_159

POV POV: You just got ghosted again 03_296

present Be present 01_003

pressed Why are you so pressed? 03_261

problem Money is not a problem 01_046

props
Major props to Chris for helping me 02_169

psyched I'm so psyched 01_070

pull Don't pull an all-nighter again 01_157

pumped I'm so pumped! 03_157

pushing You're pushing 40 01_102

pushover He's such a pushover 01_124

pushy Don't be so pushy 01_099

put Stay put 01_013

put Put up or shut up! 02_006

put Put today behind us 02_066

queen She's a queen 03_324

quirky I love his quirky style 03_260

quit You can't quit on me 02_100

quitter I'm not a quitter 02_103

quote Don't quote me on that 02_020

ralph I think I'm gonna ralph 03_332

ratio
You'll get ratio'd if you post that 03_152

rave He raved about you 03_165
▶

read "Dude, read the room!" 03_060
▶

read Don't leave me on read 03_053
▶

real Let's get real 02_096
▶

real Be so for real? 03_035
▶

receipts I've got receipts 03_062
▶

relate Can't relate 03_047
▶

rent-free
You're living in his head rent-free 03_154
▶

ride You're my ride or die 03_169
▶

ring That rings true 01_149
▶

RIP Final exam tomorrow? RIP me. p.000
▶

ripped Chris is so ripped 02_108
▶

rizz Chris is got mad rizz 03_275
▶

RN What are you doing RN? p.000
▶

rocks This party rocks! 01_061
▶

rodeo This is not my first rodeo 02_058
▶

roll Let's roll 01_011
▶

roll She is on a roll 01_067
▶

root I'm rooting for you! 01_101
▶

rub Don't rub it in 02_124
▶

run I'm running on empty 03_101
▶

rusty I'm a little rusty 02_123
▶

said You said what you said 03_242
▶

salty You sound a little salty about it 03_040
▶

savage The critic savaged the movie 03_212
▶

say Who's to say? 01_115
▶

say 01_123
▶

say I'd say we did a super job 01_132
▶

say "It kills me to say it, but no" 01_166
▶

say Wish I could say the same 02_044
▶

say Say less 03_112
▶

say You all say that 03_216

►

scream I'm screaming 03_111

►

see I'll see myself out 01_092

►

seen You ain't seen nothing yet 02_097

►

sell Don't sell yourself short 01_139

►

sense Make it make sense 01_125

►

sent It sent me 03_031

►

serious
She's got serious clout on Instagram 03_088

►

serious He's making serious guap 03_229

►

serious Don't get too serious 01_177

►

Seriously You saw an alien? Seriously? 01_173

►

serve It serves you right! 01_065

►

serve She's serving looks! 03_217

►

serve He served confidence 03_310

►

settle "That settles it, then " 01_114

►

shade Don't throw shade at me 03_099

►

shade Did you just throw shade at me? 03_181

►

shady That's shady! 03_208

►

shake Shake on it? 01_030

►

sheesh "Sheesh, she's really flexing" 03_311

►

ship Do you ship Ross and Rachel? 03_183

►

shit <Golden> is the shit 03_335

►

shook
I was shook when I heard the news 03_142

►

short Short and sweet 03_218

►

shot We'll get another shot 02_063

►

should As you should. You deserve it
03_253

►

shout
Can I get a shout-out on your channel?
03_184

►

shove Shove it 03_015

►

show
She really showed up at the party 03_159

►

show She totally stole the show 03_197

▶

sick That's sick! 03_158

▶

side She gave me side-eye 03_219

▶

side I need a side hustle 03_248

▶

side I got a free dessert on the side 01_170

▶

sigma That's sigma 03_331

▶

simp I'm a simp for her smile 03_058

▶

simple Keep it simple 01_121

▶

sink Let that sink in 03_222

▶

sit Her apology didn't sit well with me 02_061

▶

situationship That's a situationship 03_298

▶

skibidi Why is this so skibidi? 03_330

▶

skin I jumped out of one's skin 02_121

▶

slack Stop slacking off 03_187

▶

slap Your cooking always slaps 03_079

▶

slay He slayed the presentation 03_032

▶

sleeper I'm a light sleeper 01_138

▶

smart Don't get smart with me 02_118

▶

smash Go smash that interview! 03_290

▶

SMH Just SMH and moving on. p.000

▶

snack Who's that snack over there? 03_334

▶

snap I'm sorry I snapped at you 02_042

▶

snap Snap out of it! 02_050

▶

snap You snapped 03_236

▶

snappy Make it snappy! 02_138

▶

snatched Your makeup is snatched! 03_121

▶

sneaky
She posted a sneaky soft-launch photo 01_107

▶

so He's so him 03_059

▶

soft Live your soft life 03_110

▶

sold I'm sold 03_090

▶

solid That's solid 02_177

▶

space I totally spaced 03_010
▶

speech It's just a figure of speech 02_125
▶

spin Take it for a spin 03_179
▶

spot That hit the spot 03_037
▶

stan I stan Taylor Swift 03_030
▶

steam
She shouted just to blow off steam 02_039
▶

still Are we still on for tonight? 01_002
▶

still You're still on that? 02_150
▶

stinks It stinks 03_013
▶

stoked
I'm so stoked I can't even sleep 03_304
▶

stone Nothing's set in stone 02_046
▶

stop This has to stop 01_029
▶

stop I've got a hard stop at 5 01_163
▶

stress Don't stress it 02_076
▶

stretch That's a stretch 03_130
▶

stuff I got a bunch of stuff to go over 01_167
▶

sugar Don't sugar coat (it) 02_073
▶

sup "Sup, you busy?" 03_269
▶

suppose I suppose I am 01_050
▶

sure For sure 01_052
▶

sus That's kinda sus 03_274
▶

swamped I am swamped 01_036
▶

sweet We got this Friday off? Sweet! 01_104
▶

switch That's a switch 03_137
▶

sync We're totally in sync 01_137
▶

tacky Her dress was so tacky 02_106
▶

take I take it you're still mad at me 02_049
▶

take I took that personally 03_297
▶

talk He's all talk 01_060
▶

talk
"Real talk, you need to take a break" 03_153
▶

tbh
"tbh, you did better than I expected." p.000
▶

tea Give me the tea 01_054
▶

tea "Come on, spill the tea!" 03_033
▶

tease I'm just teasing you 01_133
▶

technically Not technically 01_071
▶

tempt Don't tempt me 03_071
▶

that I get that a lot 01_043
▶

that And that's that 02_149
▶

there Are we there yet? 02_052
▶

thing I got a thing about this 03_003
▶

thing Let's not make this a thing 02_143
▶

thing We're kind of a thing 03_126
▶

think I didn't think this through 02_031
▶

think I can't think straight 02_086
▶

thirsty Stop being thirsty 03_315
▶

this Let's do this! 01_047
▶

this Not this 03_214
▶

thought Just thought of that 01_162
▶

thought I thought it was a joke 01_171
▶

thought Hold that thought 03_146
▶

throw
I just threw on some T-shirts and left 02_141
▶

throw
They really threw me under the bus 02_172
▶

thrown I'm thrown off 03_255
▶

tight The schedule's becoming tight 03_176
▶

time Give it time 01_021
▶

time Need some me time 03_026
▶

TL;DR That post was too long. TL;DR? p.000
▶

TMI That story was funny but also TMI. p.000
▶

toast I'm toast 03_113
▶

together
I'm trying to keep it together 02_144
▶

KEY-WORD INDEX

tone Tone it down 03_140
▶

top Can you top me off? 02_017
▶

torn I'm torn 03_064
▶

totes I'm totes fine. Don't worry 03_167
▶

tough Let's tough it out 02_098
▶

tough That's tough 03_302
▶

toughen Toughen up! 01_111
▶

track I lost track of time 01_024
▶

tracks That tracks 03_124
▶

treat I'm taking 'a treat myself day 02_137
▶

treat You're in for a treat 01_145
▶

troll I'm trolling 03_273
▶

true True that 02_162
▶

true "So true, bestie" 03_300
▶

tuckered I'm tuckered out 03_188
▶

turn Let's turn up tonight! 03_063
▶

turnt Let's get turnt tonight! 03_284
▶

unlocked Core memory unlocked? 03_321
▶

unsend
He unsent all his DMs last night 03_185
▶

unwell I'm unwell 03_115
▶

valid That's valid 03_206
▶

vibes You give off such good vibes! 03_038
▶

wack This pizza tastes wack 03_271
▶

walk I'll walk you through it 01_112
▶

walk He's walking all over me 02_060
▶

walk I'm going on my hot girl walk 03_287
▶

wall It is kinda off the wall 03_268
▶

warn Don't say I didn't warn you 02_028
▶

wasted The breakup totally wasted me
01_113
▶

way Work your way up here! 02_067
▶

way He has a way with folks 02_161
▶

way Nothing's going my way today 01_041

way We're going all the way! 01_165

ways No two ways about it 01_045

weak I'm weak 03_239

weep Read it and weep 02_038

werk She's werked that outfit! 03_249

what It is what it is 03_017

wig "You look stunning, wig!" 03_237

wild That's wild! 01_108

wing Let's just wing it 03_160

wire The game went down to the wire 01_080

word We just had to put the word out 02_071

words
You're putting words in my mouth 01_081

work She's working his ass off 01_062

work All in a day's work 02_135

worth For what it's worth 01_118

wrong You're not wrong 02_165

WTF "WTF, this site is broken today." p.000

yeet Yeet! Let's go party! 03_238

zilch I know zilch about cars 03_094

zone I'm in the zone right now 02_089

zonked
I'm too zonked to go out tonight 03_036

memo

memo

memo